Schriften zum Strafvollzug, Jugendstrafrecht und zur Kriminologie

Herausgegeben von Prof. Dr. Frieder Dünkel
Lehrstuhl für Kriminologie an der
Ernst-Moritz-Arndt-Universität Greifswald

Band 35

Elke Hannuschka

Kommunale Kriminalprävention in Mecklenburg-Vorpommern

Eine empirische Untersuchung der Präventionsgremien

MG 2009
Forum Verlag Godesberg

Bibliographische Information der Deutschen Bibliothek

Die Deutsche Bibliothek verzeichnet diese Publikation in der Deutschen Nationalbibliografie; detaillierte bibliografische Daten sind im Internet über http://dnb.ddb.de abrufbar.

Mönchengladbach 2009
DTP-Satz, Layout, Tabellen: Kornelia Hohn
Institutslogo: Bernd Geng, M.A., Lehrstuhl für Kriminologie
Gesamtherstellung: Books on Demand GmbH, Norderstedt
Printed in Germany

ISBN 978-3-936999-68-6
ISSN 0949-8354

Inhaltsübersicht

Vorwort

Kommunale Kriminalprävention wird seit Anfang der 1980er Jahre auch in Deutschland diskutiert. Jedoch dauerte es bis Anfang/Mitte der 1990er Jahre, bis sich – häufig nach skandinavischen Vorbildern – kommunale Strukturen etablieren konnten. In Mecklenburg-Vorpommern war das Nachbarland Schleswig-Holstein Vorbild für den 1994 gebildeten Landesrat für Kriminalitätsprävention und die auf seine Anregung hin gebildeten örtlichen (kommunalen) Präventionsräte. Das Thema Kriminalprävention allgemein ist geradezu zu einem Modethema und das Schrifttum fast unüberschaubar geworden. Umgekehrt proportional dazu sind aber empirische Bestandsaufnahmen oder die Evaluation von Präventionsprojekten, die bislang nur vereinzelt stattgefunden haben. Von daher ist es verdienstvoll, dass die Verfasserin es unternommen hat, die Strukturen der kommunalen Prävention in Mecklenburg-Vorpommern empirisch zu erfassen und zu beschreiben.

Ziel der vorliegenden Untersuchung ist es, die verschiedenen in Mecklenburg-Vorpommern entstandenen kommunalen Präventionsgremien zu erfassen und zu vergleichen. Schwerpunkte der Erhebung waren innerer Aufbau, personelle bzw. institutionelle Zusammensetzung der Gremien, Ziele und Inhalte der präventiven Aktivitäten, deren Finanzierung und Evaluation etc. Dabei wurden quantitative und qualitative Methoden angewendet. Die empirische Erhebung wurde im Zeitraum 2004-2006 durchgeführt. Die Untersuchung möchte zur „Optimierung kommunaler Präventionsgremien in Mecklenburg-Vorpommern" beitragen.

Die Entwicklung der kommunalen Kriminalprävention in Deutschland kann nach zwei Modellen differenziert werden: einmal das schleswig-holsteinische Modell, dem auch die Struktur in Mecklenburg-Vorpommern entspricht (Gründung von Landespräventionsräten durch die Innenministerien und Aufbau kommunaler Strukturen auf Initiative der Landesräte) und das Modell sog. Kustodialisierungsdienste nach dem Vorbild von Bayern andererseits, im Rahmen derer einzelne Bürger zu präventiven Hilfsaufgaben ausgebildet und herangezogen werden. Diese „Sicherheitswachten" sind noch stärker als die unabhängigen kommunalen Gremien polizeiorientiert organisiert und sind praktisch direkt in die polizeiliche Arbeit integriert.

Das Konzept der Kommunalen Prävention wird im dritten Kapitel entwickelt. Die Verfasserin zeigt hierbei auf, dass die Kriminalpräventionsbewegung aus zum Teil enttäuschenden Ergebnissen der repressiven Straftatbekämpfung bzw. der general- und spezialpräventiven Wirkungsforschung hervorgegangen ist. Allerdings verweist sie zu Recht darauf, dass neuere Evaluationsstudien einen vorsichtigen Behandlungsoptimismus rechtfertigen („something works"). Die kommunale Ausrichtung der Kriminalprävention wird ist im Hinblick auf die örtlichen Entstehungszusammenhänge von Kriminalität sinnvoll (vgl. *Kap. 3.2*). Ein wesentliches Element ist der Ansatz, Kriminalprävention als gesamtgesellschaftliche Aufgabe zu sehen und die Bürgerbeteiligung besonders zu betonen (*Kap. 3.3*). Ferner ist jedenfalls nach dem schleswig-holsteinischen Modell die Gremienbildung eine wesentliche organisationsstrukturelle Voraussetzung (*Kap. 3.4*). In *Kap. 3.5* werden die organisationsstrukturellen Rahmenbedingungen, wie sie auch vom Landespräventionsrat Mecklenburg-Vorpommern empfohlen wurden, und Empfehlungen zur Arbeitsweise aufgeführt. Interessant sind die Ausführungen zu kritischen Aspekten der Kommunalen Kriminalprävention, die in der bisherigen – weitgehend polizeidominierten Literatur – häufig zu kurz kommen. Die Gefahren einer präventiven Selbstjustiz und von aufgebrachten Bürgern ist ebenso wie die Gefahr einer Ubiquität der Sozialkontrolle nicht von der Hand zu weisen. Schließlich betrifft ein Kernpunkt der Kritik die gelegentlich offenbar fehlende Umsetzung und die weithin nicht vorhandene Begleitforschung, beides Aspekte, die die vorliegende Arbeit unmittelbar aufgreift.

Das vierte Kapitel bringt weitere Systematisierungen des Konzepts der Kommunalen Kriminalprävention und vor allem eine Definition der entsprechenden Begrifflichkeiten. „Kommunale Kriminalprävention ist demnach eine praktische Strategie auf lokaler Ebene, bei der in einem ressortübergreifend besetztem Gremium, Ursachen von Kriminalität ermittelt werden, um daran anknüpfend geeignete Maßnahmen zur Reduzierung von Ausmaß und Schwere der Kriminalität zu entwickeln (S. 29). Ausführlicher wird der Begriff der Prävention im polizei- und ordnungsrechtlichen Kontext erläutert (*Kap. 4.5*). Dabei wird deutlich, dass nach den Polizeigesetzen der Länder die vorbeugende Bekämpfung von Straftaten eine polizeiliche Aufgabe ist, jedoch zitiert die Verf. zu Recht § 1 Abs. 2 SOG M-V, wonach staatliche und nichtstaatliche Träger öffentlicher Aufgaben zusammenwirken sollen, also die gesamtgesellschaftliche Aufgabe und die Bürgerbeteiligung in kriminalpräventiven Räten deutlich angesprochen ist.

Im fünften Kapitel widmet sich die Verfasserin Fragen der Zuständigkeit und der gesetzlichen Grundlagen bzgl. kommunaler Kriminalprävention. Unter Bezugnahme auf das SOG M-V wird der in *Kap. 4* entwickelte Gedanke fortentwickelt, dass Kriminalprävention einerseits auch staatliche Aufgabe in der Zuständigkeit der Polizei ist, jedoch das SOG darüber hinaus die Mitzuständigkeit der Kommunen konstituiert. Zutreffend gelangt die Verf. zum Ergebnis, dass gesetzliche Regelungen möglich wären, wonach – ähnlich der Situation hinsichtlich des Datenschutzes oder der Gleichstellung – auch für den Bereich der Kommunalen Kriminalprävention hauptamtliche oder zumindest ausreichend freigestellte Mitarbeiter verpflichtend eingeführt werden könnten.

Im *6. Kap.* geht die Verfasserin auf den bisherigen Forschungsstand zur kommunalen Prävention ein und differenziert dabei zwischen projektbezogener und gremienbezogener Forschung. Projektbezogene Forschung betrifft u. a. Bevölkerungsumfragen zur Vorbereitung von Präventionsprojekten im Hinblick auf lokale Problemlagen, das Sicherheitsgefühl etc. Weiterhin fallen hierunter Evaluationen kommunaler Präventionsprojekte. Die Forschungslandschaft in

Deutschland weist hierzu erhebliche Defizite auf, die die Verfasserin unter Bezugnahme auf den ersten Periodischen Sicherheitsbericht und *Heinz* wie folgt zusammenfasst: „Eine systematischen und methodischen Standards genügende Wirkungsforschung findet in Deutschland so gut wie nicht statt" (S. 47). Immerhin liegt mit dem sog. Düsseldorfer Gutachten (*Bannenberg/Rössner* 2003) eine umfassende Sekundär-Analyse zu kriminalpräventiven Projekten und Strategien vor, aus der sich der Forschungsstand übersichtlich erschließen lässt. Der eigene Forschungsansatz der Verfasserin betrifft eine gremienbezogene Forschung, die die kommunalen Präventionsräte und ihre Arbeitsweise zum Gegenstand nimmt. Insoweit gibt es weit weniger Studien, die jedoch gleichfalls eher die Defizite des bisherigen Forschungsstandes verdeutlichen.

Ausführlich entwickelt die Verf. im *7. Kap.* die eigene Fragestellung und Methodik. Dabei geht sie auch auf grundsätzliche methodische Forschungsprobleme ein. Das Forschungsdesign betrifft ein „multimethodisches Vorgehen in Form eines Phasenmodells". Es wurden im Jahr 2005 sämtliche Präventionsgremien in Mecklenburg-Vorpommern schriftlich befragt (Rücklauf n = 46 von 59, d. h. 78%) und anschließend mit 20 Koordinatoren bzw. Vorsitzenden kommunaler Präventionsgremien vertiefende Interviews geführt. Die Durchführung und Auswertung der Befragungen durch eine „Einzelkämpferin" wie im vorliegenden Fall verdient angesichts des erheblichen Aufwands in einem großflächigen Bundesland schon allein besondere Anerkennung. Es ist der Beharrlichkeit der Verfasserin zu verdanken, dass sie eine so hohe Rücklaufquote erreichte. Auch bei der Auswertung der transkribierten qualitativen Interviews war ein erheblicher Aufwand notwendig, der sich aber letztlich gelohnt hat. Von daher ist ihr „Plädoyer für den Methodenmix" (*Kap. 7.6*) überzeugend.

Im *8. Kap.* beschreibt die Verf. zunächst die Aktivitäten des Landesrats für Kriminalitätsvorbeugung Mecklenburg-Vorpommern, der 1994 gegründet wurde. Die Aktivitäten des Gremiums werden durch die vom Landesrat herausgegebene Zeitschrift „impulse" paradigmatisch deutlich (vgl. hierzu den *Anhang*, in dem die Themen der bisher erschienenen Hefte aufgeführt werden). Der Landesrat wirkt über die inhaltlichen Arbeitskreise (wie z. B. zur Jugendkriminalität, zum Extremismus etc.) in die örtlichen Gremien hinein, die sich u. U. wiederum eigene Themenstellungen geben. Dass der Landesrat mit einer hauptamtlichen Geschäftsstelle im Innenministerium gut funktioniert und eine gute Zusammenarbeit mit den örtlichen Gremien etabliert hat, geht aus zahlreichen Zitaten aus den qualitativen Interviews hervor.

Die Koordination der örtlichen Präventionsarbeit wird im Zeitraum der Befragung nur in einer kreisfreien Stadt (Greifswald) und zwei Landkreisen hauptamtlich mit einer vollen Personalstelle wahrgenommen, im Übrigen liegt die Arbeit in den Händen – teilweise nur minimal – freigestellter anderweitig Beschäftigter (Gleichstellungsbeauftragte, Leitung Fachbereich Jugendarbeit u. ä.) oder Ehrenamtlicher. Nach dem Gründungsboom Mitte der 1990er Jahre sind in den 2000er Jahren nur noch wenige Gremien neu gegründet worden. Anlass waren – abgesehen von Anregungen „von oben" – häufiger Probleme mit speziellen Delikten oder mit der rechten Szene. Nur in wenigen Städten oder Kreisen hat das Interesse an der Präventionsarbeit in jüngster Zeit abgenommen. Allerdings wird deutlich, dass die finanziellen Restriktionen der Gemeindefinanzen dafür von wesentlicher Bedeutung sind.

In *Kap. 8.3* beschreibt die Verfasserin den in einigen Städten und Landkreisen zu beobachtenden interessanten Entwicklungsprozess vom Präventionsgremium zu einem Gremiensystem mit Lenkungsgremium, Arbeitsgruppen und Förderverein, wie dies am umfassendsten wohl in Greifswald realisiert ist. Die Koordinatoren der Präventionsgremien sind i. d. R. teilweise freigestellte Verwaltungsangestellte, teilweise ehrenamtlich Tätige und – wie erwähnt – nur in drei Fällen hauptamtlich Angestellte (*Kap. 8.4*). Nachfolgend wird auf die Vorsitzenden und weitere Mitglieder der Präventionsgremien und deren Aufgaben sowie Aktivitäten eingegangen, immer wieder illustriert und angereichert durch qualitative Ergebnisse aus den Interviews (*Kap. 8.4*). Des Weiteren wird die Zusammenarbeit und Kommunikation (*Kap. 8.5*) und die Frage regelmäßiger Sitzungen und der Weiterbildung in den Präventionsgremien behandelt (*Kap. 8.6*). Die inhaltliche Arbeit (*Kap. 8.7*) ist schwerpunktmäßig von Themen der Kinder- und Jugendarbeit sowie von schulbezogenen Projekten geprägt, ferner spielen Rechtsextremismus, Sport und Suchtprävention eine besondere Rolle (vgl. *Abb. 8*).

Die Finanzierung der Präventionsarbeit gehört zu den neuralgischen Punkten Kommunaler Kriminalprävention (vgl. *Kap. 8.8*). Nur wenige Städte oder Landkreise in Mecklenburg-Vorpommern verfügen diesbezüglich über einen eigenen Etat. Die Kommunen haben allerdings seit Mitte der 1990er Jahre – wie bei den Ausgaben für Jugendarbeit generell – z. T. erhebliche Kürzungen vorgenommen, was durch die vereinzelt existierenden Fördervereine nur teilweise aufgefangen werden kann. Die Verfasserin verweist in diesem Zusammenhang zu Recht auf den Jugendhilfebericht der Bundesregierung, wonach in den ostdeutschen Flächenländern die Zahl von Vollzeitstellen für die Jugendarbeit seit 1998 um 40% (und damit überproportional im Vergleich zur demografischen Entwicklung) gesunken ist. „Der Kommunalen Kriminalprävention, welche die Vernetzung und Koordinierung aller Präventionsbemühungen bewirken soll, wird das Fundament entzogen, wenn in den zu vernetzenden Bereichen Mittel eingespart werden" (S. 133). Im ländlichen Raum scheinen die Probleme angesichts der geringen Bevölkerungsdichte und großer zu betreuender Gebiete z. T. noch akzentuierter (vgl. *Kap. 8.9*). Rein qualitative Bedeutung haben die aus den Interviews gewonnenen Eindrücke zu positiven Auswirkungen der Präventionsarbeit und den Zukunftsaussichten aus Sicht der Koordinatoren. Offenbar gab es hierzu nur vereinzelt Äußerungen, so dass eine statistische Aufbereitung der Ergebnisse nicht möglich war.

Im abschließenden *9. Kap.* entwickelt die Verf. Empfehlungen für die kommunale Präventionsarbeit in Mecklenburg-Vorpommern. Im *Abschnitt 9.1* werden das „Soll-Konzept" und der „Ist-Zustand" im Hinblick auf die Präventionsgremien gegenübergestellt. Insofern ist teilweise auch Kritik angebracht, denn Anspruch und Wirklichkeit fallen doch gelegentlich weit auseinander. Als Beispiel ist auf die Frage der Bürgerbeteiligung zu verweisen (*Kap. 9.1.4*). Man hat hier den Eindruck, dass die Beteiligung „funktionsloser" Bürger theoretisch bzw. grundsätzlich erwünscht ist, jedoch selten realisiert wird. Andererseits verweist die Verfasserin zu Recht auf die Gefahr, dass die Gremienarbeit durch populistische oder gar verfassungsfeindliche Einflüsse boykottiert werden könnte (S. 141). In den Schlussbemerkungen (*Kap. 9.4*) stellt die Verfasserin ihre Auffassung vor, dass die Bürgerbeteiligung gar nicht erwünscht ist und man von derartigen „sozialromantischen" Vorstellungen abrücken sollte (S. 146). Unverzichtbarer Bestandteil eines funktionierenden Präventionsrats ist ein hauptamtlicher Koordinator oder ein zumindest im wesentlichen Umfang freigestellter Mitarbeiter der Verwaltung. Auch aus der Sicht der Befragten gehören zu den wesentlichen Faktoren einer erfolgreichen Kommunalen Präventionsarbeit, dass Entscheidungsträger der Kommunen den Vorsitz in den Präventionsgremien führen (Prävention als „Bürgermeisterpflicht"), hauptamtliche Mitarbeiter der Verwaltung die Gremienarbeit koordinieren, die Gremien in eine Lenkungs- und Arbeitsebene differenziert werden, Arbeitsgruppen mit speziellen, zeitlich begrenzten Inhalten befasst werden und eine ausreichende Finanzierung durch die Kommunen und/oder Fördervereine gewährleistet wird (vgl. *Kap. 9.1*). Was Verbesserungsvorschläge (*Kap. 9.3*) anbelangt, so sieht die Verfasserin zutreffend das größte Problem in der weitgehend fehlenden personellen Absicherung durch hauptamtliche Koordinatoren. Im Jahr 2008 verfügten sogar nur noch zwei der befragten 46 Gremien über eine hauptamtliche Koordinierungsstelle (S. 141). Da Kommunen in Zeiten budgetärer Engpässe und Restriktionen dazu tendieren, nur noch die gesetzlichen Pflichtaufgaben zu erfüllen, erörtert die Verfasserin die Möglichkeit, ein Präventionsgesetz zu verabschieden, das – ähnlich wie in den Bereichen Datenschutz und Gleichstellung – ab einer bestimmten Einwohnerzahl die Gebietskörperschaften verpflichtet, eine hauptamtliche Koordinierungsstelle einzurichten. Diese Lösung erscheint interessant und könnte der Förderung der Kommunalen Prävention hilfreich sein. Der gesetzliche Lösungsvorschlag der Verfasserin lautet wie folgt:

> „*Die Kreise, kreisfreien Städte, Ämter und amtsfreien Gemeinden haben eine Geschäftsstelle zur Koordination der Kommunalen Kriminalprävention einzurichten und einen Koordinator zu bestellen, welcher in den Landkreisen und kreisfreien Städten hauptamtlich tätig ist.*"

Alternativ kämen Zielvereinbarungen zwischen der Landesregierung und den Städten und Landkreisen in Betracht, die einen vergleichbaren Regelungsgehalt wie ein Präventionsgesetz haben könnten und vermutlich weniger Widerstände der kommunalen Spitzenverbände provozierten. Angesichts der doch weithin bescheidenen bzw. begrenzten Entwicklung der Präventionsgremien in

Mecklenburg-Vorpommern bedürfte es jedoch eines kräftigeren „Schubs“ als lediglich weitgehend unverbindlicher Zielvereinbarungen, um die kommunale Prävention wirksam fortzuentwickeln.

Einige wichtige Aspekte der Präventionsarbeit in Mecklenburg-Vorpommern finden sich in den Anhängen. So findet man ein Verzeichnis der bisher veröffentlichten Ausgaben der Zeitschrift „impulse“ des Landesrats für Kriminalitätsvorbeugung M-V, die Geschäftsordnung des Landesrats und die Förderrichtlinie für Präventionsprojekte. Ferner sind der Fragebogen und der Interviewleitfaden abgedruckt.

Die Arbeit stellt die Kommunale Präventionsarbeit in Mecklenburg-Vorpommern erstmals in einer umfassenden und vertieften Analyse dar. An einer vergleichbaren Bestandsaufnahme fehlt es bislang in praktisch allen anderen Bundesländern. Schon darin ist ein Erkenntnisfortschritt zu sehen. Es bleibt zu wünschen, dass der mit der vorliegenden Arbeit deutlich gewordene weitere Reformbedarf anerkannt und aufgegriffen werden wird.

Die Arbeit wurde im Wintersemester 2008/09 als Dissertation an der Rechts- und Staatswissenschaftlichen Fakultät der Ernst-Moritz-Arndt-Universität Greifswald angenommen.

Besonders zu danken ist dem Landesrat für Kriminalitätsvorbeugung Mecklenburg-Vorpommern, der die Studie finanziell unterstützt hat, insbesondere dem Geschäftsführer Armin Schlender, der mit großem Engagement die Studie beratend begleitet hat.

Ferner ist dem Kollegen Prof. Dr. *Manfred Bornewasser*, Institut für Psychologie der Universität Greifswald, für die zügige Anfertigung des Zweitgutachtens herzlich zu danken. *Kornelia Hohn* hat sich wie immer mit großer Sorgfalt der Erstellung der Druckvorlage gewidmet. Dafür gebührt ihr Dank und Anerkennung.

Greifswald, den 6. September 2009

Frieder Dünkel

Danksagung

Mein besonders herzlicher Dank gilt meinem Doktorvater *Prof. Dr. Frieder Dünkel,* der meine Arbeit vom ersten Gedanken an mit einem Engagement unterstütze, welches über das übliche Maß weit hinausgeht. Seine Hilfsbereitschaft und Herzlichkeit haben meine Promotionszeit geprägt und lassen mich bereits heute sehr gern an diese zurückdenken.

Der *Landesrat für Kriminalitätsvorbeugung Mecklenburg-Vorpommern* hat die Studie finanziell gefördert. Ohne diese Förderung wäre das gewählte Forschungsdesign nicht realisierbar gewesen. Dafür und für die stete Ansprechbarkeit, wertvollen Anregungen und Unterstützung möchte ich insbesondere dem Geschäftsführer das Landesrates *Armin Schlender* danken.

Dem Vorsitzenden der Arbeitsgruppe „Kommunale Kriminalprävention“ des Landesrates *Dirk Füsting* und allen weiteren Mitgliedern danke ich für die Möglichkeit, über Jahre an den Sitzungen der Arbeitsgruppe teilzunehmen und sich hier fachlich auszutauschen.

Dank sage ich zudem meinem Zweitgutachter *Prof. Dr. Manfred Bornewasser* für die zügige Erstellung seines Gutachtens und für die hilfsreichen Anregungen zu Beginn meiner Promotionszeit.

Allen Interviewpartnern und -partnerinnen danke ich für ihre Bereitschaft, sich befragen zu lassen sowie für das entgegengebrachte Vertrauen und die Offenheit.

Den Mitarbeiterinnen und Mitarbeitern sowie den externen Doktoranden und Doktorandinnen des Lehrstuhls für Kriminologie in Greifswald danke ich für die vielfältige Unterstützung. Am Lehrstuhl herrschte immer ein Klima der Hilfsbereitschaft und Freundschaft – eine Arbeitsatmosphäre, die mein Bild von fruchtbringender Zusammenarbeit geprägt hat. Ein besonderer Dank gilt *Kornelia Hohn* für die zeitraubende formale Überarbeitung meiner Dissertation. Zudem danke ich *Bernd Geng* für die Hilfe bei der Erstellung der Graphiken.

Zuletzt danke ich meiner Mutter *Raissa Hannuschka,* die mir den notwendigen finanziellen Rückhalt bot, nach meinen 1. Staatsexamen zunächst zu promovieren, obwohl nach dem frühen Tod meines Vaters der Familienunterhalt allein auf ihren Schultern lastete und meinem Partner *Jochen Korsch*, der mich in jeder Phase der Arbeit motiviert und unterstützt hat.

Aschaffenburg, im September 2009

Elke Hannuschka

Kommunale Kriminalprävention in Mecklenburg-Vorpommern

– Eine empirische Untersuchung der Präventionsgremien –

1. Einleitung

1.1 Anlass und Fragestellung der Untersuchung

Vorbeugen ist besser als Heilen – dieses Motto besitzt eine unbestreitbare Plausibilität und der Begriff der Prävention ist üblicherweise positiv konnotiert. Die Kriminalprävention wird als Pendant zur repressiven Kriminalitätsbekämpfung verstanden, mit der Interventionsstrategien verbunden werden, welche die Ursachen von Kriminalität beseitigen sollen.[1] Doch der Gegenstandsbereich präventiven Handelns ist offen und nimmt erst im vorbeugenden Zugriff selbst Gestalt an.[2] Das Ziel, mit präventiven Mitteln Sicherheit und Lebensqualität zu erhöhen, kann sehr verschiedene Maßnahmen legitimieren.[3] Die Kriminalprävention ist ein missbrauchsfähiger Begriff[4] – auch Todesstrafe, Konvertitendatei und militärische Erstschläge sind Präventionsstrategien. Es lohnt sich also, präventive Maßnahmen und Strategien genauer zu betrachten und sich mit ihnen wissenschaftlich zu befassen.

Die vorliegende Arbeit wird ihren Fokus auf die präventive Strategie der Kommunalen Kriminalprävention richten, ein Phänomen, welches in den 1990er Jahren seinen Siegeszug antrat und infolgedessen eine außerordentlich große Verbreitung gefunden hat. Zuvor war Kriminalprävention in Deutschland zumeist ein Lehrbuchkonzept, welches sich mit möglichen Wirkungen polizeili-

---

1 *Lehne* 2002, S. 169.

2 *Bröckling* 2002, S. 40.

3 *Trotha* 1995, S. 155.

4 *Walter* 2004, S. 17.

chen, justiziellen und sozialpolitischen Handelns befasste.[5] Heute wird mit Kriminalprävention auch das praktische Konzept der Kommunalen Kriminalprävention verbunden, welches vorwiegend durch seine Gremien und deren Aktivitäten geprägt ist.

Erlebte die Idee der Kommunalen Kriminalprävention in den 1990er Jahren einen wahren Boom, mehren sich in den letzten 10 Jahren nun auch kritische Beiträge,[6] die unter anderem bemängeln, dass zwischen propagiertem Konzept und tatsächlicher Umsetzung große Diskrepanzen bestehen. Da Untersuchungen über die praktische Realisierung der Kriminalprävention auf kommunaler Ebene kaum vorhanden sind, fehlt dieser Kritik jedoch die empirische Grundlage. Sie kann ihren Ansatzpunkt lediglich in Einzelbeobachtungen oder in den verschiedenen propagierten Konzepten zur Kommunalen Kriminalprävention finden.[7]

Ein nationales Programm, welches ein einheitliches Konzept der Kriminalprävention in Deutschland implementierte, gab es nicht.[8] Vielmehr wurde auf föderaler Ebene, zumeist ausgehend von den Innenministerien, die Idee der Kommunalen Kriminalprävention in die Kommunen getragen.[9] Dementsprechend kann die Ausgestaltung von Bundesland zu Bundesland recht unterschiedlich sein. Unter dem Etikett der Kommunalen Kriminalprävention sammeln sich Konzepte, die durch die Gründung von Gremien das Arbeitsfeld der Kriminalprävention in die Kommune tragen aber auch solche, wie die Sicherheitswachten in Bayern oder die ganz ähnlichen Sicherheitspartnerschaften in Brandenburg.[10] Einige Publikationen[11] bieten zwar einen Überblick über kriminalpräventive Aktivitäten auf Ebene der jeweiligen Landesregierungen und den dort propagierten Konzepten, andere nehmen ein einzelnes Präventionsgremium einer bestimmten Kommune in den Untersuchungsfokus,[12] doch Arbeiten, welche eine Vielzahl von Kommunalen Präventionsgremien zum Untersuchungsgegenstand haben, diese miteinander vergleichen und so einen Überblick darüber geben können, wie die Idee der Kommunalen Kriminalprävention tatsächlich umgesetzt wird, gibt es bisher nicht.

---

5 *Lehne* 2002, S. 180.

6 *Heinz* 1997, S. 67 f.; *Kant/Pütter/Hohmeyer* 2000, S. 201.

7 Vgl. dazu *Heinz* 1997, S. 45 f.

8 *Obergfell-Fuchs* 2001, S. 42, der diesbezüglich *Koetzsche* 1994 zitiert; *Heinz* 1997, S. 97.

9 *Elsbergen* 1998, S. 25.

10 *Kant/Pütter/Hohmeyer* 2000, S. 202.

11 *Obergfell-Fuchs* 2001; *Elsbergen* 1998.

12 *Van den Brink* 2005; *Schneiders/Franke* 2006.

Deshalb will diese Arbeit die Gremienlandschaft in Mecklenburg-Vorpommern abbilden, um zu überprüfen, ob zwischen dem propagierten Konzept zur Kommunalen Kriminalprävention und der tatsächlichen institutionellen Umsetzung Diskrepanzen bestehen.

Im Vordergrund dieser im Jahr 2005 durchgeführten deskriptiven Bestandsaufnahme stehen die landesweite Struktur der Präventionsgremien sowie der interne Aufbau der einzelnen Gremien, die personelle bzw. institutionelle Zusammensetzung sowie die Arbeitsweise und Ausstattung. Beschrieben werden soll zudem, wie die Zusammenarbeit und der Austausch zwischen den Gremien des Landes erfolgt und wie die Aktivitäten sichtbar gemacht werden. Bei der Betrachtung der inhaltlichen Arbeit interessieren die Quantität der Projekte und deren Zielrichtung. Zudem soll ein Augenmerk auf die Problemfeldaufdeckung, Finanzierung und Evaluation gerichtet werden. Das Forschungsdesign ermöglicht durch die Verbindung quantitative und qualitative Methoden, Einschätzungen, Wünsche und Probleme der kommunalen Akteure zu eruiert, um daraus Empfehlungen für die Verstetigung und Verbesserung der Kommunalen Kriminalprävention in Mecklenburg-Vorpommern abzuleiten.

Die Entscheidung, die Gremien eines Bundeslandes in den Fokus zu nehmen, entstand zum einen aus Machbarkeitserwägungen und zum anderen aus dem Interesse heraus, Unterschiede und Gemeinsamkeiten in der Umsetzung der kommunalen Präventionsarbeit durch die Gremien aufzudecken, die Adressaten des gleichen Konzepts, nämlich dem des Landesinnenministeriums Mecklenburg-Vorpommerns, sind.

Die vorliegende empirische Untersuchung möchte der Optimierung kommunaler Präventionsgremien in Mecklenburg-Vorpommern dienen. Zielgruppe dieser Arbeit sind neben anderen Wissenschaftlern vor allem die Akteure der Kriminalprävention. Da es sich hierbei auch um Nichtjuristen handelt, werden in dieser Arbeit teilweise rechtliche Hintergründe zur Erläuterung geschildert, die dem juristisch ausgebildeten Publikum bekannt sein dürften. Adressaten besagter Erläuterungen sind jedoch auch juristische Laien, deren Verständnis über die Qualität dieser Ausführungen den Maßstab bildet.

In dieser Arbeit kam grundsätzlich das generische Maskulinum zur Anwendung. Soweit der nachfolgende Text also beispielsweise von Koordinatoren spricht, bezieht sich dies sowohl auf Koordinatorinnen als auch auf Koordinatoren. Die weiblichen Akteure Kommunaler Kriminalprävention werden so leider nicht sichtbar gemacht. Dies ist dem Vorhaben des Erhalts der Übersichtlichkeit und Lesbarkeit des Textes geschuldet. Im auswertenden Teil der Arbeit, wurde selbst dann die weibliche Form nicht verwendet, wenn es sich um konkrete Einzelpersonen handelt und die Verwendung des Femininums keinerlei Umstände bereitet hätte. Dies geschah, um die Anonymität der Interviewpartner zu gewährleisten. Insofern wurde das gesprochene Wort dahingehend abgeändert, dass beispielsweise die Landrätin im transkribierten Text als Landrat bezeichnet wird.

1.2 Aufbau der vorliegenden Arbeit

Im nachfolgenden *Kapitel 2* wird die Entwicklung der Kommunalen Kriminalprävention in Deutschland aufgezeigt und festgestellt, dass sich grundsätzlich zwei unterschiedliche Konzepte in Deutschland herausgebildet haben, denen die Strategien der einzelnen Bundesländer zugeordnet werden können.

Kapitel 3 verdeutlicht, dass die Kommunale Kriminalprävention in Deutschland keine Bewegung ist, die ihren Ursprung in den Kommunen der Bundesländer hat. Die Umsetzung der Kriminalprävention auf kommunaler Ebene ist überwiegend eine Folge der Implementierungsmaßnahmen der zuständigen Ministerien der Landesregierungen. Durch Veröffentlichungen der Landespräventionsräte, öffentliche Reden, Tagungsbände und Artikel in Fachzeitschriften hat sich ein Diskurs über Kommunale Kriminalprävention entwickelt, dessen Elemente in diesem Kapitel am Beispiel Mecklenburg-Vorpommerns dargestellt werden. Zum Abschluss des Kapitels werden die wesentlichen Kritikpunkte an diesem propagierten Konzept dargestellt.

In *Kapitel 4* wird der Begriff der Kriminalprävention erläutert, indem die gängigen Definitionen und Systematisierungen Darstellung finden. In diesem Zusammenhang macht die Verfasserin ein Definitionsangebot für das Konzept der Kommunalen Kriminalprävention und erläutert zur Abgrenzung den Begriff der Kriminalprävention im strafrechtlichen und ordnungsrechtlichen Kontext.

Das *5. Kapitel* prüft die rechtlichen Zuständigkeiten für die Querschnittsaufgabe der Kriminalprävention auf kommunaler Ebene und kommt zu dem Ergebnis, dass für die Kommunen eine Mitzuständigkeit für dieses Aufgabenfeld besteht.

Das *6. Kapitel* gibt einen Überblick zur Forschung im Bereich der Kommunalen Kriminalprävention und geht auf Arbeiten, welche die Gremien zum Forschungsgegenstand haben, näher ein.

Fragestellung, Forschungsgegenstand, -design und -verlauf der vorliegenden Untersuchung sowie eine Methodendiskussion sind Inhalt des *7. Kapitels.*

Im *8. Kapitel* werden die Ergebnisse der schriftlichen und mündlichen Befragung dargestellt.

Den Abschluss bildet das *9. Kapitel.* Darin werden die wesentlichen Ergebnisse der Arbeit in der Form abgebildet, dass das Soll-Konzept mit dem Ist-Zustand der Gremien verglichen wird und die Bedingungen erfolgreicher Präventionsarbeit formuliert werden. Zum Schluss werden Verbesserungsvorschläge unterbreitet und geprüft, ob die Kritik am Konzept der Kommunalen Kriminalprävention auch bei der tatsächlich umgesetzten Kriminalprävention in den Kommunen Mecklenburg-Vorpommerns greift.

2. Entwicklung in Deutschland

Kriminalprävention auf kommunaler Ebene wurde bis Anfang der 1990er Jahre in Deutschland nur sehr vereinzelt thematisiert. Ab den 1960er Jahren gab es in der kriminologischen Forschung einige kriminalgeographische Untersuchungen,[13] die zum Ziel hatten, mehr Informationen über die räumliche Verteilung von Kriminalität zu gewinnen, aber auch als Basis kriminalpräventiver Konzepte zu dienen.[14]

Schwind gründete 1978 als Justizminister Niedersachsens den interministeriellen Arbeitskreis „Präventive Kriminalpolitik", dem neben ihm auch Vertreter der Ministerien für Inneres, Finanzen, Soziales, Kultur sowie Wissenschaft angehörten. Dieser Arbeitskreis machte sich zur Aufgabe, die verschiedenen kriminalpolitischen bedeutsamen Maßnahmen und Vorgaben der Landesregierung zu sammeln und in ein ressortübergreifendes Programm zueinander in Beziehung zu setzten.[15] 1980 veröffentlichte *Schwind u. a.* einen Band,[16] der erstmalig einen breiten Überblick zur Kriminalprävention bot. Dabei gingen die Autoren auf Aspekte der Präventionsmöglichkeit auf kommunaler Ebene ein und sahen einen Schwerpunkt in der Vernetzung und Koordinierung der verschiedenen Strategien und Ansätze vorbeugender Sozialarbeit auf lokaler Ebene.[17]

Zudem wurde in den 1970er Jahren die Theorie des „defensible-space" von *Newman,*[18] ein Konzept der kriminalitätsabwehrenden Architektur,[19] diskutiert. Es fand jedoch vorwiegend Ablehnung,[20] da bestimmte Verbrechen nicht ausschließlich durch gewisse Formen des Städte- und Wohnungsbaus erklärt werden könnten,[21] sondern die soziale Struktur der Bewohner von entscheidender Bedeutung sei.[22]

---

13 *Herold* 1968; *Opp* 1968; *Helldörfer* 1974; *Schwind/Ahlborn/Weiß* 1978; *Stephan* 1976; *Plate* u. a. 1985.

14 *Obergfell-Fuchs* 2001, S. 40.

15 *Schwind* 2009, § 18, Rn. 25.

16 *Schwind/Breckhauer/Steinhilper* 1980.

17 *Obergfell-Fuchs* 2001, S. 40.

18 *Newman* 1973.

19 Vgl. dazu *Riedel* 2003, S. 2 f., sowie Schwind 2009, § 16, Rn. 14 ff. m. w. N.

20 *Rolinski* 1980; *Kube* 1982.

21 *Kaiser* 1979, S. 225.

22 *Frehsee* 1982, S. 263; vgl. dazu auch *Flade* 1996, S. 114 ff.

In den 1980er Jahren leisteten einzelne Veröffentlichungen und Projekte Pionierarbeit für den dann folgenden Durchbruch der Kriminalprävention auf kommunaler Ebene. *Schäfer*[23] veröffentlichte 1980 die Ergebnisse eines Seminars zum Thema „Beiträge zur Entwicklung eines Präventionskonzepts". In seinem Aufsatz „Prävention – nichts als ein Fremdwort" stellte *Koetzsche*[24] 1986 fest, dass die Kriminalprävention ein Schattendasein führe und forderte verstärkte gesamtgesellschaftliche Bemühungen.

Doch erst in den 1990er Jahren wurde die Kriminalprävention zu einem breit diskutierten Thema. Das diese nun nicht mehr lediglich als Aufgabe strafrechtlicher Kontrollorgane sondern als interdisziplinäres, prädeliktisches Arbeitsfeld betrachtet wird, hat nach *Meier* verschiedene Ursachen.[25] Die „nothing works"- Debatte,[26] über die ernüchternden Erkenntnisse zur präventiven Wirkung strafrechtlicher Sanktionen, habe die Suche nach alternativen Ansatzpunkten zur Verhinderung von Straftaten eröffnet. Zudem entwickelte sich ein verstärktes kriminalpolitisches Interesse für die Opfer von Kriminalität – 1976 ist das „Gesetz über die Entschädigung für Opfer von Gewalttaten" in Kraft getreten und danach mehrfach modifiziert und ergänzt worden; 1986 folgte dann das „Erste Gesetz zur Verbesserung der Stellung des Verletzen im Strafverfahren" – [27] sodass sich die Frage stellte, wie verhindert werden kann, dass es überhaupt zu einer Viktimisierung kommt. Als wichtigste Triebfeder benennt *Meier* jedoch, dass gewachsene Bewusstsein für die gesamtgesellschaftlichen Kosten der Kriminalität und ihrer Sanktionierung in den 1990er Jahren. Diese ökonomischen Überlegungen hatten zur Folge, dass die Verhinderung von Straftaten zu einem wichtigen kriminalpolitischen Ziel wurde.

Im Oktober 1990 gründete sich dann der erste Landesrat für Kriminalitätsverhütung in Schleswig-Holstein.[28] Nach skandinavischem Vorbild sollte das Gremium durch die Schaffung kriminalpolitischer Netzwerke, die Unterstützung und Durchführung von Präventionsprojekten, die Förderung der Erforschung von Kriminalitätsursachen, kriminologische Fortbildungsangebote und die Unterstützung der Einrichtung kommunaler Präventionsgremien, als Koordinierungsstelle, Impulsgeber und Beratungsgremium arbeiten.[29] Dabei hatte vor al-

23 *Schäfer* 1980.

24 *Koetzsche* 1986.

25 *Meier* 2007, § 10 Rn. 4.

26 Siehe dazu *Kap.3.1.*

27 *Schwind* 2009, § 20, Rn. 37 f.

28 *Koetzsche* 1997, S. 412.

29 *Northoff* 1997, 1.3.1. Rn. 29.

lem das Nachbarland Dänemark mit seinem nationalen „SSP-Programm“[30] prägenden Einfluss auf Schleswig-Holstein.[31] Nun bahnte sich eine Gründungswelle von Präventionsgremien auf föderaler und kommunaler Ebene ihren Weg, die den Eindruck erweckte, dass die weit fortgeschrittenen Entwicklungen im Ausland jetzt eingeholt werden sollten.[32]

2.1 Notwendige Differenzierung unterschiedlicher Strategien

Da es kein nationales Programm zur Kommunalen Kriminalprävention gab, entwickelten sich in den Bundesländern unterschiedliche Strategien. Eine große Schwäche der Kommunalen Kriminalprävention ist, dass sich noch keine Terminologien entwickelt haben, die in verkürzender Form verdeutlichen könnten, welches Konzept gerade gemeint ist. Zudem wird zwischen den Präventionsansätzen häufig überhaupt nicht differenziert.

Es lassen sich aber durchaus zwei unterschiedliche kommunale Präventionsstrategien ausmachen. Zum einen hat sich das schleswig-holsteinische Modell verbreitet. Bei diesem Modell wird ein Präventionsgremium auf Bundeslandebene gegründet, welches dann die Etablierung kommunaler Präventionsgremien im Bundesland lanciert. Haben sich kommunale Gremien gebildet, werden diese ideell und in einigen Fällen auch finanziell gefördert, sodass die kommunalen Gremien vor Ort konkrete Präventionsprojekte anregen oder selbst durchführen können.[33]

Zum anderen wurden in einigen Bundesländern sogenannte Kustodialisierungsdienste eingeführt, „... die [ebenfalls] unter der Flagge von [kommunaler Kriminal-]Prävention segeln“.[34] Dabei bildet Bayern für diese Strategie das Modellbundesland, indem 1993 das „Sicherheitswachterprobungsgesetz“ durch den bayerischen Landtag beschlossen wurde.[35] Bürger werden hier zu Sicherheitswächtern ausgebildet, die „... vor allem dort präsent sein [sollen], wo Straf-

---

30 Der nationale Rat für Kriminalitätsvorbeugung Dänemarks regte 1977 die Gründung kommunaler Ausschüsse an, in denen die *S*ozial- und Gesundheitsbehörden, die *S*chul- und Freizeitbehörden sowie die *P*olizei vertreten sein sollten, um behördenübergreifende, kriminalpräventive Projektarbeit, die auf Kinder und Jugendliche ausgerichtet ist, zu ermöglichen. Vgl. dazu Kyvsgaard 1996, S. 141 ff. sowie Jensen 1996, S. 306 ff.

31 Vgl. *Frehsee* 1998, S. 742 f., der die starke Fokussierung auf die Jugendkriminalität der deutschen Gremien aus dem Vorbildcharakter des dänischen Jugendprojekts zurück führt.

32 Vgl. *Obergfell-Fuchs* 2001, S. 5.

33 *Elsbergen* 1998, S. 27.

34 *Elsbergen* 2005, S. 67.

35 *Elsbergen* 1998, S. 40; siehe dazu auch *Behring/Göschl//Lustig* 1996.

taten drohen, die Gefährdung aber dennoch nicht so groß ist, dass Polizeibeamte ständig vor Ort sein müssen. Als Tätigkeitsgebiete kommen hauptsächlich in Betracht: größere Wohnsiedlungen, öffentliche Parks und Anlagen, die Umgebung von Haltestellen öffentlicher Verkehrsmittel, das Umfeld von Gebäuden oder Einrichtungen, bei denen es immer wieder zu mutwilligen Zerstörungen oder zu Schmierereien kommt [sowie] das Umfeld von Asylbewerber-Unterkünften. Die Angehörigen der Sicherheitswacht werden den Polizeidienststellen ihres Wohngebiets zugeteilt. Erfahrene Polizeibeamte entscheiden nach der aktuellen Sicherheitslage, wo und wann die Sicherheitswacht auf Streife geht. Die Angehörigen der Sicherheitswacht sollen vor allem dem Vandalismus und der Straßenkriminalität entgegenwirken. Sie sind zu Fuß oder mit dem Fahrrad unterwegs und [sollen] schon durch ihre Präsenz die Sicherheitslage und das subjektive Sicherheitsgefühl der Bürger [verbessern]. Bei verdächtigen Vorkommnissen informiert die Sicherheitswacht über das Handsprechfunkgerät die nächste Polizeistreife. Selbst eingreifen wird sie nur im Ausnahmefall, zum Beispiel, wenn dies zur Hilfe von Bürgern dringend geboten ist. Die Angehörigen der Sicherheitswacht führen aus Gründen der Eigensicherung ein Reizstoffsprühgerät mit sich".[36] Die Sicherheitswächter sind über das „Jedermannsfestnahmerecht" des § 127 StPO[37] und die allgemeinen Notwehrrechte hinaus, mit besonderen Befugnissen ausgestattet. Sie können „... Personen anhalten, sie befragen und ihre Personalien feststellen, wenn dies zur Gefahrenabwehr oder zur Beweissicherung notwendig ist. Außerdem können sie bei Gefahr im Verzug einen Platzverweis erteilen, das heißt eine Person anweisen, sich zu entfernen." Es wird betont, dass die „Sicherheitswacht keine Hilfspolizei [ist]. Sie kann und soll die Arbeit der Polizei nicht ersetzen, sondern ergänzen". Sie sei „... auch keine ‚Bürgerwehr' (unkontrollierte Zusammenschlüsse von Bürgern, die glauben, selbst für Recht und Ordnung sorgen zu müssen). Die Sicherheitswacht [sei] ... die bessere und rechtstaatliche Alternative."[38]

Diese Strategie[39] steht in der anglo-amerikanischen Tradition der „Neighbourhood-Watch"-Programme[40] und hat im Jahr 1997 in Sachsen[41] Nachah-

36 Homepage der bayerischen Polizei: http://www.polizei.bayern.de/wir/sicherheitswacht/index.html/300.

37 *Joecks* 2009, vor § 32, Rn. 39.

38 Homepage der bayerischen Polizei: http://www.polizei.bayern.de/wir/sicherheitswacht/index.html/304.

39 Zur Vertiefung siehe *Wurtzbacher* 2004; *Elsbergen* 1998 und 2005, S. 66 ff.

40 *Berner* 1999, S. 16 der zur Übersichtgewinnung über Neighbourhood-Watch-Programme auf *Bennet* 1990; *Brown* 1992 und *Hope/Shaw* 1988 verweist.

41 Vgl. dazu *Diederichs* 1997.

mung gefunden. Auch in Brandenburg besteht ein ähnliches Konzept.[42] Hier werden „Sicherheitspartner" „... gemäß Erlass vom 10.11.1995 durch die Einwohnerversammlung vorgeschlagen und mit ihrem Einverständnis von der Polizei auf Eignung überprüft. Die Bestellung erfolgt in Verantwortung des örtlich zuständigen Polizeipräsidiums. Sicherheitspartner werden durch die Polizei eingewiesen. Sie erhalten auf Antrag eine pauschalierte Aufwandsentschädigung in Höhe von monatlich 25,56 Euro. Mit Stand vom 31. Dezember 2004 gab es in Brandenburg 112 Sicherheitspartnerschaften mit 847 Sicherheitspartnern."[43]

Aber auch in diesen Ländern bestehen Präventionsgremien auf kommunaler Ebene, die sich als Vernetzungsplattformen für Akteure verstehen, die einen Beitrag zur Kriminalprävention in der Kommune leisten wollen. In Bayern sind es die sogenannten „Sicherheitsbeiräte",[44] die jedoch keine Unterstützung durch ein Landespräventionsgremium finden.

In allen Bundesländern und Stadtstaaten bestehen kommunale Präventionsgremien. In einigen Bundesländern bleiben diese aber auf sich gestellt und erhalten keine Unterstützung durch eine Organisationseinheit auf Landesebene. Für die vorliegende Untersuchung ist die Präventionsstrategie schleswig-holsteinischer Prägung von Interesse, da dieses Modell in Mecklenburg-Vorpommern Umsetzung fand.

2.2 Verbreitung des schleswig-holsteinischen Modells

Ähnlich des schleswig-holsteinischen Modells, richtete Hessen auf Vorschlag des hessischen Justizministeriums durch einen Kabinettbeschluss 1992 die „Sachverständigenkommission für Kriminalprävention" auf Landesebene ein.[45] Das hessische Innenministerium wandte sich mit dem Anliegen an die kommunalen Spitzenverbände, regionale und örtliche Gremien einzurichten, deren Aufgabe es wäre, regelmäßig über kriminalitätsfördernde Faktoren zu beraten und Vorbeugungsmaßnahmen zu erarbeiten.[46]

In Nordrhein-Westfalen wurde 1992 unter Federführung des Innenministeriums eine interministerielle Arbeitsgruppe „Kriminalitätsvorbeugung" einge-

---

42 Siehe dazu *Gräf* 1997, S.504 ff., *Newiger* 1995.

43 Homepage des brandenburgischen Innenministeriums: http://www.brandenburg.de/sixcms/detail.php?id=208427.

44 Siehe dazu *Steffen* 1998, S. 251 ff.

45 *Sachverständigenkommission für Kriminalprävention der Hessischen Landesregierung* 2005, S. 5.

46 *Heinz* 1997a, S. 56; Pütter/Diedrichs 1997, Abs. 4.

richtet. Die Strategie dort ist sehr „polizeilastig“. Zum einen war es die Polizei, die durch Runderlass beauftragt wurde, auf die Gründung kommunaler Präventionsgremien hinzuwirken. Zum anderen wurde in allen Polizeipräsidien und Oberkreisdirektionen ein Kriminalkommissariat „Vorbeugung“ eingerichtet.[47]

1994 wurde in Mecklenburg-Vorpommern auf Initiative des Innenministeriums der Landesrat für Kriminalitätsvorbeugung gegründet.[48] Landräte, Oberbürgermeister und Leiter der Polizeidienststellen wurden über die Gründung informiert und um Unterstützung durch Gründung kommunaler Präventionsgremien gebeten.[49]

1996 konstituierte sich ein Landespräventionsrat in Niedersachsen. Die Geschäftsstelle ist am Justizministerium angesiedelt. Das Gremium soll „als Koordinierungs- und Bündelungsinstanz zum einen die örtlichen Initiativen bei der Entwicklung ihrer Präventionskonzepte unterstützen und ihnen theoretische und praktische Hilfestellung leisten. Zum anderen hat es die Aufgabe, die überörtliche Entwicklung der Kriminalität und ihre Entstehungsbedingungen zu analysieren, die Landesregierung in kriminalpolitischen Fragen zu beraten und ihr wissenschaftliche Erkenntnisse sowie praktische Erfahrungen aus der Präventionsarbeit zu vermitteln“.[50]

Auch in Sachsen-Anhalt gründete sich 1999 auf Beschluss der Landesregierung ein Landespräventionsrat, dessen Geschäftsstelle an das Innenministerium angegliedert ist und der die kommunalen Gremien auch finanziell unterstützt.[51]

In Rheinland-Pfalz wurde im Jahr 2000 ein Landespräventionsrat als eigenständiges Beratungsorgan der Landesregierung gegründet. Die Geschäftstelle ist im Innenministerium angesiedelt. „Zur Sicherung der Finanzierung der Arbeit des Landespräventionsrates, wurde im Jahr 2002 der Förderverein ‚Kriminalprävention in Rheinland-Pfalz’ e. V. ins Leben gerufen“.[52]

---

47 *Elsbergen* 1998, S. 59; *Koetzsche* 1994, S. 33.

48 *Besch/Dünkel/Geng* 1997, S. 523, siehe dazu *Kap. 8.1.1.*

49 *Babl/Bässmann* 1996, MV 2; *Northoff* 1997, 2.3.1. Rn. 40.

50 *Heinz* 1997a, S. 57, der an dieser Stelle eine Presseinformation des Niedersächsischen Innenministeriums vom 11.03.1996 zitiert.

51 Homepage des Landespräventionsrates Sachsen-Anhalt: http://www.sachsen-anhalt.de/LPSA/index.php?id=4806.

52 Homepage des Innenministeriums Reinland-Pfalz: http://www.ism.rlp.de/Internet/nav/c75/c75966b4-2aaa-4d96-bbed-e8bc1f6e0a0a.htm.

Seit 2002 besteht in Baden-Württemberg ein Präventionsgremium mit dem Namen „Projektbüro Kommunale Kriminalprävention" auf Landesebene.[53] Die Geschäftsstelle ist beim Innenministerium angesiedelt. Allerdings initiierte das Innenministerium Baden-Württembergs bereits 1993 das Pilotprojekt „Kommunale Kriminalprävention". In drei Modellstädten wurden die Möglichkeiten der Umsetzung und die Erfolge Kommunaler Kriminalprävention untersucht, ehe eine landesweite Implementierung vorgesehen war.[54] Die Landesregierung initiierte von vornherein eine wissenschaftliche Begleitung dieses Projekts.[55] Die Forschungsgruppe wurde von der Fachhochschule Villingen-Schwenningen koordiniert und bestand aus Vertretern des Instituts für Kriminologie der Universität Heidelberg, der Forschungsgruppe Kriminologie des Max-Planck-Instituts für ausländisches und internationales Strafrecht in Freiburg und des Instituts für Rechtstatsachenforschung der Universität Konstanz.[56] Unter anderem sind diesem Umstand die großen publizistischen Aktivitäten der 1990er Jahre von *Kury* (Max-Planck-Institut Freiburg), *Kerner* (Kriminologisches Institut Tübingen), *Heinz* (Universität Konstanz), *Dölling* (Universität Heidelberg) sowie von *Feltes* (Fachhochschule Villingen-Schwenningen) zu verdanken.

---

53 Homepage des Projektbüros Kommunale Kriminalprävention http://www.praevention-bw.de/index.php?seitle=../t-aktuell/frame.php.

54 *Obergfell-Fuchs* 2001, S. 1.

55 *Northoff* 1997, 2.3.1. Rn 33, *Heinz* 1997a, S. 52.

56 *Heinz* 1997a, S. 52.

3. Das Konzept der Kommunalen Kriminalprävention

Die Gründungswelle kommunaler Präventionsgremien in Bundesländern, welche eine Strategie der Kommunalen Kriminalprävention nach dem Vorbild Schleswig-Holsteins verfolgen, beruht vorwiegend auf Implementierungsmaßnahmen der Innen- oder Justizministerien der Länder. Das Konzept der Kommunalen Kriminalprävention fand seine Verbreitung durch Erlasse, Überzeugungsarbeit, Veröffentlichungen der Landespräventionsräte, öffentliche Reden, Tagungsbände und Artikel in Fachzeitschriften.[57] Es entwickelten sich also zunächst neue Zielvorstellungen auf der diskursiven Ebene,[58] die dann institutionalisiert und in organisatorisches Handeln umzusetzen waren.[59]

Dadurch erklärt sich auch die Quellenlage zum Themenbereich der Kommunalen Kriminalprävention. Es gibt eine Vielzahl von Veröffentlichungen, welche das achtbare Ziel verfolgen, die Verbreitung des kommunalpräventiven Konzepts zu fördern. Diesen Aspekt vielleicht verkennend, „reihen sich [auch unabhängige Autoren] in den Chor derjenigen ein, die nahezu vorbehaltlos die Vorzüge und die Notwendigkeit von Aktivitäten anpreisen, die unter ‚kommunale Kriminalprävention' subsumiert werden".[60] Veröffentlichungen, die auch kritisch hinterfragender Aspekte beinhalten, sind bei genauerer Betrachtung selten.

Um das Konzept der Kommunalen Kriminalprävention nach schleswig-holsteinischem Vorbild zu verdeutlichen, welches als Abgrenzungsmerkmal zu anderen Strategien Präventionsgremien auf kommunaler und föderaler Ebene aufweist, sollen im Folgenden die einzelnen Elemente dieses kriminalpräventiven Diskurses dargestellt werden. Dies dient im Kapitel, welches sich dem empirischen Teil der Arbeit widmet, als Kontrastfolie gegenüber der tatsächlichen Umsetzung.

---

57 *Berner/Groenemeyer* 2003, S. 89, die darauf hinweisen, dass „...Anfang der 90er Jahre [auch] innerhalb der Fachdiskussion der Polizei viele Artikel lanciert [wurden], in denen ausländische Projekte und Konzepte beschrieben wurden (z.B. *Koetzsche* 1992 und *Koetzsche* 1993) ... Beispielhaft für die massenmediale Verbreitung der Idee der kommunalen Kriminalprävention ist die Entwicklung in Gießen (*Schneider* 1995)."

58 Vgl. *Hohmeyer* 1999, die die kommunale Kriminalprävention in Deutschland durch einen großen rhetorischen „Überbau" gekennzeichnet sieht.

59 *Berner/Groenemeyer* 2003, S. 88; siehe zum Diskurs der Kommunalen Kriminalprävention *Berner* 1999.

60 *Berner* 1999, S. 4.

3.1 Kriminalprävention als notwendige Ergänzung der Repression

Grundlage des Kommunalpräventiven Konzepts ist die Aussage, dass die klassische Bekämpfung der Kriminalität in Form der Repression durch die Kriminalprävention ergänzt werden muss.[61] Begründet wird dies damit, dass Repression allein nicht in der Lage ist, die objektive Kriminalitätsbelastung und subjektive Kriminalitätsfurcht zu reduzieren.[62] Das erfolgt vor dem Hintergrund, dass zahlreiche empirische Untersuchungen belegen, dass der generalpräventive Einfluss von Strafe nur sehr gering ist. Eindeutige Kausalzusammenhänge zwischen verhängter Strafe, Strafmaß und Abschreckungswirkung sind kaum feststellbar.[63] Und auch in Hinblick auf die spezialpräventive Wirkung von Strafe zeichneten empirische Befunde der 70er Jahre ein ernüchterndes Bild. Unter dem Schlagwort „nothing works“ wurden die Ergebnisse einer Meta-Evaluation *Matinson´s* über die rückfallhemmenden Wirkung von Resozialisierungsbemühungen im US-amerikanischen Strafvollzug diskutiert.[64] In spezialpräventiver Hinsicht ergab sich daraus ein Bild der weitgehenden Austauschbarkeit von Sanktionen, denn es zeichnete sich keine Überlegenheit von stationären gegenüber ambulanten, von eingriffsintensiven gegenüber eingriffsschwachen Sanktionsformen ab.[65] Neuere Untersuchungen geben jedoch Anlass zur Hoffnung – that „something works“.[66] Sie deuten unter anderem darauf hin, dass die Erfolglosigkeit der Resozialisierungsbemühungen auf die unspezifischen Behandlungsstrategien zurück zu führen ist. Bessere Erfolge versprechen Behandlungsformen, welche die Deliktsart und die darin zum Ausdruck gekommene individuelle Fehlentwicklung berücksichtigen.[67] Das verdeutlicht aber auch, dass die lediglich quantitative Ausweitung der Repression kein adäquates Mittel zur Verhinderung von Straftaten ist.[68]

Der vermutlich geringe Präventionseffekt von Repression steht zudem auch noch in einem sehr ungünstigen Verhältnis zu den zu leistenden materiellen und

---

61 *Landeskriminalamt Mecklenburg-Vorpommern* 1997, S. 12 f.

62 *Innenministerium Baden-Württemberg* 1996, S. 16 f.

63 *Kury* 2001, S. 70 ff.; *Schneider* 1996, 574 ff.; *Meier* 2007, § 9 Rn. 84.

64 *Martinson* 1974, siehe dazu auch *Weigend* 1982, S. 808 ff.

65 *Albrecht/Dünkel/Spieß* 1981, S. 310 ff.; *Dünkel* 1987, S. 36; *Walter* 2003, S. 128; *ders.* 2004, S. 115.

66 *Andrews u.a.* 1990; *Lösel/Köferl/Weber* 1987; siehe dazu auch *Kury* 1999, S. 251 sowie *Dünkel/Drenkhahn* 2001, S. 387 f.

67 *Meier* 2009, S. 32 f.

68 Vgl. dazu *Heinz* 2005a, S. 13ff.

immateriellen Kosten.[69] So kommt *Goldblatt* in einer Kosten-Nutzen-Analyse des Präventionsprojektes „Safer Cities“ zu dem Ergebnis, dass die Kosten des Projekts in Höhe von 38 Millionen Pfund zu einer Reduzierung der Kriminalitätsrate um 0,6 Prozent führen würde. Um die Kriminalitätsrate im gleichen Umfang durch erhöhte Inhaftierungsraten zu erreichen, müssten Mittel in Höhe von 380 Millionen Pfund aufgewandt werden. Werden Straftaten verhindert, bleiben zudem die Folgekosten der Taten, wie beispielsweise Sachschäden, Heilbehandlungskosten und Kosten der Strafverfolgung aus. *Goldblatt* errechnete so eine Kosten-Nutzen-Verhältnis von 1 : 2,5.[70]

Aus dem Verhältnismäßigkeitsgrundsatz des Rechtsstaatsprinzips ergibt sich, dass das Strafrecht immer nur dann Anwendung finden darf, wenn mildere Mittel keinen ausreichenden Erfolg versprechen.[71] „Denn es verstößt gegen das Übermaßverbot, wenn der Staat zum scharfen Schwert des Strafrechts greift, wo andere sozialpolitische Maßnahmen ein bestimmtes Rechtsgut ebenso gut oder wirkungsvoller schützen können ... die Strafe [ist] die ‚ultima ratio der Sozialpolitik’ und ... ihre Aufgabe [ein lediglich] subsidiärer Rechtsgüterschutz“.[72]

3.2 Kommunale Ausrichtung

Als weiteres Diskurselement wird die Notwendigkeit der kommunalen Ausrichtung der Kriminalprävention betont.

„Dem liegt die nach wie vor triviale Annahme zugrunde, daß Kriminalität immer [auch] in Gemeinden stattfindet oder dort wenigstens ihren Ursprung hat. Einer Trivialität nämlich kommt es gleich, wenn auf Grundlage der Polizeilichen Kriminalstatistik festgelegt wird, dass der ganz überwiegende Teil der aufgeklärten Straftaten, solchen Tatverdächtigen zugerechnet werden kann, die im unmittelbaren Umfeld des Tatorts auch ihren Wohnsitz haben. (53% Tatortgemeinde, 17% Landkreis des Tatorts, 26 % Bundesland, 7 % übriges Bundesgebiet)“.[73] Deshalb sei Kriminalität vorrangig ein örtliches Phänomen, dessen Ursachen und Entstehungsbedingungen dort erkannt und beseitigt werden, wo sie entstehen – auf kommunaler Ebene.[74]

---

69 *Kury* 2001, S. 70; *Boese* 1996, S. 41; *Meier* 2007, Rn. 4; siehe dazu auch die Studie von *Goldblatt/Lewis* 1998, S. 123 ff. sowie *Sherman u. a.* 1997, Kapitel 9.

70 *Goldblatt* 1998, S.134 f.

71 *Roxin* 2006, § 2 Rn. 97 ff.; *Ostendorf* 1996, S. 33; *Meier* 2009, S. 10f.; *BVerfGE* 39, S. 1 (45).

72 *Roxin* 1994, § 2 Rn. 28f.

73 *Albrecht* 1997, S. 148 der dabei das Bundeskriminalamt 1995, S. 128. zitiert.

74 *Müller* 2004, S. 1; *Landespräventionsrat Hessen* 2002, S. 10; *Landeskriminalamt Mecklenburg-Vorpommern* 1997, S. 12.

Natürlich werden Faktoren, die Kriminalität begünstigen, auch kommunal beeinflusst und mitgestaltet.[75] Dass die Kommune mit all ihren sozialumfeldgestaltenden Einrichtungen für die Kriminalprävention entdeckt wurde, wird wohl eher darauf zurückzuführen sein, dass die geringe Geeignetheit der („Landesbehörden“) Polizei und Justiz als Präventionsinstanzen erkannt wurde.[76] So könnte die Polizei, durch die Erhöhung ihrer Präsenz, nur auf den beschränkten Bereich der Straftaten im öffentlichen Raum vorbeugend Einfluss zu nehmen versuchen.[77] Wenn es dann eventuell zu einer erhöhten Entdeckung von Straftaten käme, würde die ohnehin bereits überlastete Strafjustiz, wiederum zum Instrument der Sanktion greifen (müssen), dessen sehr begrenzte präventive Eigenschaft zuvor verdeutlicht wurde. Zudem ist die Polizei im Aufgabenbereich der Gefahrenabwehr durch den Begriff der „Gefahren“ beschränkt.[78]

3.3 Gesamtgesellschaftliche Aufgabe und Bürgerbeteiligung

Die Kriminalprävention wird fortwährend als gesamtgesellschaftliche Aufgabe bzw. Querschnittsaufgabe charakterisiert. Weil Kriminalität so unterschiedliche und komplexe Ursachen hat[79] und gesellschaftliche Defizite häufig als Ursache von Kriminalität benannt werden,[80] müssen auch die unterschiedlichsten gesellschaftlichen Kräfte einen Beitrag zur Kriminalprävention leisten – „Multikausale Delinquenzursachen verlangen multikausale Lösungen“.[81]

Dabei bilden differenzierte Darstellungen dieser vielschichtigen Ursachen von Kriminalität in den Veröffentlichungen zur kommunalen Kriminalprävention eine große Ausnahme.[82] *Berner* kommt zu dem Schluss, dass im „Diskurs der kommunalen Kriminalprävention ... offensichtlich ein vorwissenschaftliches Verständnis von Kriminalität und ihren Ursachen angesprochen [wird], dem es intuitiv plausibel scheint, daß bestimmte negativ bewertete soziale Sachverhalte in der modernen Gesellschaft ... Ursachen für Kriminalität sind.“

---

75 *Heinz* 1998, S. 51.

76 *Feltes* 2006, S. 827.

77 *Heinz* 1997a, S. 38; *Feltes* 1994, S. 5.

78 Siehe dazu *Kap. 5.2* sowie *Kap. 4.5.1 ff.*

79 *Kober* 2005, S. 7.

80 So auch *Landespräventionsrat* MV 2000, S. 3 u. 4.

81 *Northoff/Stroht* 1996, S. 582.

82 Vgl. etwa *Northoff* 1997, 1.1.3. Rn. 1 ff.

Der gesamtgesellschaftliche Ansatz schließt dabei die Bürger als Träger kriminalpräventiver Aufgaben ein[83] und markiert die Bürgerbeteiligung als Qualitätsmerkmal der Kommunalen Kriminalprävention: „Die problemorientierte Zusammenführung von fachlichem Sachverstand und Einwohnerengagement ist eine Grundvoraussetzung für eine erfolgreiche Kriminalprävention und ermöglicht unabhängige Politikberatung. Behörden- und institutionsübergreifende Fachkompetenz kann ebenso zu neuen Lösungsansätzen und zur Erschließung von Ressourcen führen, wie die soziale Kompetenz der Bürger. Daher ist der in der jeweiligen Kommune lebende Bürger Ausgangs- und Zielpunkt jeglichen präventiven Bemühens. Der Erfolg aktiver Präventionsarbeit steht in direkter Beziehung zur Bürgerbeteiligung und zur Berücksichtigung des Bürgerwillens".[84]

Kober bezeichnet die Bürgerbeteiligung sogar als „konstituierendes Merkmal des kommunalen Präventionsansatzes". Ohne bürgerliches Engagement laufe dieser Gefahr, das aufzugeben, „... was eigentlich ihr Auslöser war: Die Idee in einer Gemeinde ‚gemeinschaftlich' für ein lebenswertes Umfeld zu sorgen".[85] Dies deutet an, dass die Herstellung bürgerschaftlicher Gemeinschaft durch ehrenamtliches Engagement quasi als Nebenprodukt kommunaler Präventionsbemühungen entstehen soll.

Dass „funktionslose" Bürger tatsächlich in den Gremien vertreten sind, wird jedoch häufig bezweifelt.[86] An anderer Stelle[87] soll deshalb für Mecklenburg-Vorpommern geklärt werden, ob dieses „sozialromantische Gemeinde-Konzept"[88] tatsächlich Umsetzung findet.

Dass gesellschaftliche Defizite als Ursachen für Kriminalität benannt werden und bürgerliches Engagement erwünscht und sogar als wesentlich beschrieben wird, lässt *Berner* Parallelen zwischen dem Diskurs der Kommunalen Kriminalprävention und der Theorie der sozialen Desorganisation erkennen.[89] Denn auch „*Shaw* [und] *MacKay*,[90] auf die das Konzept der sozialen Desorganisation zurückgeht, führen abweichendes Verhalten primär auf soziale Ursachen

83 Vgl. *Feltes* 1994, S. 7; *Heinz* 1998, S. 53; *Ringstorff* 2004, S. 8.

84 *Landesrat für Kriminalitätsvorbeugung Mecklenburg-Vorpommern* 2000, S. 4 f.

85 *Kober* 2005, S. 9 der an dieser Stelle *Feltes* 2004, S. 12 zitiert; siehe aber auch *Feltes* 2006, S. 835.

86 Siehe beispielsweise *Steffen* 2006, S. 1146; *Hohmeyer* 1999, S. 1.

87 Siehe dazu *Kap. 8.4.3.*

88 So *Heinz* 1997a, S. 87 und S. 45 Fn. 150.

89 *Berner* 1999, S. 57 und S. 48; vgl. in diesem Zusammenhang den Beitrag von *Hanak* 1996.

90 *Shah/MacKay* 1969.

zurück. Die Persönlichkeit und das Verhalten der delinquenten Person werden durch die Merkmale des Wohngebietes (fehlende oder schlecht ausgebaute Infrastruktur, Grad der Segregation, Sozialstruktur im Wohngebiet, etc.) determiniert. Dieser Ansatz zielt auf die räumliche Verteilung von abweichendem Verhalten ab.[91] Laut *Shaw/MacKay* tritt delinquentes Verhalten dann verstärkt auf, wenn eine (lokale) Gemeinschaft oder Nachbarschaft sozial desorganisiert ist, das heißt, wenn sie unfähig ist, die gemeinsamen Werte und Normen ihrer Bewohner zu verwirklichen und eine wirksame soziale Kontrolle auszuüben.[92] Soziale Kontrolle wird definiert als die Fähigkeit einer Gemeinschaft, sich selbst durch informelle und formale Prozesse zu regulieren.[93] Mit informellen Prozessen sozialer Kontrolle ist die Einbindung der Gemeinschaftsmitglieder in informelle lokale Netzwerke, wie zum Beispiel in die Familie oder den Freundeskreis, gemeint. Diese Netzwerke funktionieren als primäre Kontrollgruppen, in denen man sich intim kennt und die das Einhalten von sozialen Verhaltensnormen garantieren. Das Grundmaß an Kontrolle basiert auf der Vertrautheit dieser primären Kontrollgruppen in der Kommune. Soziale Kontrolle wird üblicher Weise durch Zustimmung oder angekündigten Widerspruch zu bestimmten Ansichten, gesellschaftlicher Unterstützung und gegenseitiger Wertschätzung erreicht.[94] Laut *Sampson/Groves* ist die Einbindung in informelle Netzwerke das zentrale Element der Kontrollfähigkeit der Gemeinschaft, denn: je größer die Dichte der Netzwerke zwischen den Personen einer Kommune ist, desto größer ist die Zwangslage bei abweichendem Verhalten innerhalb des Bereiches des sozialen Netzwerkes.[95] Unter formalen Prozessen sozialer Kontrolle ist die Teilnahme der Gemeinschaftsmitglieder an lokalen formalen und freiwilligen Netzwerken, wie zum Beispiel der örtlichen Feuerwehr oder Glaubensgemeinschaft, zu verstehen. Auch dieser sekundäre Kontrollsektor erfüllt eine wichtige Funktion für die soziale Kontrolle innerhalb einer Gemeinschaft: Kommunale Organisationen haben einige Funktionen primärer Kontrollgruppen eingenommen und wirken so für Integration und folglich auch für die Fähigkeit interner Kontrolle der Gesellschaft mit[96]."[97]

---

91 Vgl. *Lamnek* 2007, S. 98.

92 Vgl. *Sampson/Groves* 1989.

93 Vgl. *Bursik* 1988, S. 520.

94 *Taylor* 1997, S. 113 f., durch die Verfasserin ins Deutsche übertragen.

95 *Sampson/Groves* 1989, S. 779, durch die Verfasserin ins Deutsche übertragen.

96 *Figueira-McDonough* 1992, S. 6, durch die Verfasserin ins Deutsche übertragen.

97 *Berner* 1999, S. 57, Fn. 56, englische Passagen des Zitats wurden durch die Verfasserin ins Deutsche übertragen.

3.4 Gremienbildung

Im Konzept der Kommunalen Kriminalprävention ergibt sich aus der Feststellung, dass diese eine gesamtgesellschaftliche Querschnittsaufgabe ist, die Forderung, alle Kräfte, die einen Betrag zur Kriminalprävention leisten könnten, in kommunalen Gremien zu bündeln. Aus einem Nebenprodukt sonstiger Aufgabenerfüllung soll so ein institutionalisiertes, ressortübergreifendes und dauerhaftes Arbeitsfeld der Kriminalprävention auf kommunaler Ebene entstehen.[98]

„Die Kennzeichnung der Kriminalprävention als Querschnittsaufgabe bedeutet in erster Linie, vorhandene Tätigkeitsfelder, in ihrer kriminalpräventiven Bedeutung zu erkennen, sie durch Vernetzung vorhandener Ressourcen effizienter und effektiver zu erfüllen und die Nebenwirkung kommunalen Handelns in kriminalpräventiver Hinsicht mitzubedenken.' Hinsichtlich der Zusammensetzung örtlicher Präventionsgremien bedeutet dies, dass die Vielfalt kriminogener Entstehungsbedingungen und der Entwicklung entsprechender präventiver Maßnahmen durch die Zusammenführung einer möglichst großen Zahl relevanter Träger der formellen und informellen Sozialkontrolle Rechnung getragen werden sollte."[99]

3.5 Organisation und Arbeitsweise kommunaler Präventionsgremien

In Mecklenburg-Vorpommern wurden über Veröffentlichungen des Landeskriminalamtes und des später eingerichteten Landesrates für Kriminalitätsvorbeugung konkrete Empfehlungen für die Organisationsstruktur und die Arbeitsweise für die kommunale Präventionsgremien gegeben.

3.5.1 Mitglieder des Präventionsgremiums

Für die Besetzung der Präventionsgremien wird empfohlen, dass „... die personelle Zusammensetzung ... die Mannigfaltigkeit der Entstehungsbedingungen von Kriminalität widerspiegeln" sollte und deshalb die Mitglieder der Präventionsgremien aus im Folgenden aufgezählten Bereichen stammen können:

- Kommunale Selbstverwaltung;
- Bildung und Schule;
- Jugend, Jugendarbeit und Jugendhilfe;
- Jugendbehören;

98 *Kober* 2005, S. 7; *Heinz* 1998, S. 51; *Trenczek/Pfeiffer* 1996, S. 29.

99 *Kober* 2005, S. 7 der an dieser Stelle *Heinz* 1997a, S. 86 zitiert.

- Sport (Sportvereine);
- Schutz- und Hilfsverbände (Weisser Ring, Opferhilfeorganisationen, Kinderschutzbund, Frauenhäuser, Obdachlosenorganisationen);
- Frauen-, Familien- und Jugendpolitik;
- Soziales (z. B. Sozialverwaltung, Wohlfahrtsverbände, Kirchen, Suchthilfe, Schuldnerberatung);
- Justiz (Staatsanwaltschaft, Gerichte, Strafvollzug, Bewährungshilfe);
- Polizei;
- Anwaltschaft;
- Wissenschaft (z. B. Kriminologie, Soziologie, Psychologie, Medizin)
- Wirtschaft (z. B. Architekten, Arbeitsverwaltung, Gewerkschaften, Gewerbe, Industrie, Banken, Versicherungen, Einzelhandelsverbände)
- Straßenverkehr;
- Medien;
- Ausländerorganisationen.[100]

Auffällig ist, dass hier im Rahmen der konkreten Empfehlungen, wie die Gremien zu besetzten sind, „funktionslose Bürger" nicht mehr genannt werden. Lediglich in den operativen „Tochtergremien", den Arbeits- und Projektgruppen der Präventionsgremien, sollen Bürger einbezogen werden.[101]

3.5.2 Aufspaltung in Entscheidungs- und Arbeitsebene

Die Einrichtung eines entscheidungsbefugten Lenkungsgremiums und mehrerer Arbeitsgruppen, in denen konkrete Aufgaben umgesetzt werden sollen, wird bereits in der Veröffentlichung des Landeskriminalamtes aus dem Jahr 1996 angeraten.[102]

Dem Lenkungsgremium gehören nach diesen Empfehlungen leitende Mitarbeiter der beteiligten Bereiche an, denn hier sollen „z. B. auf der Grundlage einer vorangegangenen Regionalanalyse, die Arbeitsschwerpunkte festgelegt, aufgabenbezogene Arbeitsgruppen eingerichtet und Koordinierungsaufgaben wahrgenommen [werden]. Auf dieser Ebene [soll]... über die Umsetzung der von den Arbeitsgruppen ausgearbeiteten Konzepte entschieden werden."[103] Durch die Präsenz entscheidungsbefugter Mitarbeiter soll das Erarbeitete auch tatsächlich umsetzbar werden.

Die Personelle Zusammensetzung der Arbeits- und Projektgruppen sollte sich an den Arbeitsinhalten orientieren. So könnten beispielsweise in einer Ar-

---

100 *Landeskriminalamt Mecklenburg-Vorpommern* 1997, S. 15.

101 *Landesrat für Kriminalitätsvorbeugung Mecklenburg-Vorpommern* 2000, S. 6.

102 *Landeskriminalamt Mecklenburg-Vorpommern* 1997, S. 16.

103 *Landeskriminalamt Mecklenburg-Vorpommern* 1997, S. 16.

beitgruppe, die sich mit der Thematik *Sucht* beschäftigt, Mitarbeiter der Caritas, des Deutschen Roten Kreuzes, des Gesundheitsamts, der Jugendarbeit, der Polizei und des Ordnungsamtes vertreten sein;[104] in einer Arbeitsgruppe, die sich mit *Gewalt an Schulen* befasst, Vertreter des Jugend- und Schulamtes, der Schulen, der Eltern- und der Schülervertretung beteiligt sein.[105]

3.5.3 Bürgermeisterpflicht

Auch wenn in kleineren Gemeinden die zuvor beschriebene Gliederung in Entscheidungs- und Arbeitsebene nicht möglich ist, so müsse die Kriminalprävention unabhängig von der Größe der Kommune „Bürgermeisterpflicht" sein. (Ober-)Bürgermeister und Landräte müssten sich an die Spitze des kommunalen Präventionsgremiums stellen, damit „gewährleistet [ist], daß erarbeitete Präventionskonzepte zur Kommunalpolitik erhoben und auch tatsächlich, über Vorurteile und Ressortdenken hinweg, umgesetzt werden können."[106]

3.5.4 Koordination

Als notwendige Voraussetzung für eine kontinuierliche Arbeit gilt die Koordination des Präventionsgremiums im Sinne einer Geschäftsführung. Ideal sei eine hauptamtliche Geschäftsführung durch einen Koordinator. Zumindest müsste die Koordination durch eine festgelegte Person erfolgen, die mit einem bestimmten Zeitbudget ausgestattet ist.[107] Der Koordinator soll fester und kompetenter Ansprechpartner für die Querschnittsaufgabe Kriminalprävention sein, auf allen Ebenen inhaltlich mitwirken, den institutionellen Informationsaustausch sichern, Öffentlichkeitsarbeit betreiben und Sitzungen organisieren.[108]

3.5.5 Projekte

Für die inhaltliche Arbeit wird vorgeschlagen, dass Präventionsgremien Vorschläge entwickeln sowie Empfehlungen und Hinweise geben, „deren Umsetzung durch die aktive Einbeziehung entsprechender Entscheidungsträger mög-

---

104 *Landesrat für Kriminalitätsvorbeugung Mecklenburg-Vorpommern* 2000, S. 6.

105 *Landeskriminalamt Mecklenburg-Vorpommern* 1997, S. 16.

106 *Landeskriminalamt Mecklenburg-Vorpommern* 1997, S. 16; *Landesrat für Kriminalitätsvorbeugung Mecklenburg-Vorpommern* ohne Datum b, S. 8.

107 *Landesrat für Kriminalitätsvorbeugung Mecklenburg-Vorpommern* 2000, S. 6 f.; *ders.* in 10 gute Gründe, S. 9.

108 *Landesrat für Kriminalitätsvorbeugung Mecklenburg-Vorpommern* 2000, S. 6 f.; *ders.* in 10 gute Gründe, S. 9.

lich wird. Auch aktive Projektarbeit ... [könne] durch ein Präventionsgremium geleistet werden. Vorrang sollten bei der praktischen Umsetzung von Projektideen jedoch vorhandene Vereinsstrukturen u. ä. haben. Es ... [gelte] der Grundsatz, dass kriminalpräventive Aktivitäten von Präventionsgremien vor allem initiiert, gefördert und begleitet werden. Allerdings ... [könnten] Präventionsgremien auch Träger von Projekten sein."[109]

3.5.6 Kriminologische Regionalanalyse

Grundlage der inhaltlichen Arbeit sollen kommunale Kriminalitätslagebilder bilden.[110] Um diese zu erstellen, wird als ein hochwertiges Instrument die kriminologische Regionalanalyse angeführt.[111] Diese beinhaltet neben kriminalstatistischen Daten auch sozialdemographische Basisdaten,[112] Etat- und Sozialdaten[113] sowie Informationen über die Infrastruktur einer Kommune.[114] Gleichzeitig wird jedoch auch auf den hohen zeitlichen und finanziellen Aufwand verwiesen, denn die zu erhebenden Daten seien umfangreich und müssten von externen Fachleuten bewertet werden. Wenn die Kapazitäten nicht ausreichten, solle sich die analytische Tätigkeit auf einen bestimmten Deliktsbereich oder auf einen örtlichen Schwerpunkt konzentrieren.

3.5.7 Dokumentation und Evaluation

Der Verlauf kommunalpräventiver Projekte sollte nach Vorstellung des Landesrates lückenlos dokumentiert werden. Auch wird eine Prozessevaluation[115] angeraten, indem „... in regelmäßigen Abständen eine Reflexion des bisherigen Projektverlaufs, der Ziele und Methoden des Projekts" erfolgt, um diese gegebe-

109 *Landesrat für Kriminalitätsvorbeugung Mecklenburg-Vorpommern* 2000, S. 5.

110 *Landeskriminalamt Mecklenburg-Vorpommern* 1997, S. 21 f.

111 *Landeskriminalamt Mecklenburg-Vorpommern* 1997, S. 21 und 67. Dabei wird auf eine Broschüre des *Landeskriminalamtes Baden-Württemberg* 1996, S. 42 ff. verwiesen.

112 Beispielsweise: Bevölkerungsentwicklung, Alters- und Geschlechtsstruktur, Wanderungsverhalten der Einwohner, Informationen über einpendelnde Schüler und Berufstätige.

113 Beispielsweise: Haushaltslage, Sozialausgaben, Einkommensstruktur, Kulturausgaben, Schuletat.

114 Beispielsweise: Einrichtungen der Jugend- und Kinderhilfe, Wohnraumsituation, Sport- und Freizeitangebote, Geschäftsleben.

115 Siehe dazu *Haubrich/Holthusen/Struhkamp* 2005, S. 2. Im Gegensatz zur Ergebnisevaluation, die auf die Überprüfung der Resultate abzielt, begleitet die Prozessevaluation das Projekt und untersucht, welche Aktivitäten und Ereignisse die Umsetzung des Projekts prägen.

nenfalls zu modifizieren.[116] Zum Abschluss sollen die Erfolge und auch die Misserfolge des Projekts mit Blick auf die formulierten Ziele überprüft werden. Ob die Prozess- und Ergebnisevaluation durch interne oder externe Kräfte erfolgt, solle vom Umfang, dem Anliegen und der Bedeutung des Projekts abhängig gemacht werden. Ziel der Dokumentation und (Selbst- oder Fremd-)Evaluation sei es, einen Erfahrungsfundus zu schaffen, auf den andere Kommunen dann zurückgreifen könnten.[117]

3.5.8 Finanzierung

Zur Realisierung von Präventionsprojekten wird eine Mischfinanzierung empfohlen. Ideal sei es, wenn die Kommune einen eigenen Haushaltstitel für die Belange der Kriminalprävention bereit hielte, um so eine Grundsicherung der Projekte zu ermöglichen.[118] Weitere Mittel könnten dann aus Fördermitteln der Landesregierung, insbesondere des Landesrates für Kriminalprävention geschöpft werden. Zudem sei die Einrichtung eines gemeinnützigen Fördervereins empfehlenswert. Weil die Kriminalprävention als besonders förderungswürdig im Sinne des § 10 b Abs. 1 Einkommenssteuergesetz eingestuft ist, können Spenden und Mitgliedsbeiträge von Unternehmen und Privatleuten steuerlich geltend gemacht werden. Außerdem könnte ein solcher gemeinnütziger Verein bei den Gerichten und der Staatsanwaltschaft darum bitten, in die Liste der Empfänger von Geldbußen und -auflagen aufgenommen zu werden.

3.6 Zwischenergebnis

Das Konzept der Kommunalen Kriminalprävention, wie es in Mecklenburg-Vorpommern Verbreitung gefunden hat, beinhaltet neben der Argumentation, warum es Kriminalprävention auf kommunaler Ebene bedarf, auch ganz konkrete Umsetzungsvorschläge. Diese reichen von der Vorstellung, dass auf Ebene von Landkreisen, Städten, Gemeinden und einzelnen Stadtteilen Präventionsgremien gebildet werden sollten, bis hin zu Vorschlägen zur Organisation und Arbeitsweise dieser Gremien. Die Elemente dieser Umsetzungsvorschläge lassen sich wie folgt benennen:

- die Gesamtgesellschaft abbildende Zusammensetzung der Präventionsgremien;
- Vorsitz durch Verwaltungsspitze;
- Koordination durch eine im Idealfall hauptamtliche Kraft;

116 *Landesrat für Kriminalitätsvorbeugung Mecklenburg-Vorpommern* 2000, S. 9.

117 *Landesrat für Kriminalitätsvorbeugung Mecklenburg-Vorpommern* 2000, S. 10.

118 *Landesrat für Kriminalitätsvorbeugung Mecklenburg-Vorpommern* 2000, S. 13.

- Bürgerbeteiligung;
- Aufspaltung der Gremien in Lenkungs- und Arbeitsebene (Lenkungsgremium und Arbeitsgemeinschaften);
- Erstellung eines kommunalen Kriminalitätslagebildes;
- Durchführung von Präventionsprojekten;
- Dokumentation und Evaluation der Projekte;
- Mischfinanzierung.

Das Konzept der Kommunalen Kriminalitätsprävention in Mecklenburg-Vorpommern unterscheidet sich kaum von denen anderer Bundesländer, die sich am schleswig-holsteinischen Modell orientiert haben.[119] So lassen sich die zuvor aufgezeigten Umsetzungsempfehlungen und Diskurselemente durchaus auf andere rein gremienorientierte Bundesländer übertragen.[120]

3.7 Kritik am Konzept der Kriminalprävention auf kommunalen Ebene

Neben Zustimmung ernten diese Gremien jedoch auch verschiedenartige Kritik. Diese knüpft zum einen an die Idee der Kriminalprävention auf kommunaler Ebene selbst an. Zum anderen wird die vermutet mangelhafte Umsetzung des Konzepts beanstandet.

Im Rahmen der grundsätzlichen Kritik an der Idee der Kommunalen Kriminalprävention steht vor allem der Aspekt der Bürgerbeteiligung im Vordergrund. Das Arbeitsfeld, welches sich durch den „neuen Ansatz“ eröffnet, ist sehr weit. Diese Weite bringt in der Kombination mit der „Jedermannszuständigkeit“, die auch laienhaften Volksmeinungen Gehör verschafft, eine unübersichtliche Vielfalt von Aktivitäten, sodass rechtsstaatliche Grenzen überschritten werden könnten.[121] So liegt unserem Grundgesetz wegen der bitteren historischen Erfahrung die Idee der mittelbaren Demokratie zu Grunde, in der „Volksstimmungen“ über Parteiprogramme kanalisiert werden.[122] Dieser Kritikpunkt leuchtet unmittelbar ein, denn gerade die Kriminalpolitik, die emotionalisiert und deren Komplexität für Bürger kaum zu fassen sein dürfte, ist für ein unmittelbares Mitsprache- und Beteiligungsrecht ungeeignet. So lässt sich beispielsweise das Szenario entwerfen, dass Bürger – angestachelt durch eine Präventionsratssit-

119 Vgl. dazu *Kap. 2.1.1.*

120 Vgl. dazu *Rat für Kriminalitätsverhütung des Landes Schleswig-Holstein/ Landespräventionsrat Niedersachsen/ Landesrat für Kriminalitätsvorbeugung Mecklenburg-Vorpommern* ohne Datum S. 10 ff.; *Landespräventionsrat Hessen* 2002; *Kober* 2005.

121 *Walter* 2003, S. 128 u. 2004, S. 117; *Lehne* 2002, S. 183; *Jasch* 2003, S. 413 f.

122 *Walte*r 2004, S. 129.

zung – beschließen, ihre Mitbürger vor Straftätern oder psychisch Erkrankten in ihrem Stadtteil zu warnen. Ihr Handeln könnte lediglich der strafrechtlichen oder zivilrechtlichen Kontrolle unterzogen werden, die auch mit dem Ergebnis verlaufen könnte, dass sich keine Handhabe gegen derartige Aktionen findet. Hingegen müsste staatliches Handeln der Prüfung eines Grundrechtseingriffs und der Verhältnismäßigkeit standhalten.

Womit bereits der nächste Kritikpunkt des ungeklärten rechtlichen Status der Präventionsgremien angesprochen wird.[123] Zwar werden Maßnahmen des Präventionsgremiums der Verwaltung zuzurechnen sein, wenn den Vorsitz ein Mitarbeiter der Verwaltungsspitze inne hat und entsprechende Maßnahmen durch öffentliche Gelder finanziert werden. Abgesehen von einer wünschenswerten Rechtssicherheit, sind jedoch auch andere Konstellationen denkbar, bei denen kaum Mitglieder der Verwaltung im Präventionsgremium vertreten sind und die finanziellen Mittel vorwiegend aus Spenden stammen, sodass eine Klärung des rechtlichen Status, der Verantwortlichkeiten und der Kompetenzen durch eine Satzung erforderlich ist.

Kritische Stimmen befürchten, dass durch die kommunale Kriminalprävention, Kriminalität verstärkt ins Blickfeld geraten könnte und so die Sicherheitshysterie gefördert werde.[124] Es wird vorgebracht, dass sich hinter dem Begriff der Kommunalen Kriminalprävention eine Ubiquität von Sozialkontrolle verberge, was unter anderem zu Folge hat, dass auch bei kleineren Delikten sogleich der „kriminalpolitische Notstand" ausgerufen werde.[125]

Die Bedenken gehen auch dahin, dass Bedürfnislagen und Interessen von Jugendlichen, Arbeitslosen und Randständigen durch die Kriminalprävention über Kriminalität definiert werden könnten und diesen Problemen nicht als solchen entsprochen werde.[126] So würden Maßnahmen der Jugendfreizeitförderung in Präventionsprojekte umetikettiert, weil so mit mehr Akzeptanz und finanzieller Unterstützung zu rechnen wäre.[127]

Eine Sorge bezieht sich auf die mit dem Konzept der Kommunalen Kriminalprävention verknüpfte Gemeinschaftsidee.[128] Sie biete die Möglichkeit, dass gerade durchsetzungsstarke Interessengruppen ihre Sicherheitsinteressen und

123 *Jasch* 2003, S. 412.

124 *Kappeler* 2000, S. 23.

125 *Kubink* 2002, S. 654.

126 Vgl. *Frehsee* 1998, S. 749 u. 760, der in seinem Beitrag zum Ausdruck bringt, dass er die Idee der Kommunalen Kriminalprävention insgesamt für verfehlt hält.

127 *Lindenberg* 2001, S. 54; *Walter* 2003, S. 129 u. 2005, S. 490.

128 *Jasch* 2003, S. 417.

Ordnungsvorstellungen als Grundlage der Problemdefinition um den Preis der sozialen Ausgrenzung zur Geltung brächten.[129]

Im Rahmen der Umsetzungskritik wird zunehmend die Frage nach den Effekten der Projekte und Programme und ihrer Nachhaltigkeit aufgeworfen und in diesem Zusammenhang die Evaluation selbiger gefordert.[130]

Die Partizipation der Bürger sei in der Praxis nicht annähernd so ausgeprägt, wie die Theorie es verheißt.[131] So wird angenommen, dass die Polizei eine dominante Rolle in den Gremien einnehme.

Auch die inhaltliche Ausrichtung der Präventionsräte sei problematisch. Soll die registrierte Kriminalität, die Kriminalitätsfurcht oder beides reduziert werden? Im Unklaren blieben auch die zugrunde gelegten Kriminalitätsmodelle. Kriminalitätstheoretische Überlegungen würden kaum angestellt, sodass sich die theoretische Basis auf dem Niveau einer Art Volkskriminologie abspiele.[132]

Es wird gar befürchtet, dass die Gremien bei der Suche nach dem eigenen Profil auf der Entwicklungsstufe der eigenen Institutionalisierung stecken geblieben und nun reine „Debattierclubs“ oder „Labergremien“ zum immerwährenden Thema Kriminalität seien.[133]

Einige dieser Kritikpunkte, insbesondere jene, die sich an der Umsetzung des Konzepts der Kommunalen Kriminalitätsprävention und dem Diskurselement der Bürgerbeteiligung fest machen, werden im Rahmen der vorliegenden Arbeit beleuchtet und teilweise entkräftet.[134]

---

129 *Lehne* 2002, S. 183 und 1996, S. 314; *Ziegler* 2001, S. 31 f.

130 *Steffen* 2003, S. 13.

131 *Hohmeyer* 1999; *Steffen* 2003, S. 11.

132 *Frehsee* 1998, S 741.

133 *Jasch* 2003, S. 411 f.

134 Siehe dazu das *Abschlusskapitel 9*.

4. Definitionen und Systematisierung

Neben einer Vielzahl von Definitionsvorschlägen des Begriffs der Kriminalprävention, sind auch vielfältige Begriffsalternativen zum gleichen Sachverhalt im Sprachgebrauch festzustellen. Kriminalitätsvorbeugung Straftatenprävention, Delinquenzprophylaxe oder Verbrechensverhütung und die sich weiter ergebenden Kombinationsmöglichkeiten aus erstem und zweitem Wortteil meinen zumeist Gleiches.[135] In der vorliegenden Arbeit wird der Begriff der Kriminalprävention verwendet, weil sich dieser Begriff im wissenschaftlichen Diskurs durchzusetzen scheint und die erneute Verwendung einen Beitrag zur Herausbildung eines Fachbegriffs leistet. Zudem überzeugt das Plädoyer *Northoffs* für den Begriff Kriminalprävention. Er führt unter anderem an, dass der Wortteil „Kriminal-„ weniger stigmatisierenden Charakter hat als die Alternativbegriffe „Kriminalität" oder „Verbrechen". Auch der Wortteil „-prävention" ist geeigneter als beispielsweise „-verhütung". Denn dieser Begriff ist weniger verbotsgerichtet und schließt schützende Maßnahmen ein. Des weiteren ist die Ähnlichkeit zu ausländischen Begriffen wie: crime prevention (engl.), prévention de la délinquance (franz.), kriminalpraevention (dän.) für den internationalen Austausch hilfreich.

Ein Definitionsvorschlag, welcher durch seinen abkürzenden Charakter ein leichteres Verständnis vom Konzept der „Kommunalen Kriminalprävention" herbei führen könnte, unterbreitet lediglich ein Autor. Dagegen sind Definitionsangebote des Begriffs „Kriminalprävention" weiter verbreitet. Zudem hat sich eine Systematisierung des Begriffs etabliert.

Deshalb werden zunächst die geläufigen Definitionsangebote des Begriffs der „Kriminalprävention" und seine Systematisierungen dargelegt. Im Anschluss wird das spärliche Angebot der Definition für das Konzept der „Kommunalen Kriminalprävention" dargestellt und um einige Aspekte ergänzt. Im weiteren Verlauf wird dann eine Abgrenzung der „Kommunalen Kriminalprävention" zum Begriff der Prävention im strafrechtlichen und polizeilichen Kontext vorgenommen. Denn häufig kommt es bei Begriffsbestimmungsversuchen zu diesbezüglichen Diffusionen. Der Abschnitt, in dem die Abgrenzung zum polizeilichen Präventionsbegriff vorgenommen wird, bildet eine wichtige Grundlage für die später erfolgende Klärung der Zuständigkeiten für die Aufgabe der Kommunalen Kriminalprävention.

4.1 Definition des Begriffs der Kriminalprävention

Der häufig zitiert Definitionsvorschlag von *Kube* beschreibt als „... Kriminalprävention alle Maßnahmen, die Kriminalität als gesellschaftliches Phänomen

135 Vgl. *Northoff* 1997, 1.2.1. Rn. 15.

(Makroebene) und Straftaten als individuelles Ereignis (Mikroebene) quantitativ verhüten, qualitativ mindern oder zumindest die unmittelbaren Folgen der Deliktsbegehung (z. B. Schadensausmaß) gering halten sollen. Zum Geringhalten negativer Folgen, zählt auch die Vermeidung überzogener Verbrechensfurcht. Dagegen stellt die Beseitigung der unmittelbaren Schäden oder die Vermeidung sekundärer (etwa durch das soziale Umfeld oder die Strafverfolgungsorgane verursachter) Viktimisierung bzw. die Beseitigung mittelbarer Schäden eine Frage der Opferhilfe dar."[136]

Bei diesem Definitionsvorschlag fällt auf, dass er zunächst sehr umfangreich ist und dennoch klarstellender Ergänzungen bedarf. Die Definition wird zudem unnötig aufgebläht, was dem gewünschten abkürzenden Charakter einer Definition nicht zuträglich ist. Die Unterscheidung in Makro- und Mikroebene ist in diesem Zusammenhang überflüssig, denn die Summe der Straftaten als individuelles Ereignis bildet doch das gesellschaftliche Phänomen der „Kriminalität".

Northoff bietet eine Definition an, welche die Kriminalitätsfurcht einbezieht und versteht unter Kriminalprävention „alle Maßnahmen, die zukünftiges strafbares Verhalten verringern und/oder das Sicherheitsgefühl der Bevölkerung verbessern."[137]

Den Hintergrund, die Bekämpfung der Kriminalitätsfurcht ebenfalls mit einzubeziehen, bildet die Annahme, dass eine übertriebe Angst vor Kriminalität indirekt kriminogen wirke.[138] So wird angeführt, dass übersteigerte Kriminalitätsfurcht zu erhöhtem Meideverhalten und damit zu faktisch abnehmender sozialer Kontrolle führen kann, sodass Raum für risikoloseres Begehen von Straftaten entsteht.[139] Des weiteren habe übersteigerte Kriminalitätsfurcht einen Vertrauensverlust in staatliche Institutionen und in die Rechtsordnung zur Folge, was wiederum Tendenzen zur Selbstjustiz und Selbstbewaffnung verstärke.[140] Außerdem ruft übersteigerte Kriminalitätsfurcht Forderungen nach einer Verschärfung des Strafrechts hervor.[141] Dies steht dem Ansatz der Kriminalprävention, welcher das strafrechtlichen Sanktionssystem ergänzen will, weil die Wirkung von härterer Strafe bezweifelt wird,[142] diametral entgegen.

Wenn überhaupt, ist die Kriminalitätsfurcht jedoch lediglich ein kriminalitätsrelevanter Faktor unter vielen. So wäre auch denkbar, dass Kriminalitäts-

---

136 *Kube/Schneider/Stock* 1996, S. 17; *Kube* 1996 , S. 135.

137 *Northoff* 1997, 1.2.1. Rn. 59.

138 *Obergfell-Fuchs* 2001, S. 203 ff.; *Heinz* 1997, S. 21 ff.; *Heinz* 1998, S. 23; *Schneiders/Franke* 2006, S. 30.

139 *Obergfell-Fuchs* 2001, S. 203.; *Heinz* 1997, S. 21.

140 *Schwind* 2009, § 20, Rn. 14; *Kube/Schneider/Stock* 1996, S. 17; *Bull* 1993, S. 5.

141 *Boers* 1993, S. 65 ff.; *Schwind* 2009, § 20, Rn. 14.

142 *Heinz* 2005b, S. 17.

furcht sich kriminalitätsreduzierend auswirkt, weil potentielle Opfer sich vorsichtiger verhalten und sich daraus resultierend die Tatgelegenheiten vermindern. Warum ausgerechnet der Aspekt der Kriminalitätsfurcht in einer Definition von Kriminalprävention aufgenommen werden soll, ist nicht einzusehen. Deshalb wird in dieser Arbeit die Definition von *Trenczek/Pfeiffer* zu Grunde gelegt.

Sie verstehen unter Kriminalprävention „...alle Maßnahmen und Initiativen, die das Ausmaß und die Schwere der Kriminalitätserscheinungen vermindern [sollen].“[143]

4.2 Definitionsangebot für die Kommunale Kriminalprävention

Lediglich *Dreher* bietet eine allgemeine Begriffsbestimmung für die Kommunale Kriminalprävention an. Er beschreibt diese „als eine praktische Strategie im örtlichen Bereich, bei der die individuellen und gesellschaftlichen Bedingungen abweichenden Verhaltens festgestellt werden, um danach ressortübergreifend und unter Partizipation aller gesellschaftlichen Gruppen praktikable Methoden der Kriminalprävention zu entwickeln, [zu] realisieren und [zu] bewerten“.[144]

In Hinblick auf die gesetzlichen Zuständigkeiten und Kompetenzen im Bereich der Kommunalen Kriminalprävention,[145] erscheint es notwendig, bereits in einem Definitionsangebot zu verdeutlichen, dass durch ein Präventionsgremium selbst lediglich Maßnahmen ergriffen werden können, die nicht in Rechte anderer eingreifen. Deshalb soll im Rahmen dieser Arbeit eine Begriffsbestimmung für das Konzept der Kommunalen Kriminalprävention, wie es in Mecklenburg-Vorpommern verbreitet ist, angeboten werden, die diesen Aspekt mit aufgreift:

Kommunale Kriminalprävention ist demnach eine praktische Strategie auf lokaler Ebene, bei der in einem ressortübergreifend besetztem Gremium, Ursachen von Kriminalität ermittelt werden, um daran anknüpfend geeignete Maßnahmen zur Reduzierung von Ausmaß und Schwere der Kriminalität zu entwickeln und diese selbst – bzw. insbesondere bei Maßnahmen mit Eingriffscharakter durch Veranlassung der zuständigen Behörden – zu verwirklichen.

---

143 *Trenczek/Pfeiffer* 1996, S. 14.

144 *Dreher* 1996, S. 174.

145 Vgl. dazu *Kap. 4.5.3.*

4.3 Systematisierung verschiedener Präventionsansätze

Im wissenschaftlichen Diskurs zur Kriminalprävention hat sich neben der Klassifizierung verschiedener Präventionsansätze in eine täter-, opfer- oder situationsbezogenen Perspektive auch die Unterscheidung von primärer, sekundärer und tertiärer Kriminalprävention durchgesetzt.[146]

Unter primärer Kriminalprävention werden Maßnahmen verstanden, die sich an die Gesamtbevölkerung richten und die Entstehungsbedingungen von Kriminalität beeinflussen sollen. Um der Kriminalität an der „Wurzel" ihrer Entstehung zu begegnen, sollen sich Maßnahmen auf die Stärkung des Rechts- und Wertebewusstseins, die Beseitigung von Sozialisationsdefiziten, die Beseitigung von soziostrukturellen Mängellagen und die Förderung von Integration richten.[147] Mögliche Maßnahmen im Bereich der Kommunalen Kriminalprävention wären beispielsweise: Konflikttraining in Schulen, Sprachförderung für Minderheiten oder Wohnungsbaukonzepte, welche die Durchmischung der Bevölkerung in den Stadtquartieren fördert.

Maßnahmen der sekundären Kriminalprävention zielen auf Personen oder Situationen, bei denen die Gefahr der Straftatenbegehung wahrscheinlicher ist. Hier stehen tatgeneigte Personen oder potentielle Opfer und gefährdete Objekte im Fokus. Durch individuelle Hilfe und Stützung von tatgeneigten Personen; durch Warnung, Aufklärung oder Sicherheitstraining potentieller Opfer; durch Veränderungen der Tatgelegenheitsstruktur, durch Reduzierung tatfördernder Faktoren, durch die Erhöhung des Entdeckungsrisikos und Minderung des Tatertrages, soll strafbares Verhalten verhindert werden. Konkrete Maßnahmen wären hier beispielsweise: Hilfe und Stützung für delinquenzgefährdete Personen (z. B. Familienhilfe, Erziehungsberatung, Schuldenberatung, Streetworker), Schulungen für Personengruppen mit erhöhtem Viktimisierungsrisiko (z. B. Taxifahrer, Bankangestellte), technische Vorkehrungen (z. B. Wegfahrsperren, Pin- oder Passwortsicherung von Geräten), kein Alkoholausschank bei Fußballspielen oder eine ausreichende Beleuchtung gefährdeter Plätze.

Es ist jedoch zu beachten, dass Maßnahmen, die auf potentielle Täter abzielen, von erheblichen Erkenntnisproblemen belastet sind. Retrospektiv lässt sich bei Mehrfachauffälligen zwar eine Häufung von Problemen wie Frühauffällig-

---

146 *Heinz* 1998, S. 24; *ders.*1997, S. 25; *Trenczek/Pfeiffer* 1996, S. 14; *Eisenberg* 2005, § 50, Rn. 40 ff, S. 16; *Kube/Schneider/Stock* 1996, S. 13; *Northoff* 1997, 1.2.1. Rn. 15; *Ostendorf* 2004, S. 11; *Schneiders/Franke* 2006, S. 31; *Ammer* 1993, S. 9; *Elsbergen* 2005, S. 27; *van den Brink* 2005, S. 19; *Koetzsche* 1997, S. 389; *Albrecht* 1983, S. 7; *Meier* 2007, § 10 Rn. 13 ff.

147 *Northoff* 1997, 1.2.1. Rn. 16; *Heinz* 2005b, S. 21; *ders.* 1997, S. 25 ff.; *Ammer* 1993, S. 10, u. a.

keit, sozio-ökonomisch belasteter Familienhintergrund, gestörte Erziehungsverhältnisse, Schulstörungen, Lehrabbruch usw. erkennen. Derartige Belastungsmerkmale treten jedoch auch bei später Unauffälligen auf, sodass sich potentielle Täter im Voraus nicht erkennen lassen.[148]

Die tertiäre Kriminalprävention zielt darauf ab, die erneute Straffälligkeit des individuellen Täters zu verhindern oder zu mindern. Dies betrifft vornehmlich die sanktionierenden, behandelnden und wiedereingliedernden Tätigkeiten der strafrechtlichen Kontrolle. Dieser nachdeliktische Ansatz betrifft Maßnahmen wie: Therapie, Maßregeln der Besserung und Sicherung, Straffälligenhilfe und Bewährungshilfe sowie Resozialisierungsfonds. Als konkrete Maßnahmen auf kommunaler Ebene wären hier lokale Integrationsangebote für entlassene Strafgefangene, wie die Bereitstellung von Wohnraum oder Schuldnerberatung denkbar.[149]

Diese Klassifizierung sollte jedoch nicht als theoretische Basis der Kommunalen Kriminalprävention betrachtet werden.[150] Es handelt sich lediglich um eine recht unscharfe Einteilung möglicher Ansatzpunkte bzw. beabsichtigter Wirkungsebenen für Projekte. Die Differenzierung in primäre, sekundäre und tertiäre Prävention ermöglicht keinen Rückschluss auf die Mittel der Umsetzung bestimmter Präventionsstrategien. Konkrete Projekte werden häufig schwerlich nur der primären oder sekundären Kriminalprävention zuzuordnen sein.[151] Die Kategorien sind derart weiträumig, dass sich beispielsweise sogar die Repression mit ihrer general – und spezialpräventiven Zielsetzung einordnen lässt.[152]

„Im Sinne einer Systematik, die Prävention in Kategorien einteilt, die solche Ansätze zusammenfasst, die mit vergleichbaren Mitteln auf vergleichbaren Ebenen ansetzen... “, schlägt *Lehne* eine Differenzierung in täter- und tatorientierte Präventionsansätze vor:[153]

---

148 *Heinz* 1997, S. 29 der dazu *Albrecht* 1993, S. 307 zitiert.

149 *Northoff* 1997, 1.2.1. Rn. 16; *Heinz* 2005b, S. 21; *ders.* 1997, S. 25 ff., *Ammer* 1993, S. 10, u. a.

150 So auch *Obergfell-Fuchs* 2001, S. 73.

151 Gegenüber dieser Systematisierung ebenfalls kritisch: *Holthusen/Lüders* 2003, S. 20 f.

152 Siehe dazu *Kap. 4.4.*

153 *Lehne* 2002, S. 171 f., der dabei den Bereich der tertiären Prävention weitgehend außer Acht lässt, weil nach seiner Einschätzung der darunter fallende Bereich der Straffälligenhilfe ein separates Thema darstellt.

Täterbezogene Ansätze
 a) Förderung individueller Kompetenz
 b) Verbesserung des sozialen Umfelds und der Lebenssituation
 c) Normverdeutlichung, Stabilisierung des Rechtsbewusstseins
Tatbezogene Ansätze
 a) Reduzierung/Erschwerung von Tatgelegenheiten
 b) Erhöhung des Entdeckungsrisikos

Eine derartige Einteilung von Projekten würde einen wesentlich konkreteren Eindruck von der Zielrichtung der Maßnahme ermöglichen.

4.4 Der Begriff der Prävention im strafrechtlichen Kontext

Im strafrechtlichen Kontext sind die Begriffe der General- und Spezialprävention geläufig. Die Theorien der General- und Spezialprävention sowie die Vergeltungstheorie beantworten auf unterschiedliche Weise die Frage nach dem Sinn und Zweck strafrechtlicher Sanktionierung.[154] Dabei stehen die relativen Straftheorien der General- und Spezialprävention im extremen Gegensatz zur Vergeltungstheorie.

Nach der Vergeltungstheorie liegt der Sinn des Strafens darin, die Schuld, welche der Täter durch seine Tat auf sich geladen hat, zu vergelten, auszugleichen und zu sühnen.[155] Durch die Auferlegung des Strafleids erfährt der Staat Genugtuung für den Schaden, welcher der Rechtsordnung durch das Fehlverhalten zugefügt wurde.[156] Dagegen finden die relativen Straftheorien die Legitimation des Strafens in der Aufgabe des Staates, weitere Normbrüche zu verhindern. Nach diesen Theorien verfolgt die staatliche Repression das Ziel der Prävention von Straftaten.[157] Die Ziele der Strafe im Sinne der relativen Straftheorien und die der Kommunalen Kriminalprävention sind also identisch. Der gravierende Unterschied findet sich in den zum Einsatz kommenden Mitteln. Während die strafrechtliche Sanktion am tiefsten in die Rechtsstellung des Bürgers eingreift, haben die Maßnahmen der Kommunalen Kriminalprävention keinen Eingriffscharakter.[158]

---

154 Ausführlich dazu *Roxin* 2006, § 3; *Kaenel* 1981, S. 28 ff.; *Frommel* 1987; *Hassemer* 1987, S. 257 ff.; *Meier* 2009, S. 15 ff.

155 Vgl. dazu *Kant* 1798, Erster Teil, II. Teil, Anmerk. E I, S. 452 ff.; *Hegel* 1821, §§ 99-104, S. 187 ff.

156 *Meier* 2009, S. 19.

157 *Meier* 2009, S. 221

158 Vgl. *Kap. 4.2* sowie *Kap. 4.5.3.*

Die relativen Straftheorien gliedern sich nach ihrer Wirkungsrichtung in die Theorie der Generalprävention, d. h. der Einwirkung auf die Allgemeinheit und die Theorie der Spezialprävention, d. h. der Einwirkung auf den einzelnen Täter.

Die Theorie der Spezialprävention sieht die alleinige Aufgabe der Strafe darin, den Täter durch individuelle Abschreckung und Sicherung (negative Spezialprävention) und Resozialisierung (positive Spezialprävention) von der Begehung weiterer Straftaten abzuhalten.[159] Diese, durch die Vergeltungstheorie zeitweise zurückgedrängte aber bereits aus vorchristlicher Zeit stammende, Idee wurde Ende des 19. Jahrhunderts durch die „soziologische Strafrechtsschule", deren Wortführer *Franz v. Liszt* war, wiederbelebt und hat in der Reformgesetzgebung der Bundesrepublik seit 1969 in Normen der Strafzumessung und des Strafvollzugsrechts Einzug gehalten.[160]

Die Theorie der Generalprävention, die in ihrer historisch wirkungsmächtigsten Form von *Paul Johann Anselm v. Feuerbach* zu Beginn des 19. Jahrhunderts entwickelt worden ist, sieht den Zweck der Strafe weder in der Vergeltung noch in der Einwirkung auf den einzelnen Täter.[161] Strafe zielt in dieser Theorie auf die Beeinflussung der Allgemeinheit ab. Durch die Stärkung des Vertrauens in die Bestands- und Durchsetzungskraft der Rechtsordnung (positive Generalprävention) und die Abschreckungswirkung von Strafen auf potentielle andere Täter (negative Generalprävention) soll die Allgemeinheit über gesetzliche Verbote belehrt und von Straftaten abgehalten werden.[162]

Somit lässt sich auch die Repression mit ihrer präventiven Zielsetzung in die zuvor dargelegte Systematisierung der Kriminalprävention eingliedern.[163] Nach der Theorie der Generalprävention ist Strafe dem Bereich der primären Kriminalprävention zuzuordnen, weil sie auf die Allgemeinheit präventive Wirkung entfalten soll. Dagegen fällt die Strafe nach der Theorie der Spezialprävention mit ihrem postdeliktischen, auf den konkreten Täter zielenden Ansatz in den Bereich der tertiären Kriminalprävention.

Heute wird keine der Straftheorien noch mit einem Ausschließlichkeitsanspruch vertreten. In der heutigen Rechtssprechung und Lehre sind verschiedene Vereinigungstheorien vorherrschend, welche Elemente mehrer Grundauffassungen miteinander verknüpfen. Zu unterscheiden sind dabei die „vergeltenden" von den „präventiven" Vereinigungstheorien. Erstere, welche heute noch für die Rechtssprechung bestimmend sind, sehen die Vergeltung, Spezial- und General-

---

159 *Roxin* 2006, § 3 Rn. 11 ff.; *Meier* 2009, S. 24.

160 *Roxin* 2006, § 3 Rn. 11 ff.;

161 *Roxin* 2006, § 3 Rn. 21 f., *Meier* 2009, S 22 f.

162 *Fischer* 2008, § 46 Rn. 2; *Roxin* 2006, § 3 Rn. 21; BGHSt 45, 46, 66.

163 Vgl. dazu *Kap. 4.3.*

prävention als nebeneinander zu verfolgende Strafzwecke an.[164] Dagegen herrscht unter den Vertretern der „präventiven Vereinigungstheorien" die Auffassung, dass der Zweck von Strafe nur präventiver Art sein darf und der Vergeltungsgedanke aufzugeben sei.[165] Denn Strafe benötige einen „...*verfassungslegitimen Zweck,* der ihre Androhung, Verhängung und Vollstreckung rechtfertigt."[166] Dieser findet sich für Strafnormen nur dann, „...wenn sie auf den Schutz der individuellen Freiheit und einer ihr dienenden Gesellschaftsordnung abzielen."[167] Für den Strafzweck der Vergeltung bleibt dabei kein Raum.[168]

4.5 Der Begriff der Prävention im polizei- und ordnungsrechtlichen Kontext

Im Bereich des Sicherheits- und Ordnungsrechts werden Gefahrenabwehr und Prävention meist synonym verwendet. Eine genauere Betrachtung von Begriffen wie „Gefahrenabwehr", „vorbeugende Bekämpfung von Straftaten" und „Kriminalprävention" ist notwendig, weil diese Aufgaben und Befugnisse zwar alle Straftaten verhütenden Charakter haben, aber die Qualität der Maßnahmen, welche die Polizei und die Ordnungsbehörden ergreifen können, jedoch höchst unterschiedlich ist. Dies ergibt sich aus der Differenzierung zwischen Aufgaben- und Befugnisnormen. Wenn es zu einem Eingriff in Rechtsgüter kommen soll, so braucht es dafür eine Befugnisnorm, auf deren Grundlage die Ordnungsbehörde oder die Polizei tätig werden kann. Dieser Gesetzesvorbehalt in Form des Eingriffsvorbehalts ist sowohl im Rechtsstaatsprinzip als auch in den Grundrechten verankert.[169] Berührt eine Maßnahme der Ordnungsbehörde die Rechtssphäre des Einzelnen nicht – liegt also kein Rechtseingriff vor – so kann die Ordnungsbehörde bereits aufgrund einer Aufgabenzuweisungsnorm handeln.[170]

---

164 BVerfGE 45, 187, 253 sowie 39, 1, 57.

165 Vgl. *Roxin* 2006, § 3 Rn. 37 ff. m. w. N.; *Meier* 2009, S. 33 m. w. N.; *Fischer* 2008 § 46, Rn. 4.

166 *Meier* 2009, S. 33.

167 *Roxin* 2006, § 3 Rn. 37.

168 Ausführlich dazu *Roxin* 2006, § 3 Rn. 44 ff. der als Mittel zur Begrenzung der Strafe das Element des Schuldprinzips aus der „Vergeltungslehre" entnimmt. Siehe dazu *ders.* 2006, § 3 Rn. 51 ff.

169 *Kugelmann* 2003, S. 782.

170 *Kneymeyer* 2007, Rn. 77; *Heyen* 1999, S. 255.

Im Sicherheits- und Ordnungsgesetz Mecklenburg-Vorpommerns,[171] welches zu großen Teilen die Aufgaben und Kompetenzen der Ordnungsbehörden und der Polizei in Mecklenburg-Vorpommern regelt, ist neben den Formulierungen wie „Gefahren abwehren", „Straftaten verhüten" und „vorbeugende Bekämpfung von Straftaten" seit neuestem auch der Begriff der „Kriminalprävention" explizit genannt. Um an späterer Stelle herauszustellen, wer für die Kommunale Kriminalprävention zuständig ist, bedarf es einer Klarstellung, welche Aufgaben sich für die Polizei- und Ordnungsbehörden aus dem Sicherheits- und Ordnungsgesetz M-V ergeben.

4.5.1 Gefahrenabwehr

Die Gefahrenabwehr gehört zu den ureigensten präventiven Aufgaben der Ordnungsbehörden und der Polizei. Die Aufgabe der Gefahrenabwehr knüpft an das Vorliegen einer Gefahr für die öffentliche Sicherheit oder Ordnung an.[172] Der Rechtsbegriff der „Gefahr" ist durch Rechtsprechung und Lehre mit allgemein anerkannten Inhalten versehen. Eine Gefahr besteht, wenn nach verständiger, auf allgemeiner Lebenserfahrung beruhender Beurteilung, in näherer Zeit der Eintritt eines Schadens für die öffentliche Sicherheit und/oder Ordnung zu erwarten ist.[173] Der Rechtsbegriff „Gefahr" hat eine elementare rechtsstaatliche Funktion, indem er die Möglichkeiten ordnungsbehördlichen und polizeilichen Handels in Form eines Eingriffs in Rechtsgüter auf das Vorliegen einer bestimmten Gefahrenlage[174] begrenzt.[175] Ein Eingriff in Grundrechte muss durch eine Befugnisnorm in bestimmter und voraussehbarer Weise für den Betroffenen eingegrenzt werden, was bei den hergebrachten Standardmaßnahmen und der Generalklausel insbesondere der Begriff der konkreten Gefahr übernimmt.[176] Jedoch erfolgte eine Abkehr von der Notwendigkeit des Vorliegens einer konkreten Gefahr für Rechtseingriffe, indem der Polizei die neuen Aufgabenfelder der Gefahren- und Verfolgungsvorsorge übertragen wurden.

---

171 Folgend SOG M-V.

172 Vgl. § 1 I SOG.

173 *Kneymeyer* 2007, Rn. 87; *Kugelmann* 2006, Rn. 82 f.; *Heyen* 1999, S. 224.

174 Zu den verschiedenen Gefahrbegriffen, wie konkrete Gefahr, allgemein bestehende Gefahr, abstrakte Gefahr, etc. vgl. *Kneymeyer* 2007, Rn. 87 ff.; *Pieroth/Schlink/Kniesel* 2007, § 4 Rn. 1 ff.; *Schenke* 2005, Rn. 69 ff.

175 *Kugelmann* 2006, Rn. 84; *Pieroth/Schlink/Kniesel* 2007, § 4 Rn. 1.

176 *Kugelmann* 2003, S. 783.

4.5.2 Gefahren- und Verfolgungsvorsorge als Unterpunkt der Gefahrenabwehr

In fast allen Bundesländern wurden die Aufgaben der Gefahren- und Verfolgungsvorsorge in die Polizeigesetze aufgenommen.[177] In Mecklenburg-Vorpommern eröffnet § 7 Abs. 1 Nr. 4 SOG M-V[178] der Polizei dieses Aufgabenfeld. Die Normierung wurde nötig nachdem das Bundesverfassungsgericht im sog. „Volkszählungs-Urteil“[179] aus dem Jahr 1983 das Recht auf informationelle Selbstbestimmung gem. Art. 2 Abs. 1 i. V. m. Art. 1 Abs. 1 GG entwickelt hat. Nun stellte das Sammeln, Archivieren und Nutzen von personenbezogenen Daten einen Eingriff in Rechte Einzelner dar, sodass es einer Rechtsgrundlage bedurfte. Weil das Sammeln von Informationen häufig auch im Vorfeld einer konkreten Gefahr stattfindet, war eine Abkopplung der Befugnis zur Datenerhebung vom Begriff der konkreten Gefahr nötig.[180] Jetzt sind derartige Informationseingriffe möglich, auch wenn eine Gefahr sich noch nicht konkretisiert hat, sondern bereits bei einer allgemein bestehenden Gefahr. Dogmatisch betrachtet gehört jedoch auch diese „Vorfeldtätigkeit“ zum Bereich der Gefahrenabwehr.[181] Dies verdeutlicht bereits der Gesetzestext, denn in § 7 Abs. 1 Nr. 4 SOG M-V heißt es: „... im Rahmen der Gefahrenabwehr auch Straftaten zu verhüten und für die Verfolgung künftiger Straftaten vorzusorgen (vorbeugende Bekämpfung von Straftaten)... “. Die Abgrenzung zwischen der Abwehr konkreter Gefahren und allgemein bestehender Gefahren liegt in der unterschiedlichen Graduierung der Wahrscheinlichkeit des Schadenseintritts.[182] Eine allgemein bestehende Gefahr liegt vor, wenn in bestimmten Lebenssachverhalten eine konkrete Gefährdung eines polizeilichen Schutzgutes zu erwarten ist.[183]

Diese Definition soll aber nicht darüber hinwegtäuschen, dass es bezüglich des Gefahrenbegriffs, seit der zuvor beschriebenen Aufgabenerweiterung der Polizei, große Rechtsunsicherheiten gibt. Kritische Stimmen sehen den polizeili-

---

177 Einen Überblick dazu gibt *Kneymeyer* 2007, Rn. 75.

178 „Die Polizei hat ... im Rahmen der Gefahrenabwehr auch Straftaten zu verhüten und für die Verfolgung künftiger Straftaten vorzusorgen (vorbeugende Bekämpfung von Straftaten) sowie andere Vorbereitungen zu treffen, um künftige Gefahren abwehren zu können.“

179 BVerfGE 65, 1.

180 *Kneymeyer* 2007, Rn. 72.

181 *Kneymeyer* 2007, Rn. 71; *Schenke* 2005, Rn. 10; *Pieroth/Schlink/Kniesel* 2007, § 4 Rn. 15 ff.

182 *Kneymeyer* 2007, Rn. 72, vgl. dazu auch *Pieroth/Schlink/Kniesel* 2007, § 4 Rn. 16 ff.

183 *Kneymeyer* 2007, Rn. 89; *Schenke* 2005, Rn. 71.

chen Gefahrenbegriff und damit seine rechtsstaatliche und grundrechtssichernde Funktion in Gefahr.[184]

Auch ist der Bereich der Verfolgungsvorsorge äußerst umstritten.[185] Kritiker sehen hier die klaren Grenzen zwischen Gefahrenabwehr und Strafverfolgung schwinden,[186] denn polizeiliche Informationsgewinnung zur Verfolgungsvorsorge kann potentiell sowohl der Gefahrenabwehr als auch der Straftatenverfolgung dienen.[187]

Festzuhalten bleibt, dass die in § 7 Abs. 1 Nr. 4 SOG M-V verwandten Formulierungen der Polizei das Aufgabenfeld für die Erhebung und die Verarbeitung von Informationen zur Gefahrenabwehr im Anwendungsbereich des Rechts auf informationelle Selbstbestimmung eröffnen.[188] Dieses präventive Aufgabenfeld der Polizei ist fest mit dem Begriff der Gefahr verknüpft („... im Rahmen der Gefahrenabwehr ..."). Es muss also zumindest ein „Gefahrverdacht"[189] vorliegen, damit die Polizei tätig werden kann.[190] Defizitäre Sozialstrukturen, ungünstige Wohn- und Lebensverhältnisse oder fehlende Möglichkeiten der Werte- und Normenorientierung – Felder der primären Kriminalprävention[191] die an den Wurzeln potentieller Bedingungen für Delinquenz ansetzten soll – stehen außerhalb der in § 7 Abs. 1 Nr. 4 SOG M-V vorausgesetzten Gefahrenlage.[192]

4.5.3 Kriminalprävention

Seit dem 30. Oktober 2001 findet sich im § 1 Abs. 2 SOG M-V folgende Aufgabenzuweisung: „Unbeschadet der Zuständigkeit der Polizei zur vorbeugenden

---

184 Ausführlich dazu *Kugelmann* 2003, S. 781 ff.; *Roggan* 2000; *Müller* 1995, S. 602 ff.; *Hoffmann-Riem* 1978, S. 335 f.

185 Siehe dazu *Kugelmann* 2006, Rn. 157 ff.; *Kniesel* 1992, S. 164 ff.; krit. *Sydow* 1977, S. 119 ff.

186 *Behrendes* 1988, S. 220 ff.

187 *Müller* 1995, S. 604.

188 *Kugelmann* 2006, Rn. 153.

189 *Knemeyer* 2007, Rn. 96 f. definiert „Gefahrverdacht" als eine Gefahr mit geringerem Wahrscheinlichkeitsgrad. Es fehlt noch an der erforderlichen Wahrscheinlichkeit eines Schadenseintritts. Sind aber die Gefahrenverdachtsmomente durch Tatsachen begründet, so geht man von einer Gefahr im Rechtssinn aus. Nach *Kugelmann* 2006 Rn. 112 ist der Gefahrverdacht eine Vorstufe der Gefahr und damit Teil der Aufgabe der Gefahrenabwehr; *Deutsch* 1992, S. 208.

190 *Moritz* 2001, S. 86; *Aulehner* 1998, S. 462.

191 Siehe dazu *Kap. 4.3.*

192 *Moritz* 2001, S. 83.

Bekämpfung von Straftaten (§ 7 Abs. 1 Nr. 4) sollen staatliche und nichtstaatliche Träger öffentlicher Aufgaben im Rahmen ihres jeweiligen gesetzlichen Zuständigkeitsbereichs zusammenwirken und zur Vermeidung strafbarer Verhaltensweisen (Kriminalprävention) beitragen."

Zur Begründung des Entwurfs des Zweiten Gesetzes zur Änderung des SOGs M-V wird ausgeführt: „Aufgrund der überragenden Bedeutung der vorbeugenden Kriminalitätsbekämpfung für die Erhaltung und ständige Erhöhung der öffentlichen Sicherheit und Ordnung wird eine Bestimmung aufgenommen, die sich an alle staatlichen und nichtstaatlichen Träger öffentlicher Gewalt wendet, im jeweiligen Zuständigkeits- oder Aufgabenbereich besonderes Augenmerk auf kriminalpräventive Aspekte zu richten. Dabei bleibt die gesetzlich festgelegte ausschließliche Zuständigkeit der Polizei für die Aufgabe der vorbeugenden Bekämpfung von Straftaten unangetastet. Das Ziel der Vorschrift liegt darin, die Kriminalprävention als gesamtgesellschaftliche Verpflichtung gesetzlich festzuschreiben und alle Bereiche zur Mitwirkung und Zusammenarbeit zu veranlassen."[193]

§ 1 Abs. 2 SOG M-V eröffnet damit allen Trägern öffentlicher Gewalt in Mecklenburg-Vorpommern das Arbeitsfeld der Kriminalprävention. Es ist, im Gegensatz zur polizeilichen Gefahren- und Verfolgungsvorsorge des § 7 Abs. 1 Nr. 4 SOG M-V, nicht in den Rahmen der Gefahrenabwehr gestellt. Eine umfassende Kriminalprävention, wie sie als Strategie der Kommunalen Kriminalprävention in Mecklenburg-Vorpommern propagiert wird,[194] ist hier als gesetzlicher Auftrag formuliert. Als Aufgabennorm ermöglicht sie natürlich lediglich Maßnahmen, die nicht in Rechte Einzelner eingreifen, die also keinen Eingriffscharakter haben.

193 *Landtag Mecklenburg-Vorpommern*, Drucksache 3/2049 S. 21.

194 Siehe dazu *Kap. 3.1 ff.*

5. Zuständigkeit und gesetzliche Grundlage

Nach wie vor besteht Rechtsunsicherheit über die kommunale Verpflichtung zur Übernahme von Verantwortung für die Kriminalprävention.[195] Dahinter stehen Befürchtungen der Kommunen, dass staatliche Aufgaben auf sie abgewälzt werden sollen, kommunale Entscheidungsfreiheit beschränkt wird und die Kommunen zusätzlich finanziell belastet werden sollen.[196] Jedoch ist die generelle Negierung rechtlicher Zuständigkeit von den kommunalen Spitzenverbänden[197] durch ein allmähliches Einräumen von „Mitzuständigkeiten" abgelöst worden.[198] Dies entspricht nunmehr auch dem Charakter der Kommunalen Kriminalprävention als Querschnittsaufgabe, bei der es naturgemäß keine Alleinzuständigkeit eines bestimmten Trägers öffentlicher Aufgaben geben kann, weil sie sich an alle richtet, die Einfluss auf Entstehungsbedingungen von Kriminalität haben.

Im Folgenden wird dargelegt, dass die Kriminalprävention keine ausschließliche Angelegenheit der Polizei ist und dass kommunale Eigenverantwortung aus eigenem und übertragenem Wirkungskreis besteht.

5.1 Staatliche Zuständigkeit

Aus Art. 2 Abs. 2 S. 1 i. V. m. Art. 1 Abs. 1 S. 2 GG ergibt sich für den Staat eine umfassende Schutzpflicht für jedes menschliche Leben, die auch zum Inhalt hat, dass die staatlichen Organe das Leben vor rechtswidrigen Eingriffen Dritter zu bewahren haben.[199] Der Schutz vor Kriminalität ist also konstitutive Aufgabe des Staates.[200] Zur Umsetzung dieser Aufgabe stehen dem Staat mit seinen Legislativorganen – Bundesparlament und Landesparlamente –, seinen Exekutivorganen, wie beispielsweise den Polizei- und Ordnungsbehörden, und den Organen der Rechtspflege entsprechende Mittel zur Verfügung. Diese Schutzpflicht, welcher ehemals vorwiegend mittels der Repression gerecht zu werden versucht wurde,[201] soll zunehmend auch mit Mitteln der Kriminalprä-

195 *Dreher* 1996, S. 179.

196 *Moritz* 2001, S. 79.

197 *Knemeyer* 1999, S. 18, Fn. 20.

198 *Moritz* 2001, S. 11 ff. mit zahlreichen Beispielen von Aussagen kommunaler Spitzenverbände; *Pitschas* 2001, S. 27.

199 *BVerfGE* 49, 24 S. 57; *Knemeyer* 1999, S. 19; *Pitschas* 1993 , S. 858 u. 2004, S. 17, *Feltes* 1994, S. 6.

200 *Knemeyer* 1999, S. 19.

201 *Knemeyer* 1999, S. 15 f.

vention erfüllt werden. Das machen die hier beispielhaft angeführten Programme und Einrichtungen, wie das *Programm Polizeiliche Kriminalprävention der Länder und des Bundes (ProPK)*[202], die *Forschungs- und Beratungsstelle Kriminalprävention des BKA*[203] und nicht zuletzt die in zahlreichen Bundesländern eingerichteten Landesräte für Kriminalitätsprävention, deutlich.[204]

Auch die in den achtziger Jahren, durch den Ergänzungsentwurf zum Musterentwurf eines einheitlichen Polizeigesetztes, in die meisten Landespolizeigesetzte eingeflossenen Gefahrenverhütungs- und Verfolgungsvorsorgeaufgaben, die originär der Polizei zugeordnet werden, sind Ausdruck der verstärkten präventiven Ausrichtung des Staates bei der Erfüllung seines Schutzauftrages.[205] Auf diese Aufgaben ist an dieser Stelle nochmals ein Augenmerk zu richten, weil daraus fälschlicherweise häufig eine Alleinzuständigkeit der Polizei für die Kriminalprävention hergeleitet wird.[206]

5.2 Keine polizeiliche Alleinzuständigkeit aus § 7 Abs. 1 Nr. 4 SOG M-V

§ 2 Abs. 1 SOG M-V weist den Ordnungsbehörden und der Polizei die Gefahrenabwehr als Aufgabe zu. Ordnungsbehörden sind die in § 3 Abs. 1 S. 1 SOG M-V genannten Behörden, also Ministerien, Landräte, Oberbürgermeister, Amtsvorsteher, Bürgermeister und Sonderordnungsbehörden. Grundsätzlich sind gem. § 4 SOG M-V die untersten Ordnungsbehörden vor den oberen Ordnungsbehörden und vor der Polizei zuständig.[207] Die Polizei ist also grundsätzlich subsidiär zuständig. Eine Ausnahme von diesem Grundsatz bilden die in § 7 Abs. 1 SOG M-V genannten, originär polizeilichen Aufgaben. Hierin werden die Aufgaben der Polizei darauf beschränkt, Gefahren für die öffentliche Sicherheit und Ordnung festzustellen und aus gegebenem Anlass zu ermitteln (§ 7 Abs. 1 Nr. 1 SOG M-V),[208] sowie die Ordnungsbehörden unverzüglich über alle Gefahren zu unterrichten, die ein Eingreifen der Ordnungsbehörde erfordert oder für deren Entschluss von Bedeutung werden könnte (§ 7 Abs. 1 Nr. 2 SOG M-V).[209] Des weiteren ist die Polizei im Fall der Unaufschiebbarkeit einer Maß-

---

202 Vgl. http://www.polizei-beratung.de/.

203 Vgl. http://www.bka.de/vorbeugung/fachbereichki14/flyerdt.pdf.

204 Vgl. dazu auch *Schwind* 2009, § 18, Rn. 64 f.

205 *Knemeyer* 1999, S. 16.

206 *Moritz* 2001, S. 79.

207 *Heyen* 1999, S. 226; *Kneymeyer* 2002, Rn. 79ff.

208 *Krech* § 7, Anm. 2.

209 *Krech* § 7, Anm. 3.

nahme – der sog. subsidiären Eilfallkompetenz der Polizei (§ 7 Abs. 1 Nr. 3 SOG M-V), d. h. wenn eine wirksame Gefahrenabwehr durch die eigentlich zuständige Ordnungsbehörde aus Sicht der Polizei nicht rechtzeitig möglich erscheint, vorrangig zuständig.[210] Und zuletzt ist hier die, in zweierlei Hinsicht umstrittenen[211] und bezüglich der Zuständigkeitsfrage für die Kriminalprävention für Verwirrung sorgenden, originär polizeilichen Aufgaben des § 7 Abs. 1 Nr. 4 SOG M-V zu benennen, welche der Polizei auftragen „im Rahmen der Gefahrenabwehr auch Straftaten zu verhüten und für die Verfolgung künftiger Straftaten vorzusorgen (vorbeugende Bekämpfung von Straftaten) sowie andere Vorbereitungen zu treffen, um künftige Gefahren abwehren zu können“.

Hieraus ergibt sich jedoch keine Alleinzuständigkeit der Polizei für die Kriminalprävention, da dieser Aufgabenbereich in den Rahmen der Gefahrenabwehr gestellt wird,[212] es also für die Eröffnung dieses Aufgabenbereiches einer Gefahrenlage bedarf, die insbesondere in Bereichen, an denen die primäre Kriminalprävention ansetzten soll, nicht vorliegt.[213] Auch liefe die Regelung des § 1 Abs. 2 SOG M-V,[214] die alle Träger öffentlicher Aufgaben auffordert, im jeweiligen Zuständigkeitsbereich ihren Beitrag zur Vermeidung strafbaren Verhaltens zu leisten, ins Leere, wenn sich aus § 7 Abs. 1 Nr. 4 SOG M-V eine Alleinzuständigkeit der Polizei für die Kriminalprävention ergeben sollte, die damit allen anderen Trägern diesen Aufgabenbereich verschließen würde.

5.3 Aufgabenerweiternder Charakter des § 1 Abs. 2 SOG M-V

Die im Jahr 2001 eingefügte Regelung des § 1 Abs. 2 SOG M-V wird der Natur der Kriminalprävention als Querschnittsaufgabe gerecht, indem sie keine alleinige Zuständigkeit eines bestimmten Trägers für die Aufgabe Kriminalprävention bezeichnet, sondern alle Träger öffentlicher Aufgaben auffordert, einen Beitrag zur Kriminalprävention zu leisten und dabei zusammenzuarbeiten. Jedoch ist der Regelungsinhalt dieser Norm, in Anbetracht der noch nicht erfolgten wissenschaftlichen Auseinandersetzung mit selbiger, sowie der widersprüchlichen Gesetzesentwurfsbegründung der damaligen Landesregierung, noch recht nebulös. Denn darin heißt es: „... Jede öffentliche Stelle ist daher

210 *Heyen* 1999, S. 227.

211 Siehe dazu *Kap. 4.5.2.*

212 *Götz* 2008, § 17, Rn. 22 ff.; *Kneymeyer* 2002, Rn. 71.

213 Vgl. dazu *Kap. 4.5.2.*

214 Gem. § 1 Abs. 2 SOG MV „... sollen staatliche und nichtstaatliche Träger öffentlicher Aufgaben im Rahmen ihres jeweiligen gesetzlichen Zuständigkeitsbereichs zusammenwirken und zur Vermeidung strafbarer Verhaltensweisen (Kriminalprävention) beitragen.“

aufgefordert, im Zuge der Erfüllung ihrer jeweils gesetzlich zugeordneten Aufgaben kriminalpräventive Gesichtspunkte stets und möglichst frühzeitig in den Abwägungs- und Entscheidungsprozess einzubeziehen. Dieser Appell zur Zusammenarbeit und Mitwirkung bei der vorbeugenden Kriminalitätsbekämpfung stellt jedoch keine Erweiterung der Aufgabenfelder öffentlicher Stellen dar",[215] und an anderer Stelle: „Das Ziel der Vorschrift liegt darin, die Kriminalprävention als gesamtgesellschaftliche Verpflichtung gesetzlich festzuschreiben und alle Bereiche zur Mitwirkung und Zusammenarbeit zu veranlassen."[216]

Fraglich ist nun, ob dieser Norm eine reine Klarstellungsfunktion zukommt oder ob diese allen Trägern öffentlicher Gewalt eine Aufgabe zuweist.

Die historische Auslegung kann kein eindeutiges Ergebnis erbringen, denn der Widerspruch, der sich daraus ergibt, dass auf der einen Seite keine Erweiterung der Aufgabenfelder erfolgen, jedoch auf der anderen Seite eine Verpflichtung zur Mitwirkung und Zusammenarbeit festgeschrieben werden soll, lässt sich auf Grundlage der Aussagen des Gesetzgebers nicht auflösen.

Auch der Wortlaut „... sollen ... im Rahmen ihres jeweiligen gesetzlichen Zuständigkeitsbereichs zusammenwirken und zur Vermeidung strafbarer Verhaltensweisen (Kriminalprävention) beitragen" verdeutlicht den antagonistischen Charakter dieser Norm. Auf der einen Seite werden alle Träger öffentlicher Gewalt beauftragt, sich mit der Kriminalprävention zu befassen, einen Beitrag zu leisten und diesbezüglich zusammenzuarbeiten, anderseits soll dies im (bisherigen) Rahmen des gesetzlichen Zuständigkeitsbereichs[217] erfolgen.

Dieses ambivalente Erscheinungsbild der Norm ist dem Regelungsinteresse, die Kriminalprävention als Querschnittsaufgabe zu implementieren, geschuldet. Mit diesem Aufgabentypus soll keinem einzelnen Träger ein bestimmtes neues Aufgabenfeld zugeordnet, sondern die bisherige Aufgabe in ihrer kriminalpräventiven Bedeutung erkannt und ausgefüllt werden.[218] Zudem beinhaltet § 1 Abs. 2 SOG M-V Zusammenwirkungs- bzw. Kooperationsauftrag für alle Träger öffentlicher Aufgaben.

§ 1 Abs. 2 SOG M-V formuliert also einen Befassungs- und Kooperationsauftrag, welcher einen Aufgabenzuwachs für alle Träger öffentlicher Aufgaben darstellt.

---

215 *Landtag Mecklenburg-Vorpommern* Drucksache 3/2049 S. 24.

216 *Landtag Mecklenburg-Vorpommern* Drucksache 3/2049 S. 21.

217 Gesetzlicher Zuständigkeitsbereich beinhaltet den sachlichen Zuständigkeitsbereich. Dieser wiederum ist mit dem Aufgabenbereich gleichzusetzen – siehe *Creifelds* unter Zuständigkeit.

218 Vgl. *Heinz* 1997, S. 61.

5.4 Mitzuständigkeit der Kommune durch Aufgaben im eigenen und übertragenen Wirkungskreis

Zu prüfen ist, ob der Befassungs- und Kooperationsauftrag des § 1 Abs. 2 SOG M-V auch Bindungswirkung für die Kommunen entfaltet, denn wie der Entzug von gemeindlichen Aufgaben, kann auch die Übertragung neuer Aufgaben in die Selbstverwaltungsgarantie der Gemeinde eingreifen.[219] Dies erscheint auf den ersten Blick paradox, da die Zuweisung neuer Aufgabenbereiche an die Gemeinde, diese wegen des damit verbundenen Zuwachses an Entscheidungsmacht in ihrer Stellung als autonome Selbstverwaltungseinheit stärkt. Jedoch kann, bei der Übertragung von kostenintensiven Aufgabenfeldern und dabei gleich bleibender finanzieller Ausstattung eine finanzielle Überlastung der Gemeinden eintreten, sodass diese bislang wahrgenommene Aufgaben nicht mehr erfüllen können und somit ein Eingriff in die autonome Gestaltungsfreiheit vorliegen könnte.[220]

Dies hat der Gesetzgeber Mecklenburg-Vorpommerns in der Landes- und der Kommunalverfassung berücksichtigt, indem er gem. § 2 Abs. 3 KV M-V[221] die Möglichkeit eröffnet, Gemeinden durch Gesetz zur Erfüllung einzelner Selbstverwaltungsaufgaben zu verpflichten und gem. § 3 Abs. 1 KV M-V staatliche Aufgaben zur Erfüllung nach Weisung zu übertragen. Diese Möglichkeit wird jedoch, sofern solche Aufgaben zu einer zusätzlichen Belastung der Gemeinden führen, gem. Art. 72 Abs. 3 S. 2 Verf M-V[222] i. V. m. § 4 Abs. 2 KV M-V an die Verpflichtung geknüpft, einen entsprechenden finanziellen Ausgleich zu schaffen.

Die Aufgaben sind in § 1 Abs. 2 SOG M-V so formuliert, dass deren Erfüllung kostenneutral erfolgen kann. Es kann nur spekuliert werden, dass sich der Landesgesetzgeber, angesichts der angespannten Haushaltslage, nicht zu finanzausgleichsbedürftigen Regelungen durchringen konnte, obwohl von Seiten des Landesrates für Kriminalprävention beispielsweise immer wieder gefordert wird, die Koordination der Präventionsgremien in die Hände hauptamtlich Beschäftigter zu legen.[223] So wäre es denkbar, eine Regelung zu erlassen, die bein-

219 *Schütz* 1999, S. 337.

220 *Schütz* 1999, S. 337.

221 Kommunalverfassung Mecklenburg-Vorpommern.

222 Landesverfassung Mecklenburg-Vorpommern.

223 Vgl. *Kap. 3.5.3.*

haltet, dass, ähnlich wie in den Aufgabenfeldern des Datenschutzes[224] oder der Gleichstellung,[225] die durchaus einen vergleichbaren Querschnittscharakter haben, auch für das Aufgabenfeld Kriminalprävention hauptamtliche oder zumindest ausreichend freigestellte Präventionsbeauftragte auf bestimmten Verwaltungsebenen zu berufen seien.

Dies würde auch nicht mit der Organisationshoheit der Gemeinden, ein Element der kommunalen Selbstverwaltungsgarantie, kollidieren. Denn diese beschränkt sich auf eine interne Organisationshoheit, wie etwa die Geschäftsverteilung oder -ordnung.[226] Das zeigt die Entscheidung des Bundesverfassungsgerichtes[227] zur Vorgabe an die Gemeinden, eine Gleichstellungsbeauftragte zu bestellen. Denn darin heißt es, die "... Pflicht der Gemeinden zur Bestellung einer Gleichstellungsbeauftragten verletzt nicht den Kernbereich der kommunalen Organisationshoheit. [Die Norm] ... verpflichtet die Gemeinden allein in einem bestimmten Sachbereich in sich begrenzte Organisationsmaßnahmen zu ergreifen, lässt die Befugnis der Gemeinden zur organisatorischen Regelung ihrer Angelegenheiten im übrigen aber unberührt. Die Vorschrift beschränkt sich darauf, den allgemeinen organisatorischen Rahmen der Gemeinden punktuell näher auszuformen. Auch in Verbindung mit den anderen Vorschriften ... erstickt die Vorschrift die organisatorischen Handlungsmöglichkeiten der Kommunen nicht. Sie fügt diesen Vorschriften nur eine weitere hinzu, die sich von sonstigen im deutschen Kommunalrecht bekannten Vorgaben wie etwa der Verpflichtung zur Einrichtung eines Rechnungsprüfungsamts ..., eines Ausländerbeirates ... oder zur Bestellung des Hauptausschusses ... nicht grundlegend unterscheidet.[228] ... [Die Vorgabe] genügt auch den Anforderungen, die über die Beachtung des Kernbereichs hinaus gelten. Die den Gemeinden verbleibenden organisatorischen Befugnisse für eine selbst ges-

---

224 Vgl. § 20 Datenschutzgesetz M-V. Dieser führt die ausnahmslose Verpflichtung jeder Daten verarbeitenden Stelle des Landes ein, einen behördlichen Datenschutzbeauftragten zu bestellen. Je nach Größe der Daten verarbeitenden Stelle ist der behördliche Datenschutzbeauftragte ganz oder teilweise von anderen Aufgaben freizustellen. Bei größeren öffentlichen Stellen sollte aufgrund der Aufgabenfülle ein hauptamtlicher Datenschutzbeauftragter bestellt werden. Auf der Seite http://www.lfd.m-v.de/dschutz/ges_ver/erldsg/erldsgmv02.html#p20 findet sich eine ausführliche Kommentierung des § 20 DSG M-V.

225 Vgl. § 41 KV M-V Dieser regelt, dass in hauptamtlich verwalteten Gemeinden mit mehr als 10000 Einwohnern eine hauptamtliche Gleichstellungsbeauftragte zu bestellen ist. Vgl. auch § 11 Gleichstellungsgesetz M-V der regelt, welche Dienstellen Gleichstellungsbeauftragte zu bestellen haben. § 13 GSG M-V gibt vor, inwieweit die Gleichstellungsbeauftragte von ihren sonstigen Arbeiten freizustellen ist.

226 *Schütz* 1999, S. 343.

227 *BVerfGE* 91, 228.

228 Vgl. *Erichsen* 1991, S. 58 ff.

taltete Aufgabenwahrnehmung im Bereich der Gleichstellung von Frau und Mann tragen der Eigenverantwortlichkeit der Gemeinden in vertretbarer Weise Rechnung ...“[229]

§ 1 Abs. 2 SOG M-V entfaltet also Bindungswirkung auch für die Kommunen. Denn gem. § 2 Abs. 3 KV MV und gem. § 3 Abs. 1 KV M-V ist die Übertragung pflichtiger Selbstverwaltungsaufgaben oder Aufgaben im übertragenen Wirkungskreis möglich. Eine Entscheidung über die Deckung der Kosten gem. § 4 Abs. 4 KV M-V i. V. m. Art. 73 Abs. 3 S. 2 Verf M-V war nicht nötig, da der Befassungs- und Kooperationsauftrag des § 1 Abs. 2 SOG M-V so formuliert ist, dass dieser kostenneutral erfüllt werden kann. Weitergehende Regelungen, wie etwa die Verpflichtung, hauptamtliche bzw. ausreichend freigestellte Präventionsbeauftragte zu bestellen, wären möglich, sind jedoch aufgrund des Konnexitätsprinzips damit verbunden, dass das Land für eine entsprechende Kostendeckung zu sorgen hätte.

Dabei knüpft der Befassungs- und Kooperationsauftrag des § 1 Abs. 2 SOG M-V zum einen an die Pflichtaufgaben zur Erfüllung nach Weisung (Fremdaufgaben) und zum anderen an die pflichtigen Selbstverwaltungsaufgaben an. Diese Ambivalenz liegt darin begründet, dass sich der Auftrag des § 1 Abs. 2 SOG M-V an alle öffentlichen Aufgabenbereiche heftet, also sowohl an Aufgaben aus übertragenem Wirkungskreis, wie beispielsweise die Gefahrenabwehr, als auch an Aufgaben der Kommunen aus eigenem Wirkungskreis, wie etwa die Förderung der Jugend- und Sozialarbeit, des Schulwesens, der Erwachsenenbildung, der Wohlfahrtspflege oder der Ortsgestaltung.[230]

---

229 *BVerfGE* 91, 228 (242 ff.); vgl. dazu auch *Schmidt-Jortzig* 1995, 568 ff.; *Schaffarzik* 1996, 152 ff.

230 *Knemeyer* 1999, S. 25.

6. Forschungsstand

Das junge Forschungsfeld der Kommunalen Kriminalprävention wird derzeit auf mannigfaltige Weise bearbeitet. Es gelingt jedoch, den Überblick zu bewahren, wenn die vielfältigen wissenschaftlichen Arbeiten nach ihrem Forschungsinteresse kategorisiert werden.

6.1 Projektbezogene Forschung

Auf der einen Seite stehen projektbezogene Arbeiten, die zur Vor- oder Nachbereitung von Präventionsprojekten erstellt werden.

Zur Vorbereitung von Präventionsprojekten werden Bevölkerungsbefragungen zur Abschätzung der Opferprävalenz, des subjektiven Sicherheitsgefühls oder der lokalen Problemlagen durchgeführt.[231] Als Beispiele für Forschungsprojekte dieser Ausrichtung seien hier die Bevölkerungsbefragung der Forschungsgruppe Kommunale Kriminalprävention in Baden-Württemberg[232] und die Schülerbefragung des Lehrstuhls für Kriminologie der Universität Greifswald[233] genannt.

Zu diesem Bereich sind auch die kriminologischen Regionalanalysen zu zählen.[234] In Mecklenburg-Vorpommern wurden Regionalanalysen für die kreisfreien Städte Rostock[235] und Greifswald[236] durchgeführt. Dabei handelt es sich um Analysen gebietsbezogener Informationen, welche der zielgerichteten Implementierung von Präventionsprojekten dienen, aber auch zur Bewertung von Präventionsmaßnahmen herangezogen werden können, wenn derartige Analysen zu mindestens zwei Zeitpunkten nämlich vor Beginn und nach Beendigung des Projekts durchgeführt werden.[237] Grundlage der Informationsgewinnung sind zumeist amtliche Datensätze, Bevölkerungsbefragungen sowie eine

---

231 Vgl. *Obergfell-Fuchs* 2005, S. 54, der in diesem Zusammenhang auf das Handbuch zur Planung und Durchführung von Bevölkerungsbefragungen der *Forschungsgruppe Kommunale Kriminalprävention in Baden-Württemberg* 2000 verweist.

232 *Forschungsgruppe Kommunale Kriminalprävention in Baden-Württemberg* 1996.

233 *Dünkel/Geng* 2003.

234 Vgl. dazu *Bornewasser 2003*, S. 91 ff., der in seinem Beitrag einen guten Überblick zur Entwicklung und Umsetzung der kriminologischen Regionalanalyse gibt.

235 *Herrmann/Jasch/Rütz* 2000.

236 *Bornewasser/Mächler/Krense* 2000, abrufbar unter http://www.greifswald.de/pdf-cms/praevention-kriminologische-regionalanalyse.pdf.

237 *Meier* 2007, § 10 Rn. 27.

Analyse der kriminalitätsbezogenen Medienberichterstattung.[238] Bei den Befragungen sind für gewöhnlich Erkenntnisse zu Viktimisierung, Kriminalitätsfurcht, Anzeigeverhalten, stadtteilbezogenes Sicherheitsgefühl sowie die Bewertung der Polizeiarbeit von Interesse. Zur Informationsgewinnung aus vorhandenen Datensätzen werden die polizeiliche Kriminalstatistik, Statistiken der Justiz sowie der örtlichen Behörden genutzt, um beispielsweise Auskünfte zur Bevölkerungs-, Sozial- und Gelegenheitsstruktur zu erlangen.[239] Dies ermöglicht, kleinräumige Belastungsmuster zu erstellen und diese dann mit den ausgewählten Strukturmerkmalen sowie mit der subjektiven Kriminalitätsperspektive (Bürgerbefragung, Medienanalyse) zu konfrontieren.[240]

Des Weiteren werden die Ergebnisse kommunaler Präventionsprojekte beleuchtet. Dabei ist die Zahl veröffentlichter Studien aber sehr begrenzt.[241] Eine systematischen und methodischen Standards genügende Wirkungsforschung findet in Deutschland so gut wie nicht statt.[242] Diesen Missstand zeigen die Sekundäranalyse kriminalpräventiver Wirkungsforschung – das „Düsseldorfer Gutachten“[243] – sowie die Projektsammlung des Deutschen Jugendinstitutes – „Evaluierte Kriminalprävention in der Kinder- und Jugendhilfe“[244] – zutreffend auf. So konnten *Rössner u. a.* in ihrer Sekundäranalyse nationaler und internationaler Wirkungsforschung lediglich 5 deutsche Projekte aufnehmen.[245] *Obergfell-Fuchs* zählt für seinem Beitrag über die „Wirkung und Effizienz Kommunaler Kriminalprävention“ unter dem Stichwort „Evaluierung/Begleitforschung“ 13 Projekte im „Infopool Kriminalprävention“[246] sowie 25 weitere Projekte in der Datenbank „PrävIS“.[247] Dabei kommt er jedoch zu dem Ergebnis, dass bei genauerem Hinsehen eine erhebliche Heterogenität zwischen den Projekten besteht, denn auf „der einen Seite werden mehrmalige oder gar nur einfache Be-

---

238 Vgl. *Papendorf/Neth* 1996, S. 106 f.; *Bornewasser/Mächler/Krense* 2000, S. 5; *Rüther* 2005, 17 ff..

239 *Schwindt* 2009, § 18, Rn. 36 f.

240 *Papendorf/Neth* 1996, S. 106 f.

241 Vgl. dazu *Obergfell-Fuchs* 2005, S. 52 f.

242 So auch *Bundesministerium des Inneren/Bundesministerium der Justiz* 2001, S. 39; *Heinz* 2005b, S. 25.

243 *Rössner/Bannenberg u. a.* 2002; siehe dazu ebenfalls *Bannenberg/Rössner* 2003 sowie *Rössner* 2005 der in diesem Beitrag Projektarten beschreibt, die versprechen, unmittelbar kriminalitätssenkende Wirkung zu haben.

244 *Arbeitsstelle Kinder- und Jugendkriminalitätsprävention* 2003.

245 Vgl. *Rössner/Bannenberg u. a.* 2002, S. 7.

246 Vgl. http://www.bka.de/vorbeugung/infopool.html.

247 Vgl. http://www.praevis.de/.

fragungen von Experten oder Beteiligten als Evaluation ‚verkauft', auf der anderen Seite stehen kontrollierte Prä-Post-Untersuchungen."[248] Dies ist nur ein weiteres Indiz dafür, dass die Evaluation in der Kriminalprävention in Deutschland ganz am Anfang ihrer Entwicklung steht, denn es existiert weder ein theoretisch fundierter Umgang mit dem Begriff der Evaluation noch sind die verschiedenen Formen der Evaluation hinlänglich bekannt.[249] Es herrscht auch noch kein Konsens bezüglich einheitlicher methodischer und konzeptioneller Standards.[250]

Dieser Zustand mag angesichts der schlechten finanziellen und personellen Ausstattung der Kommunalen Kriminalprävention in Deutschland kaum verwundern, denn Evaluation benötigt gerade Teile dieser Ressourcen. Je anspruchsvoller und damit aussagekräftiger das Forschungsdesign ist desto kostspieliger wird die Evaluation.[251]

Dieser finanzielle zu betreibende Aufwand ist überdies vor dem Hintergrund zu betrachten, dass es durchaus fraglich erscheint, ob es gelingen kann, einen Wirkungsnachweis kriminalpräventiver Projekte zu erbringen. Kriminalität ist multifaktoriell verursacht.[252] Persönlichkeitsmerkmale, Sozialisationseinflüsse, Lernprozesse, sozialstrukturelle Merkmale sowie Stigmatisierungswirkungen bilden ein Konglomerat von Faktoren, die durch kein kriminalpräventives Projekt vollumfänglich beeinflusst werden können. Ein Projekt kann sich nur auf einzelne Aspekte konzentrieren und ist dann als erfolgreich zu bewerten, wenn es gelingt, verbessernden Einfluss auf den ausgewählten Faktor zu nehmen.[253] Wer erwartet, dass Projekte aus dem primärpräventiven Bereich positiven Einfluss auf die polizeiliche Kriminalstatistik der Folgejahre nehmen können, überfordert derartige Maßnahmen. Insbesondere die Wirkungsmechanismen von Projekten der primären Kriminalprävention, die eher allgemein und unspezifisch auf die Stärkung des Rechts- und Wertebewusstseins und auf die Beseitigung von Sozialisationsdefiziten abzielen, sind „... in dem komplexen Sozialisationsgeschehen nicht zu isolieren und deshalb der gezielten Wirkungsforschung kaum zugänglich".[254] Aber auch das Auffinden „... von – möglichst zufallsverteilt gebildeten – Experimental- und Kontrollgruppen", die sich lediglich in einem Punkt unterscheiden – nämlich in der Durchführung des Präventionspro-

---

248 *Obergfell-Fuchs* 2005, S. 52 f.

249 Eine Übersicht bieten *Holthusen/Lüders* 2003, S. 24 ff. m. w. N.; *Obergfell-Fuchs* 2005, S. 55; *Haubrich/Holthusen/Struhkamp* 2005, S. 2.

250 *Holthusen/Lüders* 2003, S. 11.

251 *Obergfell-Fuchs* 2005, S. 57.

252 *Meier* 2007, § 3 Rn. 118 ff.

253 *Holthusen/Lüders* 2003, S. 10.

254 *Rössner* 2005, S. 44.

jektes – dürfte sich schwierig gestalten.[255] Nur weil die Wirkung derartiger Maßnahmen einer Messung nicht zugänglich ist, heißt dies natürlich noch lange nicht, dass sie keine (positive) Wirkung entfalten. Solche Präventionsprojekte sollten sich nicht in die Falle begeben, ihre „... [Existenz-]Berechtigung von dem empirisch belegbaren Nachweis ihrer Wirkung abhängig zu machen, das Strafrecht macht es auch nicht".[256]

Wenn die methodischen und finanziellen Voraussetzungen fehlen, „...sollte man ‚kleiner Brötchen backen' und mit überschaubaren Ansätzen beginnen, die einerseits zeigen können, dass Kriminalprävention wirken kann und zudem, die in aller Regel gegebenen, finanziellen Grenzen nicht sprengen."[257] So könnte der Forderung nach systematischer Wirkungs- und Begleitforschung entsprochen werden, wenn diese im Bereich der situationsbezogenen Kriminalprävention erfolgt. Die Wirkungsmechanismen in diesem Bereich sind weniger komplex, denn hier sind die Faktoren, auf die Einfluss genommen werden soll und die Ziele dieser Maßnahmen, wesentlich einfacher zu benennen und zu isolieren, der Wirkungsnachweis also einfacher zu führen.[258]

Um die Fachlichkeit in der Kriminalprävention fortzuentwickeln, sollten außerdem zunächst die zugrundeliegenden Konzepte, die darin enthaltenen Arbeitsschritte, Ziele und Zwischenziele von Projekten, ihre Umsetzung, förderliche und hinderliche Rahmenbedingungen und die Zielerreichung dokumentiert werden.[259]

6.2 Gremienbezogene Forschung

Auf der anderen Seite steht das Gremium selbst im Fokus einiger veröffentlichter Untersuchungen. Diese Untersuchungen sind für die vorliegende Arbeit von besonderer Relevanz, weil sie ebenfalls die Gremien zum Untersuchungsgegenstand haben, und sollen deshalb im Folgenden kurz beschrieben werden.

---

255 *Heinz* 2005b, S. 25.

256 *Heinz* 1998, S. 17 ff.

257 *Obergfell-Fuchs* 2005, S. 61.

258 *Obergfell-Fuchs* 2005, S. 60.

259 *Holthusen/Lüders* 2003, S. 23; Vgl. auch das *„Beccaria-Programm"* unter http://www.beccaria.de/, im Zuge dessen unter anderem hilfreiche Arbeitmaterialien und Standards erarbeitet worden sind sowie die Broschüre des *Landespräventionsrates Nordrhein-Westfalen* 2004.

Elsbergen hat sich im Rahmen seiner Diplomarbeit[260] und Dissertation[261] den kommunalen Präventionsgremien zugewandt. Seine erste Arbeit hat eine bundesweite Bestandsaufnahme der, in den einzelnen Bundesländern verfolgten, Präventionsstrategien zum Gegenstand. Er unterscheidet in Strategien, welche die Gründung von Präventionsgremien in den Kommunen verfolgen und solche, die sogenannte Kustodialisierungsdienste[262] installieren, und verdeutlicht die Unterschiede durch die genauere Beschreibung der propagierten Konzepte in Schleswig-Holstein und Bayern. Dazu analysiert er sämtliche Quellen- und Dokumentenbestände, wie beispielsweise Satzungen, Gesetzestexte, Broschüren der Ministerien, Infoblätter, Aufsätze und Forschungsberichte.

Die zweite Arbeit ist eine qualitativ empirische Analyse mit der Fragestellung, welche Chancen und Risiken die Kommunale Kriminalprävention mit sich bringt.

Dazu eruierte *Elsbergen* die subjektiven Einstellungen und Meinungen von Mitgliedern dreier Präventionsgremien in Niedersachsen, welche sich diese zum Themenkomplex „Chancen und Risiken kommunaler Kriminalprävention" gebildet haben.[263] Die Mitglieder stammten aus den Bereichen „soziale Institutionen", „Wissenschaft", „Politik" und „Polizei". Das angewendete Erhebungsinstrument waren Experteninterviews.

Elsbergen selbst bringt die Weite seiner Forschungsfrage im Schlusskapitel zur Sprache, indem er dieses mit dem Satz einleitet, dass es ein hoffnungsloses Unterfangen sei, „ein komplettes, sprich endgültiges Fazit über alle Chancen und Risiken der kommunalen Kriminalprävention abzugeben".[264] Risiken der Kommunalen Kriminalprävention sieht er zum einen in der vorschnellen Rezeption kriminalpolitischer Trends angloamerikanischer Länder. Exemplarisch führt er dabei die „zero tolerance" – Strategie an, von der keiner seiner Interviewpartner fundierte Kenntnisse aufweisen konnte. Zudem kritisiert er das geringe Engagement von Politikern und Wissenschaftlern in den kriminalpräventiven Gremien.[265] Dass Jugendliche vorwiegend im Fokus kommunalpräventiver Aktivitäten stehen, deutet für *Elsbergen* auf eine Übersensibilisierung gegenüber dieser Gruppe hin, was seiner Ansicht nach wiederum zur Stigmatisierung Jugendlicher führen könnte. Zudem befürchtet er einen Selektionsprozess, „...wenn ‚nur' über blue-collar, nicht aber über white-collar Kriminalität gearbeitet

260 *Elsbergen* 1998.

261 *Elsbergen* 2005.

262 Vgl. dazu *Kap. 2.1.*

263 *Elsbergen* 2005, S. 98.

264 *Elsbergen* 2005, S. 285.

265 *Elsbergen* 2005, S. 285.

wird."[266] Als Chance begreift *Elsbergen* die Möglichkeit des Austausches verschiedener Berufsgruppen in einem Präventionsgremium. Des weiteren erhofft er sich, dass „das gemeinsame ‚Ziehen an einem Strang [...] Energie für Synergieeffekte freisetzen [könnte]."[267]

Auch *van den Brink* interviewte im Rahmen seiner Diplomarbeit sieben Mitglieder zweier verschiedener Präventionsgremien und hatte zum Ziel, folgende Forschungsfragen zu beantworten:

- „Welchen Nutzen ziehen die Akteure aus ihrer Mitarbeit in einem Präventionsgremium?
- Welche Erwartungen knüpfen sie an die Zusammenarbeit?
- Welche Probleme tauchen in diesen Kooperationen auf?
- Wie stehen die Akteure zu den Forderungen nach mehr Bürgerbeteiligung und Evaluation in Präventionsgremien?
- Wie bewerten sie die Arbeit des Präventionsgremiums?
- Welche konzeptionellen oder organisatorischen Veränderungen halten sie für notwendig und wünschenswert?"[268]

Van den Brink kommt zu dem Ergebnis, dass den Mitgliedern der Gremien durch ihre Mitarbeit in selbigen die Möglichkeit eröffnet wird, „...sich in Sachfragen gegenseitig mit ihrem jeweiligem Fachwissen zu ergänzen, für Projekte Kooperationspartner zu finden und ihre bisherigen Teilbeiträge zur Prävention zu bündeln und aufeinander abzustimmen."[269] Die interviewten Mitglieder haben gegenüber dem geringen Formalisierungs- und Organisationsgrad jedoch unterschiedliche Ansichten. Während die einen dies als Voraussetzung für ein engagiertes, effizientes und motiviertes Zusammenwirken benennen, halten andere es für notwendig, dass eindeutige Verantwortlichkeiten und Aufgabenzuweisungen bestehen sowie „...verbindliche Zielvereinbarungen getroffen und Zeit- und Arbeitspläne aufgestellt und eingehalten würden."[270]

Einige Mitglieder sehen die eigentliche Aufgabe der Gremien im Informations- und Erfahrungsaustausch der verschiedenen Professionen und verweisen auf die erfolgreiche Beratungs-, Vermittlungs- und Koordinierungsarbeit. Nach ihrer Vorstellung sollen Präventionsprojekte dann in „Eigenregie" bei den einzelnen in den Gremien vertretenen Bereichen erfolgen. Andere erhoffen sich

266 *Elsbergen* 2005, S. 286.

267 *Elsbergen* 2005, S. 287.

268 *Van den Brink* 2005, S. 12.

269 *Van den Brink* 2005, S. 103.

270 *Van den Brink* 2005, S. 103 f.

vom Gremium selbst die Umsetzung konkreter Präventionsmaßnahmen und sind enttäuscht, wenn die Arbeit der Gremien auf einer theoretischen Ebene verbleibt.[271]

Van den Brink beschreibt die Interessenlagen der Akteure kommunaler Präventionsgremien als vielschichtig und diffus. Das Verhältnis der Akteure zueinander oszilliere ständig zwischen Konkurrenz und Kooperation. Ob die Arbeit im Gremium nun dazu beiträgt, dass gegenseitige Vorbehalte und Frontstellungen aufgelöst oder verfestigt werden, konnte nicht eindeutig geklärt werden.

Gegenüber der Beteiligung von Bürgern in den Arbeitsgremien herrscht vorwiegend Skepsis. Zwar halten die Interviewpartner ein an Bürgerinteressen und -bedürfnissen ausgerichtetes Verwaltungshandeln für erstrebenswert, jedoch wird auf die Gefahr verwiesen, dass Bürger nur mangelnde Fachkompetenz aufweisen, die finanziellen und rechtlichen Restrektionen der Verwaltung nicht kennen und es so zur zeitlichen Ausdehnung der Verhandlungs- und Entscheidungsprozesse käme, wenn Bürger Mitglieder der Gremien wären.[272]

Gegenüber dem Thema der Evaluation von Präventionsmaßnahmen zeigen sich die Interviewten aufgeschlossen und befürworten die Durchführung durch unabhängige Institutionen. Die mangelhafte Finanzausstattung und Datenlage sowie die Frage nach geeigneten Bewertungsmaßstäben lassen die Akteure Kommunaler Kriminalprävention aber an der Durchführbarkeit von Evaluation zweifeln.[273]

Born bildete in ihrer Arbeit die kommunalen Präventionsstrategien Berlins ab und bewertete u. a. die Bemühungen, auch in Berlin eine Gremienstruktur nach schleswig-holsteinischem Vorbild zu implementieren.[274]

Die Erläuterungen zum methodischen Vorgehen sind sehr knapp. Es lässt sich aber ersehen, dass die Autorin zum Erkenntnisgewinn auf Interviews früherer Studien zurückgriff sowie (wahrscheinlich) die Sitzungen von Präventionsgremien teilnehmend beobachtete.

Sie zeichnet ein weitgehend düsteres Bild der Präventionsgremien in Berlin. Auf Landesebene besteht seit 1994 die „Landeskommission Berlin gegen Gewalt“.[275] Die Geschäftsstelle der Kommission entwickelte ein Konzept, welches vorsah, „...in jedem Bezirk einen hauptamtlichen Präventionsbeauftragten einzusetzen [sowie] Sachmittel für die bezirkliche Präventionsarbeit aufzubringen, [um] die Finanzierung einer Bestandsaufnahme in den Bezirken in Hinblick auf

271 *Van den Brink* 2005, S. 103.

272 *Van den Brink* 2005, S. 103.

273 *Van den Brink* 2005, S. 104.

274 *Born* 2005, S. 45.

275 *Born* 2005, S. 47.

Gewalt und Kriminalität und die Finanzierung der Qualifizierung von Präventionsbeauftragten sicher zu stellen."[276] Das Land sollte sich dabei finanziell beteiligen. Es war jedoch vorgesehen, dass die Bezirke die Finanzierung nach drei Jahren eigenständig tragen würden. Doch dieses Konzept scheiterte, weil die Bezirke die Umsetzung aus finanziellen Gründen ablehnten.[277] So besteht auf Landesebene „die Landeskommission als das Wunschbild eines übergeordneten Präventionsnetzwerkes, [welches] sich aller Voraussicht nach durch seine zu starke Innenausrichtung und seiner politischen Abhängigkeiten einen appellatorischen Charakter bewahren [wird]."[278] Den wenigen Gremien auf Bezirksseben fehle es an finanziellen Ressourcen und an einer verbindlichen Organisationsstruktur. Durch die permanente Fluktuation der Gremienmitglieder befänden sich die Gremien in einem fortlaufenden Institutionalisierungsprozess, der möglichen Ergebnissen kommunaler Präventionsarbeit im Wege stehe.[279]

Born empfiehlt deshalb den Gremien echte demokratische Befugnisse, wie einem Anhörungs- und Antragsrecht in der Bezirksverordnetenversammlung, zu verleihen sowie die Gremien mit einem finanziellen Etat auszustatten. Zudem sollten jährlich Rechenschaftsberichte vorgelegt werden, welche die Arbeit der Gremien transparent macht und damit eine große Außenwirkung entfalten könnte.[280]

Das „Institut des Rauhen Hauses für soziale Praxis" führte in drei Regionen Mecklenburg-Vorpommerns[281] ein Projekt durch, welches die Kooperation von Polizei, Staatsanwaltschaft und Jugendgerichten sowie der Jugendhilfe untersuchen und Verbesserungsimpulse geben sollte.[282] In diesem Zusammenhang erfolgte eine Zusammenarbeit mit den jeweiligen Kommunalen Präventionsgremien, um auch hier entsprechend dem Projektvorhaben die Kommunikation und Kooperation der Akteure zu verbessern. Dazu wurden anfangs Experteninterviews durchgeführt, um Schwachpunkte in diesen Bereichen aufzudecken. „Die Ergebnisse dieser Befragungen wurden im Sinne einer aktivierenden Forschung wieder in den Diskussionsprozess um Arbeitsweisen und Schwerpunkte der Präventionsgremien hineingegeben."[283] Im Anschluss wurden die Gremien drei

---

276 *Born* 2005, S. 49.

277 *Born* 2005, S. 50.

278 *Born* 2005, S. 93.

279 *Born* 2005, S. 86.

280 *Born* 2005, S. 87.

281 Landkreise Ludwigslust und Ostvorpommern sowie die kreisfreie Stadt Rostock.

282 *Pleiger/El Zaher/Friedrich* 2002; siehe dazu auch den zusammenfassenden Beitrag von *Pleiger* 2003.

283 *Pleiger* 2003, S.111.

Jahre lang teilnehmend beobachtet und beraten. Die Einflussnahme auf die Arbeit der Präventionsgremien an den drei Modellstandorten stand im Fordergrund dieses Projekts.[284] Die wissenschaftliche Begleitung war eng mit der Entwicklung und der Umsetzung der regionalen Präventionsvorhaben verwoben. Die Mitarbeiter der Forschungsgruppe waren aktiv Handelnde, „...deren Aufgabe es war, Präventionskonzepte zu entwickeln, Vorhaben zu initiieren, vorbereitende Verhandlungen zu führen, Mitstreiter zu gewinnen [sowie] Arbeitsgruppen kontinuierlich zu leiten.“[285] Sie moderierten die Gremien und gaben ihnen Anregungen durch das Vorstellen von „...systematischen Analysen der Entwicklung von Jugendkriminalität oder das Aufmerksammachen auf Maßnahmen für erfolgversprechende Prävention. Themen waren hier z. B. Informationen über Untersuchungshaft vermeidende Einrichtungen oder über Möglichkeiten der Verfahrensbeschleunigung oder über Interventionsmodelle der Polizei bei Kleinst- und Einmalkriminalität. Nicht zuletzt wurde auch über regionale Besonderheiten von gewaltbereiten Jugendszenen gesprochen.“[286] Das Projekt war also darauf angelegt, spezifische Handlungsempfehlungen für die begleiteten Gremien zu entwickeln und diese dann sogleich mit Unterstützung der Projektmitarbeiter in den Arbeitsgremien umzusetzen. Diese starke Fokussierung und Spezialisierung auf diese drei Gremien bot diesen Gremien eine große Hilfestellung, die Kommunikation und Kooperationen der Beteiligten Institutionen zu verbessern. So konnte das Projekt die Akteure Kommunaler Kriminalprävention qualifizieren und die interinstitutionelle Kooperation und Kommunikation verbessern. Auf der anderen Seite hatte diese starke Konzentration auf die Modellstandorte aber auch zur Folge, dass als Ergebnis dieses Projekts nur wenige verallgemeinerbare Handlungsempfehlungen für andere Gremien abzuleiten sind.

So empfehlen die Autoren des Abschlussberichtes, dass die Arbeit der Gremien „...von einer zentralen Stelle koordiniert [...] und immer wieder transparent gemacht [werden muss], welche unterschiedlichen Interessen die Beteiligten mit ihrer Bereitschaft zur Mitarbeit jeweils verfolgen.“[287] Zudem fordern sie, dass die Präventionsarbeit zur „Chefsache“ gemacht und mit angemessenen finanziellen Mitteln ausgestattet werden muss. “Da wo sie weitgehend ehrenamtlich und nebenbei geleistet werden muss, ist immer wieder zu beobachten, dass sie zu versanden droht.“[288]

284 *Pleiger/El Zaher/Friedrich* 2002, S. 90.

285 *Pleiger* 2003, S.110.

286 *Pleiger* 2003, S.111.

287 *Pleiger/El Zaher/Friedrich* 2002, S. 96.

288 *Pleiger/El Zaher/Friedrich* 2002, S. 96.

Schneiders und *Franke* suchten und entwarfen im Rahmen ihrer Analyse die effektivste Organisationsstruktur für die kommunale Sicherheitsvorsorge der Stadt Osnabrück.[289] Zunächst formulierten sie auf Grundlage der Analyse der vorhandenen Literatur zur Kommunalen Kriminalprävention zehn Schlüsselkriterien als Erfolgsfaktoren:

- „Systematik bei präventivbezogener Arbeit
- hoher Stellenwert der kommunalen Sicherheitsvorsorge
- Bestandsaufnahme kommunaler Kriminalität und Analyse ihrer Entstehungsbedingungen
- Ganzheitlicher Ansatz der kommunalen Sicherheitsvorsorge
- Kriminalprävention als gesamtgesellschaftliche Aufgabe: Bürgerbeteiligung
- Vernetzung durch eine Beteiligung aller Behörden, Institutionen und Träger formeller und informeller Sozialkontrolle: Ressortübergreifende Zusammenarbeit
- Zusammenarbeit mit kriminalpräventiv arbeitenden Institutionen auf Länder- und Bundesebene
- Vermittlung wissenschaftlicher Erkenntnisse
- Öffentlichkeitsarbeit
- Angemessene, schlanke Organisationsform“.[290]

Der mit Hilfe des Erhebungsinstruments der Experteninterviews ermittelte Ist-Zustand der Organisationsstruktur und Arbeitsweise wurden sodann anhand der zuvor formulierten Schlüsselkriterien überprüft. Daraus leiteten die Autorinnen ein sog. Soll-Konzept eines Strukturmodells der – wie sie es nennen – Kommunalen Sicherheitsvorsorge ab. Dieses Soll-Konzept wurde darauf durch Gruppen- und Einzelgespräche mit Experten bewertet.

Im Ergebnis empfehlen die Autorinnen die Berufung eines Präventionsbeauftragten, dem ein Beratungsgremium zur Seite gestellt wird. Der Präventionsbeauftragte sollte in der Kommunalverwaltung direkt unter der Verwaltungsspitze angesiedelt sein und von ihr finanziert werden. Er sollte ohne Anbindung an ein bestimmtes Fachressort arbeiten und einen eigenen präventionsgebundenen Haushaltstitel zu Verfügung gestellt bekommen. Zudem müsste der Präventionsbeauftragter mit umfassenden Teilnahme- und Mitspracherechten ausgestattet werden. Das ihm zur Seite gestellte Beratungsgremium sollte aus sechs bis

289 *Schneiders/Franke* 2006; vgl. zu den Ergebnissen ihrer Analyse zudem den zusammenfassenden Beitrag von *Franke/Schneiders* 2007.

290 *Schneiders/Franke* 2006, S. 111, dazu sei angemerkt, dass in dieser Veröffentlichung ein Fehler in der Nummerierung der Seitenzahlen unterlaufen ist: es gibt die S. 111 zweimal mit unterschiedlichen Inhalten.

acht Mitgliedern in leitenden Positionen aus den Bereichen Stadtverwaltung, Polizei, Justiz und Wissenschaft bestehen.[291]

Die zuletzt beschriebene Forschungsarbeit erschien erst nach Abschluss der dieser Arbeit zugrunde liegenden empirischen Untersuchung, sodass bei der Konzeption nicht auf die Ergebnisse von *Schneiders* und *Franke* aufgebaut werden konnte. Die Forschungsprojekte verliefen mit zum Teil verwandtem Interesse parallel zueinander und kommen in Hinblick auf die Empfehlungen zur Organisationsstruktur erfreulicherweise zu ähnlichen Ergebnissen.

291 *Franke/Schneiders* 2007, S. 136 ff.

7. Methodische Vorgehensweise

Am Anfang jeder wissenschaftlichen Untersuchung steht die Frage, mit welcher Methode der jeweilige Forschungsgegenstand in adäquater Weise erfasst werden kann. Dieser Frage soll im Folgenden für den Untersuchungsgegenstand der kommunalen Präventionsgremien in Mecklenburg-Vorpommern nachgegangen werden.

Das Ermitteln und Auffinden einer angemessenen Methode für die Erfassung eines empirischen Phänomens erfordert zunächst die Darstellung des Forschungsfeldes. Dem folgt die Erläuterung der verschiedenen Forschungsstrategien. Ziel dieser Darstellung ist, auf die noch immer andauernde Kontroverse über das Verhältnis von quantitativen und qualitativen Methoden in der empirischen Sozialforschung einzugehen und den Standpunkt zu erläutern, dass zwischen beiden Methodentypen kein Verhältnis der Inkompatibilität, sondern eines der Komplementarität besteht.

Sodann findet, unter dem Leitgedanken, dass der Zweck die Mittel bestimmt, eine Gegenüberstellung und Zuordnung von Forschungsgegenstand und –frage (Zweck) und den verschiedenen Forschungsstrategien (Mittel) statt, um in der darauf folgenden Anwendung auf den konkreten Gegenstand ein adäquates Forschungsdesign zu entwickeln. Die Darstellung des tatsächlichen Forschungsverlaufs und ein Plädoyer für den Methodenmix bilden den Abschluss dieses Kapitels.

7.1 Forschungsgegenstand und Fragestellung

In Mecklenburg-Vorpommern haben sich seit Mitte der 1990er Jahre zahlreiche „Kommunale Präventionsgremien“ gebildet. Dies geschah auf Anregung des Landesrates für Kriminalitätsvorbeugung, der auf Initiative des Innenministeriums Mecklenburg-Vorpommern im Jahr 1994 gegründet wurde.[292] Der Landesrat erfüllt die Funktion eines Dachverbandes für die Kommunalen Präventionsräte, der sich um die ministeriell übergreifende Koordination und Kooperation zahlreicher Initiativen bemüht[293] und die kommunalen Präventionsgremien durch finanzielle Förderung und als ideeller Impulsgeber unterstützt. Die finanzielle Förderung erfolgt durch die jährliche Bereitstellung von Fördermitteln für kommunalpräventive Projekte. Die inhaltlichen Anregungen werden in den verschiedenen Gremien des Landesrates, hier insbesondere den Arbeitsgemeinschaften, erarbeitet und durch landesweite Tagungen und die vom Landesrat herausgegebene Zeitschrift „Impulse“ verbreitet.

292 *Landesrat für Kriminalitätsvorbeugung Mecklenburg-Vorpommern* 1999, S. 9.

293 *Besch/Dünkel/Geng* 1997, S. 523.

Um Problemlagen in Städten, Landkreisen und Gemeinden zu generieren und Präventionsprojekte anzuregen und/oder in eigener Trägerschaft durchzuführen, sollen sich in den verschiedenen Gebietskörperschaften kommunale Präventionsräte bilden, die diese Aufgaben wahrnehmen. Denn Präventionsarbeit könne dort am wirkungsvollsten erfolgen, wo Kriminalität entsteht und wo sie zuerst und am stärksten wahrgenommen wird.[294] Die kommunalen Präventionsgremien sollen unter der Leitung des Landrates, bzw. Oberbürgermeisters, Bürgermeisters oder Amtsvorstehers möglichst alle staatlichen und nichtstaatlichen Träger von Präventionsarbeit einbeziehen,[295] um durch lokale Ausrichtung, ressortübergreifende Vernetzung und Bürgernähe die Idee der kommunalen Kriminalprävention in ihrer Gemeinde zu verwirklichen.[296] Ein Gremium also, welches durch die Mitarbeit von Mitgliedern aus den verschiedensten Bereichen einer Gebietskörperschaft und der dadurch erhofften Bündelung verschiedener Kapazitäten und Kompetenzen, ganzheitliche Problemlagenanalysen und effektive Lösungsstrategien im Hinblick auf die Kriminalitätsverhütung entwickeln soll. Derlei kommunale Präventionsräte haben sich in Mecklenburg-Vorpommern viele gebildet.[297] Fraglich ist jedoch, ob Organisation und Arbeitsweise dieser Gremien den Vorstellungen und Vorschlägen des Landesrates für Kriminalprävention entsprechen.

Bisher konnte verdeutlicht werden, dass es kaum Informationen über die tatsächliche Umsetzung von Konzepten zur Kriminalprävention auf kommunaler Ebene gibt. Deshalb besteht das Forschungsinteresse der vorliegenden Untersuchung darin, die Gremienlandschaft in Mecklenburg-Vorpommern abzubilden, um zu überprüfen, ob zwischen dem propagierten Konzept zur Kommunalen Kriminalprävention und der tatsächlichen institutionellen Umsetzung Diskrepanzen bestehen.

Im Vordergrund der empirischen Untersuchung stehen die Struktur, Zusammensetzung, Arbeitsweise und Ausstattung der Gremien. Zudem sollen Einschätzungen, Wünsche und Probleme der kommunalen Akteure eruiert werden, um daraus Empfehlungen für die Verstetigung und Verbesserung der kommunalen Kriminalprävention in Mecklenburg-Vorpommern abzuleiten.

In den Vorschlägen des Landesrates für Kriminalprävention zur Organisation und Arbeitsweise der Präventionsgremien in Mecklenburg-Vorpommern, liegen zur Konzeption des Befragungsinstrumentes, folgende Einzelfragen zu Grunde:

---

294 *Landesrat für Kriminalitätsvorbeugung Mecklenburg-Vorpommern* 1999, S. 12.

295 *Landesrat für Kriminalitätsvorbeugung Mecklenburg-Vorpommern* 1999, S. 12.

296 *Schwind* 2009, § 18, Rn. 9 ff.

297 Zum Zeitpunkt der Erhebung bestehen schätzungsweise 59 Präventionsräte.

- Hat ein Mitglied der höchsten Verwaltungsebene den Vorsitz?
- Erfolgt die Koordination mittels einer festen Stelle?
- Ist eine angemessene Büroausstattung vorhanden?
- Stehen Haushaltsmittel der eigenen Gebietskörperschaft zur Verfügung?
- Finden regelmäßige oder bedarfsgerechte Sitzungen des Gremiums statt?
- Werden die Sitzungen protokolliert?
- Erhalten die Koordinatoren Fortbildungsmöglichkeiten?
- Besteht eine Rechenschaftspflichtigkeit?
- Aus welchen Bereichen kommen die Mitglieder der Gremien?
- Werden sorgfältige und differenzierte Regionalanalysen der Problemlagenaufdeckung zu Grunde gelegt?
- Sind klare Zielbestimmungen vorhanden?
- Findet Bürgerbeteiligung statt?
- Werden Prozessevaluationen und Effektivitätskontrollen durchgeführt?

Das der Arbeit zugrunde liegende Forschungsinteresse erforderte eine kreative Konzeption der Rahmenbedingungen des wissenschaftlichen Erkenntnisgewinns, denn mit der Analyse der kommunalen Präventionsgremien eines gesamten Bundeslandes wird Neuland betreten. Insbesondere die Entscheidung für den grundsätzlichen Forschungsansatz fiel vor dem Hintergrund fehlender theoretischer Konzepte, welche forschungsleitend hätten sein können, schwer. Zum einen soll ein Überblick zu vorhandenen Gremienmodellen im Bundesland gegeben werden. Zum anderen liegt der Analyse die Annahme zugrunde, dass unterschiedliche Gebietskörperschaften sehr heterogene Gremien hervorbringen, die neben unterschiedlichen Erfordernissen für ein gut funktionierendes Gremium auch ganz verschiedene Problemlagen aufweisen, denen man mit undifferenzierten Handlungsanleitungen oder Optimierungskonzepten nicht gerecht wird.

Deshalb soll im Folgenden zunächst der theoretische Hintergrund beleuchtet werden, um so aufzudecken, welches Forschungsdesign der Fragestellung und dem Untersuchungsgegenstand gerecht wird.

7.2 Theoretischer Hintergrund

In der Kriminologie verhält es sich nicht anderes als in ihren Bezugswissenschaften:[298] Quantitative Forschungsverfahren dominieren gegenüber qualitativen Verfahren.[299] Auch ist die Methodendiskussion, wie in den meisten sozialwissenschaftlichen Forschungsgebieten, von erheblichen Meinungsverschiedenheiten und Auseinandersetzungen zwischen Anhängern quantitativer und Anhängern qualitativer Forschungsansätze geprägt. Dabei gab es in der empirischen Sozialforschung[300] und auch speziell in der Kriminologie[301] bereits im ersten Drittel des 20. Jahrhunderts Forschungsansätze mit qualitativer Ausrichtung bzw. mit Entwürfen die qualitative und quantitative Methoden zusammenführten, wobei es zu jener Zeit keine dezidierte Unterscheidung qualitativer und quantitativer Methodologie gab und somit diese Begrifflichkeiten nicht geläufig waren.[302] Jedoch ist im 20. Jahrhundert eine Dominanz der quantitativ ausgerichteten Sozialforschung zu konstatieren, an der in Deutschland erst Anfang der 1970er Jahre gerührt wurde.[303] Das Interesse an qualitativer Sozialforschung nahm nun durch den Positivismusstreit,[304] neue amerikanische Arbeiten zur Methodendiskussion[305] und die verstärkte Rezeption von Arbeiten der verstehenden Sozio-

298 Vgl. *Schwind* 2009, § 1, Rn 14 u. § 9, Rn. 5, der die Kriminologie als eigenständige Disziplin bezeichnet, die jedoch ohne ihre Bezugswissenschaften nicht auskommt. Die kriminologische Methode ist damit folgerichtig ein Zusammenschnitt methodologischer Erkenntnisse der Bezugswissenschaften.

299 *Meuser/Löschper* 2002, Abs. 1; *Meyer* 2001, S. 429.

300 Beispielhaft seien hier folgende Untersuchungen genannt: „Fünf Dorfgemeinden auf dem hohen Taunus" (1883) von *Schnapper-Arndt*; Untersuchung des „Vereins für Socialpolitik" zur Arbeits- und Lebenssituation von Industriearbeitern (1907) unter der Leitung von *Weber*; „Die Arbeitslosen von Marienthal"(1933) von *Jahoda, u. a.*

301 Beispielhaft seien hier folgende Untersuchungen genannt: „The Hobo" (1923) von *Anderson*; „The Gang" (1927) von *Trascher*; „The Jack-Roller" (1930) von *Shaw*; „Organized Crime in Chicago" (1929) von *Landesco*; „The Unadjusted Girl" (1923) von *Thomas*, die bei *Meyer* 2000, S. 31 zusammenfassend dargestellt werden.

302 *Seipel/Rieker* 2003, S. 14.

303 *Flick* 2009, S. 31.

304 Im sog. Positivismusstreit der 1960er Jahre debattieren Vertreter des Positivismus und des kritischen Rationalismus einerseits (*Popper, Albert*) und Vertreter der kritischen Theorie andererseits (*Adorno, Habermas*) darüber, ob und unter welchen Bedingungen empirische Forschung in der Lage ist, lediglich „neutrale" Informationen über soziale Tatbestände zur Verfügung zu stellen oder ob dies auch immer bedeute, bestehende gesellschaftliche Verhältnisse zu stabilisieren oder kritisch in Frage zu stellen (vgl. *Adorno et al.*, 1972).

305 *Cicourel* 1974; *Glaser/Strauss* 1967.

logie,[306] der Phänomenologie und des Symbolischen Interaktionismus, wieder zu.

Angeregt durch die in den 1970er Jahren einsetzende Forschungstätigkeit mittels qualitativer Methoden, entwickelte sich eine Methodendiskussion, die bis heute anhält und zum Teil recht unsachlich geführt wird.

Der quantitativen Forschung wird Messfetischismus, Distanz zum Forschungsobjekt, Formalisierung um ihrer selbst willen, Missachtung der Prozesshaftigkeit und Kontextbestimmtheit sozialen Handelns, eine geringe Validität, die mangelnde Berücksichtigung unerwarteter Aspekte des Untersuchungsfeldes und die Reduzierung des Menschen auf ein auf diverse, kontrollierbare Faktoren reagierendes Wesen vorgeworfen.[307] Qualitativen Methoden wird umgekehrt oft ein Mangel an Transparenz, Systematik, Verallgemeiner- und Nachvollziehbarkeit zugeschrieben.[308] Auch wird qualitativer Methodik vorgehalten, eine geschickte Tarnung mangelnder methodischer Präzision und Systematik zu sein, denn wem eine statistische Vorgehensweise zu kompliziert sei, der könne ja sein Vorgehen immer noch als qualitativ verkaufen.[309] Weitere Vorwürfe zielen auf die kleine Stichprobengröße, auf die Art der Stichprobenwahl, auf die Ungeeignetheit zur Darstellung von Variablenzusammenhängen und auf die zu starke Bestimmtheit durch das subjektive Urteil des Forschenden ab.[310]

Derartige Grabenkriege lassen vermuten, dass es gar kein Bestreben gibt, den jeweils anderen Ansatz zu ergründen, sondern dass es sich hier um zwei Lager handelt, die sich mehr um eine Abgrenzung als um den Versuch bemühen, Vorzüge und Nachteile einzelner Methoden jeweils auf eine konkrete Forschungsfrage hin zu beurteilen.[311] Erfreulicherweise gibt es in den letzen Jahren vermehrt Bestrebungen, die methodischen Verfahren aus ihren unproduktiven Verschränkungen mit erkenntnistheoretischen Paradigmen zu befreien, indem man qualitative und quantitative Methoden miteinander kombiniert. Dieser Ansatz verspricht einen kritischen Blick auf die Stärken und Schwächen beider Forschungsstrategien. Durch ihn gelingt es, einseitiges Schulendenken zu überwinden und ermöglicht einer der Fragestellung und dem Gegenstand adäquates Forschungsdesign zu entwickeln.[312]

---

306 *Weber* 1980; *Schütz* 1974.

307 *Bässler* 1987, S. 31 ff.; ausführlich bei *Lamneck* 2005, S. 6 ff.

308 *Ernst* 2004, Abs. 3.

309 Kritik übersichtlich dargestellt bei *Kardorff* 1995, S. 6 f.

310 *Lamneck* 2005, S. 3; *Kardorff* 1995, S. 6 f.

311 *Treumann* 1986, S. 193.

312 *Mayring* 2001, Abs. 6.

Unter den Vorzeichen, qualitative und quantitative Sozialforschung nicht als Dichotomie, sondern in einem bipolaren Ergänzungsverhältnis zu verstehen, soll für den zuvor beschriebenen Forschungsgegenstand ein geeignetes Forschungsdesign entwickelt werden. Dies macht jedoch eine Methodenkritik keinesfalls überflüssig. Im Gegenteil erfordert die Suche nach einem geeigneten Design unter diesem Vorzeichen, eine Reflexion der Forschungsmethoden, um die besondere Leistungsfähigkeit der verschiedenen Forschungsansätze und ihre Grenzen herauszuarbeiten. Dies soll nun im Folgenden geschehen.

7.2.1 Gegenüberstellung qualitativer und quantitativer Sozialforschung

Zur Verdeutlichung der Differenzen zwischen qualitativer und quantitativer Sozialforschung werden gerne Gegensatzpaare wie in der folgenden Auflistung gebildet.

Theoretischer Anspruch	Erklären Nomothetisch Hypothesenprüfend	Verstehen Idiographisch Hypothesengenerierend
Methodologischer Ansatz	Deduktiv Objektiv Ätiologisch Ahistorisch Distanz	Induktiv Subjektiv Interpretativ Historisierend Identifikation
Methodisches Vorgehen	Geschlossen Statisch Starres Vorgehen	Offen Dynamisch (Prozess) Flexibles Vorgehen
Prinzipien der Datenerhebung	Zufallsstichprobe Datenferne Hohes Messniveau	Theoretical sampling Datennähe Niedriges Messniveau

	Quantitative Verfahren	Qualitative Verfahren
Auswertungsphase	(Prä-)Determination des Forschers Partikularistisch	Relevanzsysteme der Beforschten Holistisch
Ergebnisse/ Ziele	Reduktive Datenanalyse Unterschiede Messen Generalisierung durch Verallgemeinerung	Explikative Datenanalyse Gemeinsamkeiten Beschreiben Generalisierung durch Typisierung[313]

Dies erfolgt aber nicht ohne den Hinweis, dass derartige Auflistungen natürlich mit Vorsicht zu genießen sind. Es werden Ideal- oder Extremtypen gebildet, um die konträren Positionen zu verdeutlichen. Derartig strikte Dichotomisierungen produzieren ein verzerrtes Bild der Forschungspraxis. So würden beispielsweise Verfahren, die nicht quantifizierend vorgehen, aber wegen ihres makroskopischen Anspruchs nicht als qualitativ bezeichnet werden können, nicht erfasst.[314] Die Ungenauigkeit lässt sich auch am Beispiel der Gegenüberstellung „Messen – Beschreiben" verdeutlichen, denn mit quantitativen Daten könnte die Entwicklung des Frauenanteils im Bundestag wahrscheinlich viel besser „beschrieben" werden.[315] Eine solche Darstellung ist trotzdem gerechtfertigt. Denn erst das Kennen relevanter Unterscheidungskriterien ermöglicht einen reflektierten Umgang mit ihnen. Doch bevor nun elementare Divergenzen näher erläutert werden, erscheint es notwendig, die entscheidende Gemeinsamkeit herauszustellen.

Gemein ist beiden Ansätzen, dass theoretische Aussagen nur dann Anerkennung finden, wenn sie prinzipiell einer Nachprüfung mit der beobachteten Welt zugänglich sind.[316] Doch in den jeweiligen wissenschaftstheoretischen Grundannahmen wird deutlich, dass bereits Uneinigkeit über die jeweilige Beschaffenheit dieser Welt herrscht. Grundannahme der quantitativen Forschung ist häufig der von *Popper* begründete „Kritische Rationalismus".[317] In dieser

313 Modifiziert nach *Lamnek* 2005, S. 272; *Bortz/Döring* 2006, S. 298; *Treumann* 1986, S. 197.

314 *Lamnek* 2005, S. 242.

315 *Bortz/Döring* 2006, S. 298.

316 *Bohnsack* 2008, S. 13.

317 *Bortz/Döring* 2006, S. 300.

Theorie existiert eine soziale Welt, in der Ereignisse nach gleich bleibenden Regeln ablaufen und in der es für jedes Ereignis eine oder mehrere Ursachen gibt. Dadurch hat nach dieser Ansicht die Beziehung von Menschen und ihrem Handeln relativ konstante Strukturen. Derartige Strukturen und Gesetzmäßigkeiten gilt es zu „erklären“.[318] Dagegen liegt qualitativen Ansätzen die Annahme zu Grunde, dass die Menschen durch ihr Handeln die gesellschaftlichen Strukturen selbst schaffen und damit auch ständig verändern.[319] Das Vorliegen konstanter Strukturen wird also abgelehnt und das Suchen nach ihnen macht keinen Sinn. Soziale Wirklichkeit lässt sich als Ergebnis gemeinsam in sozialer Interaktion hergestellter Bedeutungen und Zusammenhänge verstehen.[320] Sie ist kommunikativ bedingt. Realität ist nicht als relative konstante Wirklichkeit vorhanden, sondern entwickelt sich im Diskurs.[321] Dass Realität interaktiv hergestellt und subjektiv bedeutsam wird, sowie über kollektive Interpretationsleistungen vermittelt und handlungswirksam wird, bewirkt, dass die Strategie der Datenerhebung selbst einen kommunikativen, dialogischen Charakter aufweist.[322] Es gilt die komplexen Zusammenhänge über die Rekonstruktion der subjektiven Sichtweisen und Deutungsmuster der sozialen Akteure zu „verstehen“.[323]

Diese unterschiedlichen Grundannahmen machen auch deutlich warum die quantitative Forschung zumeist hypothesentestend und die qualitative Forschung vorwiegend hypothesengenerierend vorgeht. Wird davon ausgegangen, dass menschliches Handeln nach bestimmten Gesetzmäßigkeiten abläuft, so können darüber theoretische Aussagen gemacht werden. Um die Übereinstimmung von theoretischen Aussagen mit der Realität zu prüfen, werden Vermutungen über Zusammenhänge zwischen Sachverhalten, also Hypothesen, gebildet. Die Überprüfung erfolgt dann, indem die operationalisierten Hypothesen der Falsifikation ausgesetzt werden.[324] Wird dagegen davon ausgegangen, dass die soziale Wirklichkeit ein Ergebnis beständig ablaufender sozialer Konstruktionsprozesse ist, kann die Formulierung und Überprüfung isoliert betrachteter Ursache-Wirkungs-Beziehungen die soziale Wirklichkeit nicht angemessen abbilden. Durch formulierte Hypothesen könnten nur die Informationen aus dem Forschungsfeld aufgenommen werden, die nicht im Vorfeld durch das methodische Filtersystem

318 *Denz/Mayer* 2001, S. 54.

319 *Mayer* 2009, S. 22.

320 *Flick/Kardorff/Steinke* 2008, S. 20.

321 *Saldner* 1995, S. 352.

322 *Flick/Kardorff/Steinke* 2008, S. 21

323 *Flick/Kardorff/Steinke* 2008, S. 23.

324 *Mayer* 2009, S. 16 f.

ausgesiebt worden sind.[325] Daraus ergibt sich auch das Prinzip der Offenheit in der qualitativen Forschung. Denn Erkenntnisprinzip ist das Verstehen komplexer Zusammenhänge.[326] Deshalb soll der Wahrnehmungstrichter so weit wie möglich offen gehalten werden, um auch unerwartete und instruktive Informationen zu erhalten.[327] In der qualitativen Forschung werden zumeist Einzelfälle analysiert, um dann in einem zweiten Schritt Fälle zu vergleichen und verallgemeinernd zusammenzufassen oder gegenüberzustellen.[328] Aus den beobachteten Einzelfällen wird also induktiv auf allgemeingültige Theorien geschlossen. Dabei wird betont, dass derartige Theorien oder empirische Generalisierungen keine Abbildungen von Fakten, sondern relative und vorläufige Versionen oder Perspektiven der sozialen Wirklichkeit sind.

Das wesentliche Merkmal der Quantitativen Sozialforschung besteht in der Zielsetzung, Hypothesen deduktiv an Erfahrungen zu überprüfen. Im Unterschied zur qualitativen Forschung ist dabei nie der Einzelfall in seinem spezifischen Kontext von Interesse, sondern der Durchschnitt aller erhobenen Daten.[329] Daten sind dabei sprachlich-begriffliche Repräsentationen der sozialen Wirklichkeit, die nach bestimmten Regeln gewonnen werden und verschiedene Arten der symbolischen Formalisierung, und das heißt auch der Quantifizierung, zulassen.[330] Auf das numerische Datenmaterial können dann komplexe mathematisch-statistische Auswertungsverfahren angewandt werden.[331] Der Grad der Standardisierung ist deshalb so groß, damit der Prüfvorgang der Hypothesen möglichst intersubjektiv kontrollierbar und reproduzierbar ist.[332] Der Informationsgewinn besteht bei der quantitativen Forschung in der Datenreduktion. Bei der reduktiven variablenorientierten Datenanalyse sollen übergreifende und generelle Zusammenhänge herausgestellt werden.[333] Individuelle Besonderheiten werden zugunsten genereller Tendenzen eher ausgeblendet.

In der qualitativen Forschung geht es dagegen zumeist um den Nachvollzug subjektiv gemeinten Sinns, die Deskription sozialen Handelns und sozialer Milieus und/oder die Rekonstruktion deutungs- und handlungsgenerierender Tie-

325 *Lamneck* 2005, S. 21.

326 *Flick/Kardorff/Steinke* 2008, S. 23.

327 *Lamneck* 2005, S. 21.

328 *Flick/Kardorff/Steinke* 2008, S. 23.

329 *Seipel/Rieker* 2003, S. 174.

330 *Scholz/Wolter* 1982, S. 11.

331 *Bortz/Döring* 2006, S. 295.

332 *Scholz/Wolter* 1982, S. 11.

333 *Seipel/Rieker* 2003, S. 174.

fenstrukturen.[334] Aus der Analyse von Einzelfällen sollen im induktiven Schlussverfahren Aussagen über typische Strukturen oder Prozesse des Handelns abgeleitet werden. Bei der Suche nach Typischem ist es unumgänglich, den empirischen Horizont eines individuellen Falles durch den Vergleich mit anderen Fällen zu erweitern.[335] Zur Datenerhebung werden nicht standardisierte Methoden verwandt. Dadurch gewinnt man verbale, nichtnumerische Daten, die mit interpretativen Methoden ausgewertet werden.[336] Aus den Basisannahmen der qualitativen Forschung ergeben sich die Prinzipien der Offenheit, der Forschung als Kommunikation, des Prozesscharakters von Forschung und Gegenstand, der Reflexivität von Gegenstand und Analyse, der Explikation und der Flexibilität.[337]

Mit quantitativen und qualitativen Forschungsansätzen werden zwei verschiedene sozialwissenschaftliche Aussagetypen angestrebt. Ihre wichtigsten Merkmale sind Repräsentanz und Spezifität.[338] Bedient man sich bei der Beschreibung des Verhältnisses zwischen „Breite" und „Tiefe" des anschaulichen Bildes des Scheinwerfers, kann man sagen, dass es in dem einen Fall darum geht, das Licht des Scheinwerfers so zu streuen, dass damit ein möglichst breiter Raum, wenn gleich auf Kosten der Tiefe ausgeleuchtet wird. Demgegenüber wird im anderen Fall das Licht derart gebündelt, dass die Tiefe des Raums auf Kosten seiner Breite so tief wie möglich erhellt wird.[339]

7.3 Komplementäre Verwendung quantitativer und qualitativer Methoden

Die zuvor erläuterten Differenzen quantitativer und qualitativer Methoden lassen deutlich werden, dass diesen Methoden unterschiedliche Realitätsdefinitionen zugrunde liegen und sie unterschiedliche Forschungsinteressen und Operationalisierungsstrategien verfolgen. Die Parteinahme für eine dieser Methoden liefe darauf hinaus, die Legitimität der Realitätskonstruktion, der inhaltlichen Problemdefinition und der entsprechenden Fragestellung des anderen Methodentyps grundsätzlich zu bestreiten. Es gibt Fragestellungen, die eine auf eine Quantifizierung abzielende Forschungsstrategie erfordern. Umgekehrt gibt es Untersuchungsziele, bei denen eine quantitative Untersuchungsmethode zu erheblichem Informationsverlust führen würde. Daneben existieren aber auch Fragestellun-

334 *Lüders/Reichertz* 1986, S. 92.

335 *Scholz/Wolter* 1982, S. 31.

336 *Mayer* 2009, S. 25.

337 *Froschauer/Lueger* 1998, S.11 f., *Lamneck* 2005, S. 20.

338 *Scholz/Wolter* 1982, S. 27.

339 *Scholz/Wolter* 1982, S. 27.

gen, die es nötig machen, den „Scheinwerfer" auf Breite und Tiefe zu richten. Um solchen Fragestellungen gerecht zu werden, bietet sich ein multimethodisches Vorgehen an. Methodentriangulation oder Methodenmix sind weitere Benennungen dieses Verfahrens. Der Begriff der Triangulation stammt aus der Landvermessung und meint die Betrachtung eines Forschungsgegenstandes von mindesten zwei Punkten.[340] Dabei gibt es unterschiedliche Möglichkeiten, qualitative und quantitative Forschungsmethoden zu kombinieren. Diese Möglichkeiten sollen folgend im Überblick dargestellt werden.[341]

Typ 1 Nebeneinander – Qualitative und quantitative Daten werden innerhalb des gleichen Zeitraums getrennt nebeneinander erhoben und ausgewertet.

Typ 2 Miteinander – Qualitative und quantitative Daten werden innerhalb des gleichen Zeitraums erhoben und ausgewertet, wobei die Arbeitschritte aufeinander bezogen werden.

Typ 3 Nacheinander qualitativ und quantitativ – In einer ersten Phase werden Daten mittels qualitativer Methoden erhoben und ausgewertet, wobei die Exploration theoretischer Konzepte im Vordergrund steht. In der zweiten Phase werden theoretische Konzepte durch den Einsatz quantifizierender Methoden überprüft.

Typ 4 Nacheinander quantitativ und qualitativ – In einer ersten Phase werden mittels standardisierter Erhebungsmethoden und quantifizierender Auswertung Ergebnisse erzielt, die in einer zweiten Phase durch qualitative Methoden vertieft und ergänzt werden.

Besonders ertragreich ist multimethodisches Vorgehen dann, wenn es gelingt, die besonderen Potenziale der einzelnen Verfahren auszuschöpfen und aufeinander zu beziehen. Quantitative Methoden bieten sich vor allem an, wenn Informationen zu eindeutigen, klar umrissenen sozialen Phänomenen erhoben werden sollen, wenn es um die Ermittlung der Verbreitung sozialer Merkmale geht und wenn die Ergebnisse auf größere Populationen generalisiert werden sollen. Qualitative Verfahren sind dann geboten, wenn man es mit weithin unbekannten, widersprüchlichen oder komplexen Phänomenen zu tun hat, die gründlich beschrieben werden sollen, oder deren Struktur rekonstruiert werden soll.[342]

340 *Lamneck* 2005, S. 277.

341 Vgl. *Seipel/Rieker* 2003, S. 237 f.

342 *Seipel/Rieker* 2003, S. 253.

Der Methodenmix darf natürlich nicht als Allheilmittel gesehen oder mit überzogenen Ansprüchen belegt werden. So erscheint es beispielsweise fraglich, ob mit qualitativen und quantitativen Methoden generierte Daten zur gegenseitigen Validierung herangezogen werden können.[343] Ein unbekümmerter Umgang mit der Methodentriangulation birgt besondere Gefahren, denn die divergierenden theoretischen Hintergründe und erkenntnistheoretischen Basisannahmen der verschiedenen Methoden müssen reflektiert und berücksichtigt werden.[344] Ebenso verbinden sich mit der Verwendung unterschiedlicher Methoden besonders hohe Anforderungen auf pragmatischer Ebene. So ist zu beachten, dass sich der zeitliche und finanzielle Aufwand in Erhebungs- und Auswertungsphase erhöht.

Der Sinn der Methodentriangulation muss vor dem Hintergrund der jeweiligen Forschungsfrage und des Forschungsgegenstandes begründet werden. Dieser Forderung soll durch die Konfrontation der Fragestellung und des Forschungsgegenstands der Untersuchung kommunaler Präventionsgremien mit den verschiedenen Forschungsmethoden nachgekommen werden.

7.4 Forschungsdesign

Der Forschungsgegenstand der vorliegenden Untersuchung ist eine heterogene, weitgehend unerforschte Gremienlandschaft, die zum einen erfasst und beschrieben werden soll. Zum anderen sollen Einschätzungen, Wünsche und Probleme der kommunalen Akteure eruiert werden, um daraus Empfehlungen für die Verstetigung und Verbesserung der Kommunalen Kriminalprävention in Mecklenburg-Vorpommern abzuleiten. Der „Scheinwerfer" soll also auf Breite und Tiefe des Forschungsgegenstandes gerichtet werden.

Das Kartographieren der ca. 60 bestehenden Gremien erfordert ein standardisiertes quantitatives Vorgehen, weil das Informationsinteresse ein aufwendigeres qualitatives Verfahren nicht rechtfertigen würde. Die Einschätzungen, Wünsche und Probleme der kommunalen Akteure zu eruieren, erfordert ein qualitatives Vorgehen, denn nur dieses kann durch seinen weit geöffneten „Wahrnehmungstrichter" die unbekannten und komplexen Strukturen erfassen.

Deshalb wird ein multimethodisches Vorgehen in Form eines Phasenmodells gewählt.[345] In einem ersten Schritt soll ein standardisiertes Instrument, in

---

343 *Flick* 2008, S. 311.

344 *Bohnsack/Marotzki/Meuser* 2006, S. 161.

345 Vgl. *Mayring* 2001, Abs. 24 der in diesem Zusammenhang von einem Vertiefungsmodell spricht.

Form eines kurzen Fragebogens, das gesamte Feld beschreiben. Nachdem die Daten der schriftlichen Befragung dann ausgewertet sind, wird auf dieser Grundlage eine bestimmte Anzahl von Gremien ausgewählt, mit deren Koordinatoren oder Vorsitzenden sodann vertiefende Leitfadeninterviews geführt werden. Die durch die Auswertung des Fragebogens gewonnenen Informationen zum Untersuchungsfeld machen es möglich, eine qualifizierte Auswahl von Untersuchungsteilnehmern für die sich anschließende qualitative Untersuchung treffen zu können. Weiterhin kommt der schriftlichen Befragung und der mit ihr verbundenen postalischen und telefonischen Kommunikation eine „Türöffnerfunktion“ zu. So wird der Zugang zu den Interviewpartnern erleichtert. Das durch die schriftliche Befragung erworbene Kontextwissen zum jeweiligen Gremium macht es im Rahmen der qualitativen Befragung möglich, den Kenntnisunterschied zwischen den Gesprächspartnern zu verringern. So kann die Informationstiefe der Interviews erhöht werden. Durch die qualifizierte Auswahl der Untersuchungsteilnehmer und dem damit einhergehenden repräsentativen Sampling, wird die Generalisierbarkeit der Analyseergebnisse der qualitativen Teiluntersuchung ermöglicht.

7.5 Forschungsverlauf

Die Vorarbeiten für die Untersuchung begannen im Januar 2004. Die Aufarbeitung der Literatur, die Teilnahme an Fachtagungen und -veranstaltungen, Gespräche mit ehemaligen oder aktuellen Mitgliedern von Präventionsgremien und die Mitarbeit in der Arbeitsgemeinschaft „Kommunale Prävention“ des Landesrates für Kriminalitätsvorbeugung stellten die Grundlage für die Herleitung der Fragestellung sowie die theoretische Fundierung der Untersuchung dar. Die Gesamtuntersuchung gliedert sich in eine schriftliche Befragung aller kommunalen Präventionsgremien Mecklenburg-Vorpommerns und eine mündliche Befragung von 20 ausgewählten Gremien.

Untersuchungsschritte	Anzahl (n)	Zeitraum
Beginn	-	Januar 2004
Literaturaufarbeitung	-	-
Gespräche mit Mitgliedern von Präventionsgremien	6	Januar 2004 – August 2005
Teilnahme an Fachtagungen und -veranstaltungen	-	-
Mitarbeit in der Arbeitsgemeinschaft	-	ab April 2004

Untersuchungsschritte	Anzahl (n)	Zeitraum
Schriftliche Befragung	59	September 2005
Auswertung schriftliche Befragung	-	ab Oktober 2005
Mündliche Befragung	20	November/Dezember 2005
Auswertung mündliche Befragung	-	ab April 2006

7.5.1 Schriftliche Befragung

Alle, zum Zeitpunkt der Erhebung vermutlich bestehenden, 59 kommunalen Präventionsgremien wurden im September 2005 mittels eines sechsseitigen Fragebogens befragt. Adressaten der Fragebögen waren die Koordinatoren, ersatzweise die Vorsitzenden der Gremien. Informationen über den Bestand und die Ansprechpartner der Gremien wurden beim Landesrat für Kriminalitätsvorbeugung und über die Internetseiten der Gebietskörperschaften recherchiert. Über den tatsächlichen Bestand und die genaue Anschrift der Gremien informierte sich die Verfasserin zuvor telefonisch. Diese telefonischen Gespräche wurden auch genutzt, um den zu Befragenden das Übersenden des Fragebogens anzukündigen und bei Nachfrage einige Informationen über die Untersuchung zu geben. Die Fragebögen wurden im September 2005 gleichzeitig versandt. Dieser Zeitpunkt schien günstig, weil die Schulferien und die Urlaubszeit abgeschlossen waren und der Fragebogen so nicht in der über den Urlaub aufgelaufenen Post unter gehen konnten. Die Fragebögen wurden mit einem frankierten Rückumschlag und einem Anschreiben versehen. Im Anschreiben wurde das Projekt kurz vorgestellt, eine Rücksendefrist von 14 Tagen benannt und die Anonymisierung der gewonnen Daten zugesichert. Des Weiteren wurden die sich anschließenden Expertengespräche und die damit verbundene telefonische Anfrage angekündigt. Innerhalb der benannten Frist wurde ein Großteil der Fragebögen zurückgesandt. Die Koordinatoren oder Vorsitzenden, die bis Fristablauf noch nicht geantwortet hatten, wurden nochmals telefonisch erinnert. So kam ein erfreulicher Rücklauf von 46 Fragebögen (78 %) zustande. Drei der Fragebögen wurden unausgefüllt mit der Begründung zurückgesandt, dass zum einen zwei Gremien nur noch „auf dem Papier" bestehen und zum anderen die Selbstwahrnehmung eines befragten Gremiums nicht der eines Präventionsgremiums im „klassischen Sinne" entspräche.[346] Abzüglich dieser drei Gremien konnten für die Auswertung der schriftlichen Befragung somit 43 Fragebögen (73 %) verwandt werden, darunter waren acht Rückmeldungen von Gremien auf Ebene der Landkreise, fünf auf Ebene der kreisfreien Städte und 30 örtlicher Gremien. Der

346 Dieses Gremium wurde im Anschluss mündlich befragt.

Fragebogen enthielt 28 geschlossene und offene Fragen. Bei einigen wenigen Fragen bestanden Antwortmöglichkeiten in einer 3-4 stufigen Skala mit unterschiedlichem Antwortformat.

Abbildung 1: Rücklaufübersicht (n=59)

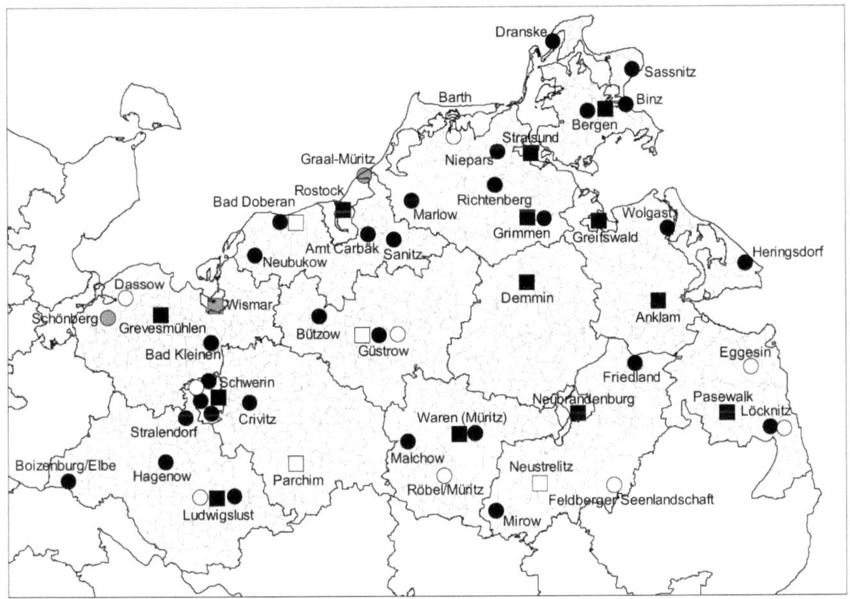

■ Rücklauf von Gremien auf Ebene der Landkreise und kreisfreien Städte: Landkreis Demmin, Landkreis Ludwigslust, Landkreis Müritz, Landkreis Nordvorpommern, Landkreis Nordwestmecklenburg, Landkreis Ostvorpommern, Landkreis Rügen, Landkreis Uecker-Randow, Greifswald, Neubrandenburg, Rostock, Schwerin, Stralsund

□ Keine Rücklauf von Gremien auf Ebene der Landkreise und kreisfreien Städte: Landkreis Bad Doberan, Landkreis Güstrow, Landkreis Mecklenburg-Strelitz, Landkreis Parchim

▨ Lediglich reaktiv ausgerichtetes Gremium auf Ebene der Kreisfreien Städte: Wismar

● Rücklauf von örtlichen Präventionsgremien: Amt Carbäk, Amt Crivitz, Amt Dorf Mecklenburg-Bad Kleinen, Amt Mecklenburgische Kleinseenplatte Amt Niepars, Amt Stralendorf, Gemeinde Binz, Gemeinde Dranske, Gemeinde Löcknitz, Gemeinde Sanitz, Schwerin-Krebsförden, Schwerin-Lankow, Schwerin-Weststadt, Seebäder Ahlbeck Bansin Heringsdorf, Stadt Bad Doberan, Stadt Bergen, Stadt Boizenburg, Stadt Bützow, Stadt Friedland, Stadt Grimmen, Stadt Güstrow, Stadt Hagenow, Stadt Ludwigslust, Stadt Malchow, Stadt Marlow, Stadt Neubukow, Stadt Richtenberg, Stadt Sassnitz, Stadt Waren (Müritz), Stadt Wolgast

○ Kein Rücklauf von örtlichen Präventionsgremien: Amt Barth, Amt Güstrow-Land, Amt Löcknitz-Penkun, Amt Ludwigslust-Land, Amt Röbel-Müritz, Gemeinde Feldberger Seenlandschaft, Schwerin – Schelfstadt, Stadt Dassow, Stadt Eggesin

● Aufgelöste örtliche Gremien: Gemeinde Graal-Müritz, Stadt Schönberg

7.5.2 Auswertung der schriftlichen Befragung

Für die Eingabe der Fragebogendaten wurde ein Codierplan entwickelt. Die zur Exploration des Feldes notwendigen offenen Fragen wurden derart ausgewertet, dass nach der Durchsicht aller Antworten zunächst eine Liste aller verschiedenen Antworten und deren Häufigkeiten erstellt wurde. In einem zweiten Schritt wurden gleiche oder ähnliche Antworten zu neuen Kategorien zusammengefasst. Diese Kategorien wurden sodann codiert und die gewonnenen Daten in SPSS übertragen.

7.5.3 Mündliche Befragung

Im Anschluss an die schriftliche Befragung wurden im November und Dezember 2005 Leitfadeninterviews mit 20 Koordinatoren bzw. Vorsitzenden kommunaler Präventionsgremien durchgeführt. Durch die zuvor erfolgte explorative schriftliche Befragung lagen nun Informationen zum Untersuchungsfeld vor, die es ermöglichten, eine Stichprobe für die mündliche Befragung zu ziehen, die das Feld inhaltlich repräsentiert.

Bei welcher Gebietskörperschaft ein Gremium angesiedelt war, bildete das erste Kategorisierungsmerkmal für die Stichprobenbildung. Hierbei waren die Gebietskörperschaften kreisfreie Stadt, Landkreis sowie Stadt/Amt/Gemeinde/Stadtteil relevant. Die nun gebildeten Gruppen durchliefen ein „Filtersystem", das aus den zuvor formulierten Aspekten der propagierten Präventionsstrategie bestand. Ob diese vorlagen, konnte aus den durch die schriftliche Befragung gewonnenen Angaben generiert werden. So konnten die Gruppen der verschiedenen Gebietskörperschaften in vermutlich aktive und inaktive Gremien eingeteilt werden. Die Stichprobe wurde dann nach folgenden, eine Prioritätenliste bildenden Gesichtspunkten gezogen:

- Jede Gebietskörperschaftsart sollte wenn möglich mehrfach vertreten sein.
- Vermutlich aktive und inaktive Gremien jeder Gebietskörperschaft sollten vertreten sein.
- Die zu befragenden Gremien sollten möglichst aus allen Regionen des Bundeslandes stammen
- Gremien die vermutlicht zusammenarbeiten oder Kenntnisse voneinander haben und aus unterschiedlichen gebietskörperschaftlichen Hierarchiestufen stammen, sollten vertreten sein.

Alle befragten Interviewpartner erklärten sich zu einem Gespräch, welches voraussichtlich eine Stunde dauern würde, bereit. Zwei Interviews konnten wegen Krankheit, bzw. eines anderen wichtigen Termins der Interviewpartner nicht durchgeführt werden, sodass acht Interviews mit Koordinatoren bzw. Vorsitzenden auf Ebene der Landkreise, sieben Interviews auf Ebene von Städten und Ämtern, vier Interviews auf Ebene der kreisfreien Städte und ein Interview auf Ebene eines Stadtteils durchgeführt wurden. Alle Interviews fanden am Arbeitsplatz der Gesprächspartner oder in Vereinsräumen statt.

Bei allen Gesprächen kam ein strukturierter Interviewleitfaden zum Einsatz. Er enthielt offene Fragen zu Entstehung und Verlauf, Zusammensetzung, Arbeitsweise, Arbeitsgruppen, Informationsaustausch, inhaltlichen Schwerpunkten, Bilanz, Bedürfnissen und Zukunftsaussichten des Gremiums. Die Verwendung des Leitfadens verhinderte das Übersehen wesentlicher Aspekte und erhöhte die Vergleichbarkeit der gewonnenen Daten. Der Pretest ergab keine Änderungen der inhaltlichen Struktur, sodass die gewonnen Daten in die Gesamtauswertung einfließen konnten. Die Kenntnisse aus der zuvor durchgeführten explorativen schriftlichen Befragung waren für die gremiumsgerechte Modifizierung des Leitfadens und für das Gesprächsklima sehr hilfreich. Intervieweinstieg und vertiefende Nachfragen wurden erheblich erleichtert. Die Interviews dauerten durchschnittlich eine Stunde (Minimum: 25 Minuten, Maximum: 100 Minuten). Sie wurden digital aufgezeichnet. Die Interviews führte die Verfasserin.

7.5.4 Auswertung der mündlichen Befragung

Grundlage der Datenauswertung waren die Aufzeichnungen der Interviews. Diese wurden wörtlich transkribiert. Weil die inhaltlich-thematische Auswertung im Zentrum stand, wurden akustische Betonungen, außersprachliche Kommunikationsaspekte, nicht transkribiert. In Anlehnung an *Mayrings* zusammenfassende Inhaltsanalyse[347] und die Vorschläge zur Auswertung von Ex-

347 Vgl. *Mayring* 1995, S. 211.

perteninterviews von *Meuser/Nagel*,[348] wurden im Anschluss an die Transkription folgende Auswertungsschritte für die Verdichtung des umfangreichen Textmaterials gewählt:

- Anhand von fünf Interviews wurden exemplarisch in mehreren Durchgängen Schlüsselbegriffe zur Erschließung der Interviews generiert. Dies erfolgte zum einen auf zusammenfassend induktive Weise, indem erste Schlüsselbegriffe direkt aus dem Material in einem Verallgemeinerungsprozess abgeleitet wurden. Diese Technik wurde bei eher narrativen Passagen der Interviews angewandt. Zum anderen wurden Codierbegriffe in deduktiver Weise aus dem Interviewleitfaden und den Fragestellungen abgeleitet. Diese Technik kam bei strukturierteren Passagen des Interviews zum Einsatz, da die Themen und Vertiefungsfragen als übergeordnete Kategorien dienten, die dann anhand des Materials weiter ausdifferenziert und in einzelne Ausprägungen aufgespaltet wurden.

- Der durch den ersten Schritt gewonnene Codierplan wurde nun auf alle Interviews angewandt. Dabei wurden neue Schlüsselbegriffe aufgenommen und der Codierplan modifiziert. Alle Texte wurden dann anhand des modifizierten Plans codiert.

- Dann erfolgte die Zergliederung des gesamten Textmaterials, indem Textpassagen den zuvor herausgearbeiteten Schlüsselbegriffen zugeordnet wurden. Die Textsegmente erhielten jeweils Angaben zum Herkunftstext, damit jederzeit eine eindeutige Zuordnung von Zitaten und Verweisen gesichert war.

- Die so geordneten Textpassagen wurden nun nach Gemeinsamkeiten und Unterschieden durchsucht, um Syndrome oder Grundtendenzen für einige oder alle Befragten ausfindig zu machen.

7.6 Plädoyer für den Methodenmix

Um die kommunalpräventive Gremienlandschaft in Mecklenburg-Vorpommern erstmals zu kartographieren und um Einschätzungen, Wünsche und Probleme der kommunalen Akteure zu eruieren, wurde ein multimethodisches Vorgehen eingesetzt. In einer ersten Phase ist ein standardisiertes Erhebungsinstrument zur Befragung aller Präventionsgremien Mecklenburg-Vorpommerns zum Einsatz gekommen. Dieses Instrument hatte die Aufgabe, das Untersuchungsfeld zu erkunden und zu beschreiben. Um in die komplexen Strukturen vertieft einzudrin-

348 *Meuser/Nagel* 1991, S. 455 ff.

gen, um die heterogenen Rahmenbedingungen und Problemlagen der auf kommunaler Ebene unterschiedlich angesiedelten Gremien zu verstehen, kam in einem zweiten Schritt eine offene, qualitative Befragungstechnik zum Einsatz. 20 Koordinatoren bzw. Vorsitzende kommunaler Präventionsgremien wurden mit Hilfe eines Leitfadeninterviews befragt.

Der Methodenmix ermöglichte eine Erfassung des Untersuchungsfeldes in seiner Breite und Tiefe, eine Optimierung des Samplings, die Erhöhung der Informationstiefe der Interviews und die Generalisierbarkeit der Analyseergebnisse der qualitativen Teilerhebung auf das gesamte Untersuchungsfeld. Als nachteilig ist der erhöhte materielle und zeitliche Aufwand bei Erhebung und Auswertung zu bewerten.

Der Einsatz verschiedener Methoden kann den Blickwinkel einer Untersuchung erweitern, denn die Chance, unterschiedliche Aspekte einzubeziehen und blinde Flecken zu erkennen, steigt.[349] Es gilt jedoch zu beachten, dass die Verwendung verschiedener Methoden für sich genommen noch nicht die Qualität der Forschung erhöht.[350] Sie steht und fällt mit der Auswahl einer angemessenen Methode und mit deren sorgfältiger Anwendung. Doch der Denkansatz, das Verhältnis zwischen beiden Methodentypen nicht als eines der Inkompatibilität, sondern als eines der Komplementarität zu begreifen, veranlasst zu einer ergebnisoffenen Suche nach der angemessenen Methode. Dabei kann im Ergebnis ein rein quantitatives oder rein qualitatives Verfahren oder der Methodenmix stehen – in jedem Fall ist jedoch ein, dem Forschungsgegenstand und der Forschungsfrage adäquates, Erhebungs- und Auswertungsinstrument gefunden.

349 *Seipel/Rieker* 2003, S. 252.

350 *Kelle* 2001, S. 205.

8. Auswertung

8.1 Landschaft und innere Struktur der Gremien

Die Gremienlandschaft in Mecklenburg-Vorpommern ist drei- bzw. zweigliedrig.

Auf Landesebene fungiert der Landesrat für Kriminalitätsvorbeugung als „Dachverband“[351] für die Kommunalen Präventionsgremien. Auf kommunaler Ebene existierten nach Angaben des Landesrates im Jahr 2004 in allen sechs kreisfreien Städten und zwölf Landkreisen Präventionsgremien.[352] In den Landkreisen gibt es Gremien, welche an die Verwaltung von kreisangehörigen Städten, Gemeinden und Ämtern[353] gekoppelt sind (sog. örtliche Präventionsräte). In der kreisfreien Stadt Schwerin besteht die Besonderheit, dass sich Präventionsgremien auf Stadtteilebene etabliert haben. Im Folgenden wird zwischen kommunalen Präventionsgremien auf Ebene der Landkreise, der kreisfreien Städten sowie den örtlichen Präventionsräten, zu denen die Gremien der kreisangehörigen Städte, Gemeinden, Ämter und der Stadtteile zählen, differenziert.[354]

8.1.1 Landesrat für Kriminalitätsvorbeugung

1994 wurde auf Betreiben des Innenministeriums Mecklenburg-Vorpommern der Landesrat für Kriminalitätsvorbeugung gegründet. 1999 erfuhr dieser in Folge einer kritischen Rückschau eine tiefgreifende Umstrukturierung. Nunmehr wurde erstmalig ein Vorstand gewählt und ein Beirat einberufen. Es erfolgte die Beschlussfassung einer Geschäftsordnung des Landesrates (s. Anhang), die Berufung bzw. Neuorganisation von Arbeitsgruppen sowie die Neufassung der Förderrichtlinie (s. Anhang).[355]

---

351 *Besch/Dünkel/Geng* 1997, S. 523.

352 *Landesrat für Kriminalitätsvorbeugung Mecklenburg-Vorpommern* ohne Datum a, S. 7.

353 Ämter sind Zusammenschlüsse leistungsschwacher Gemeinden des selben Landkreises, welche die Aufgaben der amtsangehörigen Gemeinden an deren Stelle wahrnehmen. Durch Ämter wird sichergestellt, dass auch Kleinstgemeinden mit geringer Verwaltungskraft kommunale Aufgaben ordnungsgemäß erledigen können. Siehe dazu *Schütz* 1999, S. 434 ff.

354 Die Kürzel hinter den folgenden Interviewpassagen lassen Rückschlüsse auf Zugehörigkeit des Gremiums zu einer bestimmten Gebietskörperschaft zu: KfS = kreisfreie Stadt, LK = Landkreis, Ö = örtliches Gremium.

355 *Landtag Mecklenburg-Vorpommern* Drucksache 3/1514, S. 144 ff.

Der Vorstand besteht laut Geschäftsordnung aus 17 Mitgliedern, darunter von Amts wegen sechs leitende Mitarbeiter der obersten Landesverwaltung. Das sind im Einzelnen:

- der Staatssekretär im Innenministerium,
- der Leiter der Geschäftsstelle des Landesrates für Kriminalitätsvorbeugung,
- der Leiter der Polizeiabteilung im Innenministerium,
- der Leiter der Abteilung Justizvollzug, Soziale Dienste im Justizministerium,
- der Leiter der Abteilung Allgemeinbildende Schulen im Bildungsministerium sowie
- der Leiter der Abteilung Jugend und Sport im Sozialministerium.[356]

Die weiteren elf Mitglieder werden von der Mitgliederversammlung des Landesrates gewählt. Im Jahr 2008 sind dies:

- der Geschäftsführer des Städte- und Gemeindetages M-V,
- ein Vorstandsmitglied des Landesjugendringes,
- der Präsident des Landessportbundes,
- der Geschäftsführer eines Radiosenders in Mecklenburg-Vorpommern,
- der Koordinator des Präventionsrates Neubrandenburg,
- ein Professor der Sozial-, Arbeits- und Organisationspsychologie vom Institut für Psychologie der Universität Greifswald,
- ein Vorstandsmitglied der Vereinigung der Unternehmerverbände M-V,
- ein Vertreter des Deutschen Gewerkschaftsbundes vom Landesbüro M-V,
- eine Vorstandsmitglied des Landesfrauenrates sowie
- eine Vertreter der Liga der freien Spitzenverbände der freien Wohlfahrtspflege.[357]

Im Jahr 2008 bestehen sieben, folgend aufgeführte Arbeitsgruppen:

- Jugendkriminalität,[358]
- Massenkriminalität,[359]

---

356 Ziffer 4.3 der Geschäftsordnung des Landesrates für Kriminalitätsvorbeugung M-V.

357 Vgl. http://www.kriminalpraevention-mv.de/.

358 Besteht aus Vertretern folgender Organisationen: Bündnis für Bildung und Erziehung e. V. (Vorsitz), Sozialministerium M-V, Bildungsministerium M-V, Justizministerium M-V, Landesjugendamt, Landeskriminalamt M-V, Landesjugendring, Präventionsrat Landkreis Ludwigslust, Landeselternrat, Universität Greifswald Institut für Psychologie, Schulwerkstatt „Fit for Life“, Kulturforum Pampiner Hof, Unfallkasse M-V.

- Kommunale Kriminalprävention,[360]
- Extremismus,[361]
- Seniorensicherheit,[362]
- Sport und Gewaltprävention[363] sowie Stalking.[364]

359 Besteht aus Vertretern folgender Organisationen: Verband norddeutscher Wohnungsunternehmen e.V. (Vorsitz), Justizministerium M-V, Landeskriminalamt M-V, Bundespolizei, Staatsanwaltschaft Schwerin, Provinzialversicherung, Verband des Wach- und Sicherheitsgewerbes, Präventionsrat Hansestadt Rostock, Landeshauptstadt Schwerin, Filmland gGmbH, Deutsche Bahn AG, Rostocker Straßenbahn AG.

360 Besteht aus Vertretern folgender Organisationen: Präventionsrat Neubrandenburg (Vorsitz), Städte- und Gemeindetag M-V, Landkreistag M-V, Präventionsrat Landkreis Mecklenburg-Strelitz, Präventionsrat Landkreis Ludwigslust, Polizeiinspektion Wismar, Unternehmerverband Rostock und Umgebung e.V., Provinzialversicherung, Fachhochschule Neubrandenburg - Fachbereich Soziale Arbeit, Bildung und Erziehung, Fachhochschule für öffentliche Verwaltung, Polizei und Rechtspflege Güstrow.

361 Besteht aus Vertretern folgender Organisationen: Verfassungsschutz M-V (Vorsitz), Landesjugendamt, Landeszentrale für politische Bildung M-V, Landesjugendring, Sozialministerium M-V, Landesinstitut für Schule und Ausbildung, Präventionsrat Hansestadt Greifswald, Regionalzentrum für demokratische Kultur Ludwigslust, Landeskriminalamt M-V, Bürgerinitiative Bunt statt Braun e.V., Kommunaler Präventionsrat Bad Doberan.

362 Besteht aus Vertretern folgender Organisationen: Landesseniorenbeirat M-V (Vorsitz), Seniorenbeirat Schwerin, Sozialministerium M-V, Präventionsrat Landkreis Ludwigslust, Landeskriminalamt M-V, Justizministerium M-V, Liga der Spitzenverbände der freien Wohlfahrtspflege, Hochschule Wismar – Fachbereich Wirtschaft – Allgemeine Soziologie, Sozialverband VdK, Hochschule Neubrandenburg - Fachbereich Gesundheit, Pflege, Management, AOK M-V, Medizinischer Dienst der Krankenkassen, Seniorenbeirat Landkreis Bad Doberan – Seniortrainer.

363 Besteht aus Vertretern folgender Organisationen: Landessportbund M-V, Landesrat für Kriminalitätsvorbeugung M-V, Landesfußballverband, Verfassungsschutz MV, Landespolizei - Innenministerium MV, SG Dynamo Schwerin e.V., FC Hansa Rostock, Kommunaler Präventionsrat Landkreis Nordwestmecklenburg, Bundespolizei, Sportministerkonferenz, Deutsche Bahn AG, Kommunaler Präventionsrat Rostock, Fanprojekt Rostock.

364 Besteht aus Vertretern folgender Organisationen: Staatsanwaltschaft Schwerin, Parlamentarische Staatssekretärin für Frauen und Gleichstellung, Koordinierungsstelle CORA, Opferberatungsstelle Rostock, Weisser Ring, Landesarbeitsgemeinschaft Interventionsstellen, Landesarbeitsgemeinschaft Frauenhäuser, Innenministerium MV, Kriminalpolizeiinspektion Rostock.

Die finanzielle Ausstattung und damit die Fördermöglichkeiten des Landesrates wurden erheblich verbessert. Standen im Jahr 1995 noch 80.000 DM für die Förderung von Projekten zur Verfügung[365], waren es im Jahr 1999 bereits 261.000 DM und 54 geförderte Projekte. Im Jahr 2005 wurden 105 Projekte mit einem Finanzierungsvolumen von 277.700 EUR gefördert.[366]
Der Landesrat gibt seit dem Jahr 1999 die Zeitschrift *„impulse"* heraus, welche dem Erfahrungs- und Informationsaustausch zwischen Landes- und Kommunalebene, sowie einer professionalisierten Öffentlichkeitsarbeit dient. Dieser kostenlosen Zeitschrift, die auf den Seiten des Landesrates auch als pdf-download zur Verfügung steht, bietet einzelnen Gremien die Möglichkeit, sich vorzustellen, zudem werden einzelne Präventionsprojekte und die Arbeit der Arbeitgemeinschaften des Landesrates vorgestellt sowie Themenfelder der Kommunalen Kriminalprävention behandelt.[367]

Der Neuanfang ist vor allem auch durch die Einrichtung einer eigenständigen Geschäftstelle, die an das Innenministerium angegliedert ist, geprägt. Ihr obliegt die Bearbeitung der laufenden Geschäfte des Landesrates, die Anleitung und Unterstützung der Arbeitsgruppen des Landesrates und der kommunalen Präventionsgremien, die Koordinierung der finanziellen Förderung und die Bewirtschaftung der entsprechenden Haushaltstitel, die Herausgabe der Zeitschrift *„impulse"* und die Öffentlichkeitsarbeit.[368]

Die Arbeit der Geschäftsstelle wird durch die Befragten durchweg positiv bewertet. Auf die Frage, wie sich die Zusammenarbeit in den letzten Jahren entwickelt habe, gab es beispielsweise folgende Antwort:

> *„Ich habe alles erlebt, von Anfang an. Ich würde sagen, die Zusammenarbeit war gut mit allen. Damals war es auch noch einfach, weil es noch nicht so viele Präventionsräte gab. Es war auch telefonisch schnell vieles zu regeln. Aber die Struktur ist, seit dem Herr Schlender[369] sie leitet, professioneller und besser.*
> ***Woran liegt das?***
> *Zum Beispiel diese Treffen, dass es diese Förderrichtlinie dann gab, woran man sich orientieren kann. Der Austausch funktioniert gut und unkompli-*

365 *Landesrates für Kriminalitätsvorbeugung Mecklenburg-Vorpommern* ohne Datum a, S. 2.

366 *Lenz* 2007, S. 6.

367 Im Anhang befindet sich eine Übersicht zu den bisher veröffentlichten Ausgaben und Inhalten der Zeitschrift „impulse".

368 *Landtag Mecklenburg-Vorpommern* Drucksache 3/940, S. 16 ff.

369 Geschäftsführer des Landesrates für Kriminalitätsprävention.

ziert. Die Arbeitsgruppen gab es in dieser Fülle davor nicht. Die Tagungen gab es davor in dieser Form nicht. Ich finde, es ist unter Herrn Schlender besser geworden." (LK 1)

„Gibt es von Ihrer Seite aus Wünsche an den Landesrat?
Ich bin mit der Zusammenarbeit sehr zufrieden. Das hat auch damit zu tun, dass dieses Land eine hauptamtliche Besetzung hat. Gut ist auf jeden Fall, dass man diesen Bereich in den letzten Jahren auch mit finanziellen Mitteln besser ausgestattet hat." (LK 2)

„Reicht die Unterstützung, die Sie vom Landespräventionsrat bekommen aus oder gibt es Bereiche, wo Unterstützung fehlt?
Nein. Wir haben jetzt in der Vorbereitung zu unserem neuen Präventionsrat Herrn Schlender zu einem Gespräch da gehabt. Einmal im Jahr findet auch ein Treffen der Koordinatoren in Schwerin statt. Insofern haben wir eine gute Unterstützung." (LK 3)

Der Landesrat verfolgt nach eigenen Angaben folgende Ziele: [370]

- gesamtgesellschaftlichen Sachverstand und Initiativen bündeln;
- Vorschläge und Empfehlungen für die Landesregierung erarbeiten (Politikberatung);
- länderübergreifende Zusammenarbeit ausbauen;
- Aufbau und Tätigkeit kommunaler Präventionsräte unterstützen;
- Kommunikation und Erfahrungsaustausch zwischen kommunalen Präventionsgremien und Projektträgern stärken, und
- lokale Präventionsprojekte fördern.

Den Aufbau und die Tätigkeit von Präventionsgremien unterstützt der Landesrat mit Beratung zur inhaltlichen Arbeit und zur Organisationsstruktur. Dabei bildet die kostenlose Zeitschrift *„impulse"* eine gute Verbreitungsmöglichkeit.

Kommunikation und Erfahrungsaustausch befördert der Landesrat seit den letzten Jahren durch regelmäßige Ausrichtung von Veranstaltungen, wie dem Landespräventionstag, auf spezielle Präventionsinhalte ausgerichtete Fachtagungen oder das Jahrestreffen der Koordinatoren der Kommunalen Präventionsgremien.

Die finanzielle Förderung erfolgt in Form von direkter Projektförderung. Dabei haben die Präventionsgremien, und seit einer erneuten Veränderung der

370 *Landesrates für Kriminalitätsvorbeugung M-V* ohne Datum a, S. 3.

Förderrichtlinie[371] im Jahr 2006 auch freie Träger, Institutionen oder Einzelpersonen, die Möglichkeit, einen Zuschuss von bis zu 80 Prozent der zuwendungsfähigen Gesamtausgaben zu erhalten.

Das Vorhaben, einen Anteil der Mittel derart zu verteilen, dass die Präventionsgremien auf Ebene der Landkreise und kreisfreien Städte einen einwohnerzahlabhängigen Festbetrag erhalten, konnte leider nicht verwirklicht werden. Dieser Betrag hätte für kleine Projekte Verwendung finden sollen und die Gremien auf Ebene der Landkreise hätten die örtlichen Präventionsgremien der kreisangehörigen Kommunen finanziell unterstützen können. Dass eine derartige Mittelvergabe nach Einschätzung der Akteure die Arbeit der Kommunalen Präventionsgremien gestärkt hätte, sollen folgende Interviewpassagen verdeutlichen:

„Wenn der Präventionsrat mal selbst entscheiden könnte, gewisse Gelder einem Projekt zur Verfügung zu stellen, ohne dass es über das Innenministerium läuft, fände ich eine gute Sache.
Dann halten Sie diese Förderung also für sinnvoll?
Ja, auf alle Fälle. Aber es erhöht natürlich auch die Verantwortung der Kommunalen Präventionsräte. ... Wenn man plötzlich einen Topf zu verwalten hat, muss man sich auch Gedanken über dessen Verwendung machen, oder?" (KfS 5)

So hätte die dezentrale Mittelvergabe die Verantwortlichkeit der Präventionsgremien auf Ebene der Landkreise gestärkt und die Zusammenarbeit zwischen diesem Gremium und den kreisangehörigen örtlichen Gremien verbessert.

Einige Befragte wünschen sich vom Landesrat bzw. vom Land größere gesetzgeberische sowie inhaltliche Unterstützung:

„Es fehlt uns eben auch die Unterstützung vom Land. Genauso, wie das Land sagt, wir brauchen eine Gleichstellungsbeauftragte, könnten die genauso gut sagen, wir brauchen einen Kommunalpräventionsrat, dem man auch genau sagen kann, was er machen soll. Dadurch hätte man es wesentlich leichter, aber so etwas gibt es ja nicht." (KfS 2)

„Was mir fehlt ist, dass ein roter Faden an die kommunalen Räte ausgegeben wird. Einige betrachten es als Bevormundung, ich finde das nicht ... Ich meine wirklich, dass der Landesrat am Anfang des Jahres einen Arbeitsplan beschließt und festlegt, was die wichtigen Themen sind für das kommende

371 Förderrichtlinie auf den Seiten des Landesrates abrufbar: www.kriminalpraevention-mv.de, Abdruck im Anhang.

Jahr. Die haben ja statistisch alle Möglichkeiten und könnten sagen, wo man eine Entwicklung bräuchte. So etwas kommt aber gar nicht." (KfS 1)

Derartige inhaltliche Vorgaben würden jedoch den Vorteil der dezentralen Kriminalprävention zunichte machen. Denn gerade die kommunale Präventionsarbeit verspricht an die örtlichen Verhältnisse angepasste Projekte. Dies sollte den Landesrat jedoch nicht davon abhalten Erkenntnisse und Vorschläge, die den kommunalen Gremien bei der Aufdeckung und Bearbeitung von kriminalpräventiven Aufgabenfeldern helfen könnten, zu kommunizieren.

Ferner wünschen sich viele Befragte vom Landesrat weitere Angebote, um den Austausch unter den Koordinatoren der Gremien zu ermöglichen. An anderer Stelle wird aufgezeigt, dass es an der Kommunikation unter den verschiedenen Präventionsgremien beträchtlich mangelt:

„Dabei ist Gedanken- und Erfahrungsaustausch die billigste Investition. Es ist sicher nie verkehrt, ein, zwei Veranstaltungen so zu organisieren, dass sich die Kreispräventionsräte einmal zusammensetzen und Entwicklungen diskutieren. Man muss nichts zweimal erfinden. Wir stellen das häufig fest. Da sollte sich das Land dann davor spannen..." (LK 2)

„Was wirklich schön wäre, wenn man sich doch häufiger mit den anderen Koordinatoren treffen und austauschen würde." (LK 1)

8.1.2 Präventionsgremien in kreisfreien Städten

In fünf der sechs kreisfreien Städte gibt es Präventionsräte. In diesen hat sich häufig eine vielschichtige Struktur aus Präventionsrat beziehungsweise Lenkungsgremium, Koordinator, Arbeitsgruppen und Förderverein herausgebildet.

Die Koordination erfolgt im Gegensatz zu den Aussagen der schriftlichen Befragung, in der drei von fünf Befragten angaben, hauptamtlich tätig zu sein, nur in einer Stadt hauptamtlich.

Tabelle 1: Anzahl der für die Koordination der Präventionsarbeit zur Verfügung gestellten Wochenstunden (n = 5)

Tätigkeit der Koordinatoren	Wochenstunden
Gleichstellung	7,24
Datenschutz	8,00
Ortsamtsleitung	4,00
Jugendpflege	0,50
Koordination Kriminalprävention	37,50

So führen die anderen Koordinatoren die Arbeit neben ihrer Haupttätigkeit in der Verwaltung der kreisfreien Städte aus. In einem Fall wurde der Gleichstellungsbeauftragte die Koordinierungsarbeit für den Präventionsrat auferlegt. Sie kann pro Woche 7,24 Stunden für die Koordinierungsarbeit aufwenden. In einem weiteren Fall erhielt der ursprünglich hauptamtliche Koordinator die Zusatzaufgabe, als Datenschutzbeauftragter der Stadt tätig zu sein. Zum Befragungszeitpunkt war seine Stelle so ausgestaltet, dass er für die Datenschutzbeauftragtentätigkeit 80% und für die Koordinierungsarbeit nur noch 20% aufwenden soll, was in diesem Fall acht Wochenstunden entspricht. In den weiteren Fällen haben ein Ortsamtleiter vier Wochenstunden und ein Jugendpfleger gerade mal ein halbe Stunde in der Woche eine Freistellung für die den Präventionsrat betreffende Arbeit.

Die hauptamtliche Koordination wird vom Landesrat immer wieder als einer der entscheidenden Faktoren für eine erfolgreiche Präventionsarbeit benannt. Deshalb verwundert es kaum, dass in diesem Punkt „imagegünstige“ bzw. sozial erwünschte Angaben gemacht werden. Dabei ist zu erwähnen, dass gerade im Bereich der Koordination starke Veränderungen stattgefunden haben. Diese erfolgte einst in vier kreisfreien Städten hauptamtlich sowie in einem Fall doch zumindest mit einer Freistellung von 20 Wochenstunden. Sparzwänge und die Reduzierung der staatlich geförderten Arbeitsplätze (ABM) führten zum zuvor beschriebenen Zustand.

In einer kreisfreien Stadt gibt es einen Arbeitskreis, der sich mit ordnungs- und sicherheitsrelevanten Fragen beschäftigt, sich jedoch nicht als Präventionsrat betrachtet. Zwar findet hier institutions- und ressortübergreifende Kooperation statt, die Arbeit ist jedoch eher reaktiv ausgerichtet:

„Wir haben also keinen festen Tagungsrhythmus. Es hat sich auch bewährt, dass wir uns keine Themen suchen, sondern die Themen nehmen, die tat-

sächlich aufgetreten sind, die die Sicherheit der Stadt berühren ... Aber wir setzen uns zusammen, wenn es Probleme gibt und treffen uns nicht einmal im Jahr, um vorauszusehen, was auf uns zukommen könnte." (KfS 3)

8.1.3 Präventionsgremien in den Landkreisen

Präventionsgremien auf Ebene der Landkreise weisen nur in wenigen Fällen Strukturelemente wie Arbeitsgemeinschaften oder Fördervereine auf. Zumeist besteht ein Präventionsrat, der von einem Mitarbeiter der Landkreisverwaltung koordiniert wird. In allen zwölf Landkreisen sollen Präventionsräte bestehen. Die Fragebögen wurden von acht Präventionsräten zurückgesandt, wobei ein Gremium weitgehend inaktiv ist, weil weder Sitzungen stattfanden, noch Projekte unterstützt oder initiiert wurden.

Die Koordination erfolgte nur in zwei Fällen hauptamtlich. Zum Zeitpunkt der Befragung stand jedoch bereits fest, dass die hauptamtliche Koordinierung in einem Fall wegfallen würde:

„Ich gehe in Rente. Es geht nun darum, ob es wieder eine Stelle dafür geben wird. Der Landkreis hat eigentlich Einstellungsstopp. Die Befürchtung liegt nahe, dass diese Koordinatorenstelle dann ganz wegfallen wird. Da die Leitungsebene des Landkreises aber sehr an dieser Sache interessiert ist, will sie das so machen, wie in anderen Gemeinden auch und es gibt Überlegungen, dass jemand anderes diese Tätigkeit zu seinen Aufgaben dazu nehmen wird – zu 30% oder so. Man hat sich entschieden, dass die Gleichstellungsbeauftragte das mit übernehmen soll..." (LK 4)

So ergibt sich für die Koordination der Landkreisgremien das Bild, dass lediglich zwei Gremien zum Zeitpunkt der Befragung hauptamtlich koordiniert wurden. In drei Gremien sind die Koordinatoren für eine gewisse Wochenstundenzahl von sonstigen Tätigkeiten freigestellt. In den übrigen Gremien führen die Koordinatoren die das Präventionsgremium betreffenden Arbeiten im Rahmen ihrer Tätigkeit in der Kreisverwaltung ohne die Festschreibung eines bestimmten Zeitanteils für die Koordination aus.

Tabelle 2: Koordination der Gremien auf Landkreisebene (n = 8)

Tätigkeit der Koordinatoren	Wochenstunden		im Rahmen der Tätigkeit ohne Zeitanteilsfestschreibung
	haupt-amtlich	Freige-stellt	
Mitarbeit Ordnungsamt			x
Mitarbeit FB: Jugend, Kultur, Bildung		10	
Ordnungsamtsleitung			x
Leitung FB: Jugend/Schule, Soziales, Gesundheit, Verkehr			x
Leitung FB: Jugendarbeit, Kita, Sport		10	
Leitung FB: Jugendpflege, Sport		4	
Koordination Kriminalprävention	35		
Koordination Kriminalprävention	40		

In einigen Landkreisen hat das Präventionsgremium auf Landkreisebene eine Dachfunktion für die örtlichen Präventionsgremien, indem von hier aus Informationen sowie ideelle und finanzielle Unterstützung an die örtlichen Präventionsgremien fließen. Im Präventionsgremium auf Kreisebene wiederum fließen Informationen der örtlichen Gremien zusammen, sodass von dort eine Interessenbündelung und -vertretung stattfinden kann.

Das ist jedoch eher die Ausnahme. Wie bereits erwähnt, bestehen unter Präventionsgremien erhebliche Kommunikationsdefizite, sodass folgende Aussage die häufige Losgelöstheit der Arbeit von Präventionsgremien auf Kreisebene und auf örtlicher Ebene repräsentiert:

> ***„Wie ist denn der Austausch mit dem Präventionsrat des Landkreises?***
> *Es gibt einen, das habe ich einmal gelesen!*
> ***Darüber habe ich auch gelesen. Heißt das, dass Sie daher keine Unterstützung bekommen?***
> *Der existiert nur auf dem Papier ..." (S 1)*

8.1.4 Örtliche Präventionsgremien

Als örtliche Präventionsräte werden Gremien auf Ebene von kreisangehörigen Städten, Ämtern[372] und Gemeinden bezeichnet. Von 41 angeschriebenen örtlichen Gremien gab es 32 Rückmeldungen. Zwei der Gremien gaben an, aufgelöst bzw. nicht mehr aktiv zu sein. Daraus ergibt sich für die übrigen 30 Gremien folgendes Strukturbild: Hauptamtliche Koordinationsstellen sind auf Ebene der örtlichen Gremien nicht eingerichtet. Die Koordination von 18 Gremien erfolgt im Rahmen der Tätigkeit in der Verwaltung, der die Koordinatoren angehören. Weitere acht Gremien werden ehrenamtlich koordiniert. In vier Fällen erhalten die Koordinatoren gar eine Freistellung von einer bis zu zehn Wochenstunden.

Abbildung 2: Status der Koordinatoren in örtlichen Gremien (n = 30)

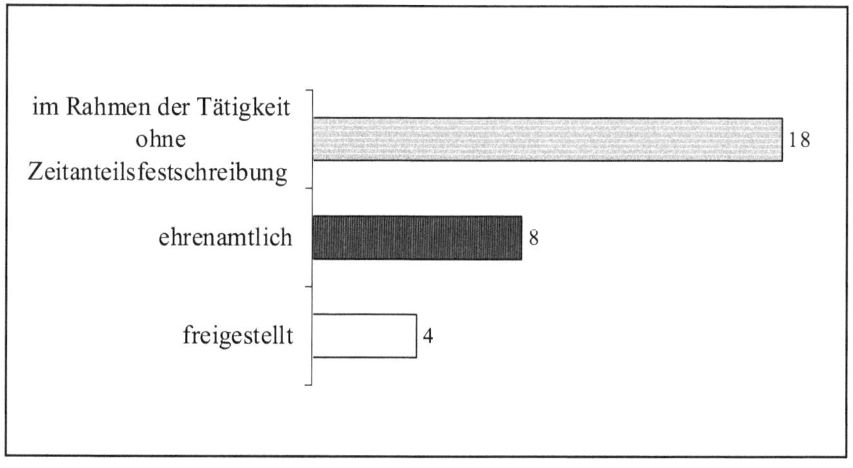

Bei zehn Präventionsgremien haben sich Arbeitsgruppen herausgebildet. Diese sind entweder projektbezogen oder wurden zur Bearbeitung eines bestimmten Themenfelds gegründet. Fördervereine oder Lenkungsgremien sind nicht vorhanden.

---

372 Ämter sind Zusammenschlüsse leistungsschwacher Gemeinden des selben Landkreises, welche die Aufgaben der amtsangehörigen Gemeinden an deren Stelle wahrnehmen. Durch Ämter wird sichergestellt, dass auch Kleinstgemeinden mit geringer Verwaltungskraft kommunale Aufgaben ordnungsgemäß erledigen können. Siehe dazu *Schütz* 1999, S. 434 ff.

8.1.5 Zusammenfassung

Die Komplexität der inneren Struktur der Präventionsgremien ist vom Landesrat, über die Gremien der Kreisfreien Städte und die Gremien auf Landkreisebene zu den örtlichen Präventionsräten hin abnehmend. Eine hauptamtliche Koordination der Gremien findet mittlerweile nur noch auf Landesebene sowie jeweils in einem Gremium auf Ebene einer kreisfreien Stadt und eines Landkreises statt. Dieser Rückgang der hauptamtlichen Koordinationsstellen ist auf die Reduzierung staatlich subventionierter Beschäftigungsverhältnisse (z. B. ABM) und die zeitweise desolate Haushaltssituation einiger Kommunen zurückzuführen.

Die übrigen Koordinatoren sind auf Ebene der kreisfreien Städte ausnahmslos zumindest mit einem gewissen Zeitbudget von ihrer sonstigen Tätigkeit freigestellt. Auf Ebene der Landkreise und der örtlichen Gremien sind festgeschriebene Freistellungen selten, die Koordinationstätigkeit wird im Rahmen der Tätigkeit in der Verwaltung miterledigt oder vollständig ehrenamtlich durchgeführt.

8.2 Gründungswelle und Regression

8.2.1 Gründungswelle

Noch bevor sich auf Landesebene der Landesrat für Kriminalitätsvorbeugung gründete, wurde im Jahr 1993 in der kreisfreien Stadt Neubrandenburg das erste Präventionsgremium ins Leben gerufen, aus dem sich dann im weiteren Verlauf eines der lebendigsten Präventionsgremien herausgebildet hat. Der Entwicklungsverlauf und die später erfolgreiche Arbeit des Gremiums sind ein Beispiel für den positiven Einfluss einer Hochschule für eine Kommune.

> ***„Haben Sie damals hier studiert?***
> *Ja. Ich habe mich beim Dezernenten um ein Praktikum beworben und durch einen Zufall habe ich mitbekommen, dass es einen Präventionsrat gibt, was aber noch eher nur ein Rudiment war, eine Gruppe, die sich gegründet hatte, um über ein paar Dinge mal zu reden. Ich habe dann vorgeschlagen im Rahmen meines Praktikums einen Präventionsrat daraus zu machen, nach dem Vorbild von Schleswig-Holstein.*
> ***Haben Sie denn schon im Studium von solchen Gremien gehört?***
> *Ich hatte einen Professor, der aus Schleswig-Holstein kam. Der hat das Ganze auch ein bisschen forciert, wodurch wir vieles abstimmen konnten. Was wir dann aufgebaut haben ähnelte ganz stark dem, was es in Lübeck bereits gab. Damals war er* [der Professor] *noch in der Lenkungsgruppe in Lübeck und konnte dadurch direkt mit denen Erfahrungsaustausch machen."*

Weitere Gremien folgten. Wobei eine Gründungswelle für die Gremien auf Ebene der kreisfreien Städte und Landkreise in der Mitte der 1990er Jahre zu verzeichnen ist. Die Gründung von örtlichen Gremien dauert dagegen noch immer an.

Abbildung 3: Gründungsjahre der Präventionsgremien (n = 43)

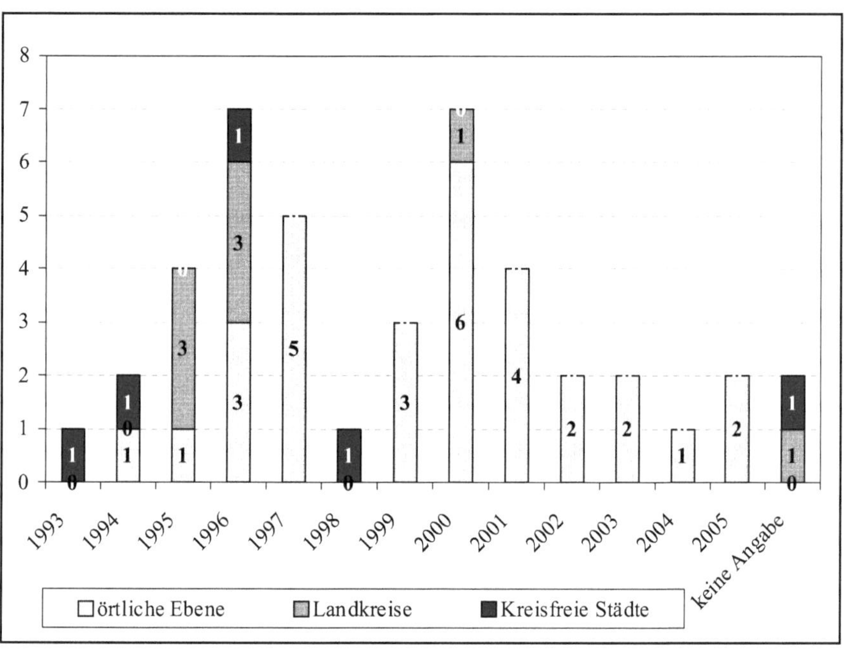

In Folge der Wiedervereinigung Deutschlands kam es in den neuen Bundesländern zu einer Neuordnung der Verwaltungsstruktur. Dabei orientierte sich der Gesetzgeber an Rechtsordnungen der alten Bundesländer. Diese Neuordnung machte die Verwaltungen der Kommunen für Anregungen sehr zugänglich, sodass die Idee der Kommunalen Kriminalprävention, die sich in den 1990er Jahren auf einem progressiven Kurs befand, bereitwillig angenommen wurde:

„Der Präventionsrat hat sich 1995 gegründet auf Anregung des Innenministers in Schwerin ... Als damals die Beamten aus den alten Bundesländern uns geholfen haben, unsere „vergammelte“ Verwaltung neu aufzubauen, wurde hier alles übernommen von – ich glaube – Schleswig-Holstein. Man hat alles, was die so gemacht haben übertragen und dabei, unter anderem eben auch, die Präventionsarbeit. Der Innenminister hat dabei eine Tagung

*einberufen mit den Landräten usw. und hat dabei die Schaffung des Präventionsrates angeregt.
Der erste Referent hat alle seine Amtsleiter zusammengerufen, um eine erste Veranstaltung, eine sog. ,Sicherheitskonferenz', durchzuführen. Daraus ist ein Gremium entstanden, aus Ordnungsamt, Jugendamt, Gerichten usw. So lief es die ganze Zeit. Dann kam eine Anregung von Herrn Schlender,*[373] *woraufhin es los ging mit einem Koordinator. Es hatte noch kaum einer hier im Land einen Koordinator, was auch eine Finanzfrage ist bzw. von der gesehenen Notwendigkeit abhängt. Unser erster Stellvertreter ist dann dort eingestiegen und hat es durchgesetzt, dass es einen Koordinator im Landkreis ... geben sollte." (LK 4)*

Die Gründung von Präventionsgremien ist zudem häufig ein Ergebnis der Überzeugungsarbeit der Vertreter der Landesregierung und -verwaltung gegenüber leitenden Verwaltungsangehörigen der Landkreise und kreisfreien Städte:

„Ursprünglich war es eine Empfehlung vom Innenministerium. Der damalige Innenminister hat empfohlen auch hier Präventionsräte einzurichten, da es dies in Schleswig-Holstein bereits gab und dort sehr gut lief. Dieser Empfehlung ist man dann nachgekommen. Wir haben uns dann '95 gegründet." (LK 1)

Zwar gab es auf Ebene der Städte, Ämter und Gemeinden teilweise bereits Präventionsgremien bevor sich ein Gremium in der entsprechenden Landkreisverwaltung konstituierte. Hatte sich jedoch ein Gremium auf Landkreisebene gebildet, gab es diesseitig wiederum Gründungsimpulse an die kreisangehörigen Kommunen:

„Das ist über den Landkreis lanciert worden. Die sagten, dass wir es versuchen sollten, solch ein Gremium zu bilden. Auch im Zusammenhang mit den Schulen – wir hatten eine hohe Jugendkriminalität und versuchten, mit den Schulen so etwas auf die Beine zu stellen. Aber ausschlaggebend war der Landkreis, der es begrüßt hätte, wenn in jedem Amt so ein Gremium existieren würde. Daraufhin haben wir das gemacht und weil auch wirklich der Bedarf da war." (S 2)

„Es kam, weil wir mit dem Landkreis ... zusammenarbeiten und ich die Kollegin dort kennen gelernt habe. Dadurch haben wir festgestellt, dass wir eine Stadt sind, die noch keinen Präventionsrat hat. Da die Vernetzungen in der Stadt ... ganz gut sind, haben wir uns überlegt, auch einen Präventionsrat ins Leben zu rufen." (S 3)

373 Geschäftsführer des Landesrates für Kriminalprävention M-V.

19 der 30 örtlichen Präventionsgremien gaben an, dass bestimmte Ereignisse oder Problemlagen zur Gründung führten. Darunter spezielle Delikte wie Vandalismus, Graffiti o. ä., Probleme mit der rechten Szene, die Jungendkriminalitätsentwicklung im Allgemeinen oder das Bestreben, die Jugendarbeit oder die Vernetzung zu stärken.

Tabelle 3: Gründungsereignisse bei örtlichen Präventionsgremien

Gründungsereignis	Anzahl (n=19)
Spezielle Delikte	5
Entwicklung der Jungendkriminalität	4
Stärkung der Jungendarbeit	3
Vernetzungsbestrebungen	2
Probleme mit der rechten Szene	5

Auch wenn es zum Teil sehr frühe Gründungen von Präventionsgremien auf örtlicher Ebene gab, ist zu konstatieren, dass die Kommunale Kriminalprävention in Mecklenburg-Vorpommern zumeist eine Bewegung von oben nach unten war. Die Neuordnung der Verwaltung, die dadurch bedingte Offenheit der jungen Gebietskörperschaften und der große Anklang, den die Idee der Kommunalen Kriminalprävention in den 1990er Jahren fand, begünstigten die Entstehung zahlreicher Präventionsgremien in Mecklenburg-Vorpommern.

8.2.2 Regression

Doch der Gründungseuphorie folgte zum Teil Ernüchterung – Gremien stellten ihre Arbeit ein oder setzten diese für einen längeren Zeitraum aus. So gaben fünf befragte Gremien an, für einen Zeitraum von mehr als einem Jahr pausiert zu haben. Es ist jedoch kein verallgemeinerbarer Abwärtstrend auszumachen. Im Rahmen der standardisierten Erhebung gaben lediglich acht der 43 Befragten an, dass in ihrer Kommune das Interesse der leitenden Verwaltungsangehörigen an der Kommunalen Kriminalprävention seit Bestehen des Präventionsgremiums abgenommen habe.

Es sind zudem nicht immer die gleichen Schwachstellen, die die betroffenen Gremien in die Regression versetzten oder noch immer versetzen. Im Gegenteil – die Gründe sind vielfältig. Vor allem in Gremien auf Ebene der Städte, Ämter und Gemeinden hat schon das Ausscheiden eines engagierten Mitglieds negative Folgen. Als von den Befragten häufig benannte Ursachen sind aber fehlende inhaltliche Ausrichtung der Gremien und die schlechte Finanzlage der Kommunen auszumachen.

Abbildung 4: Interesse für Kriminalprävention in der Kommune (n = 43)

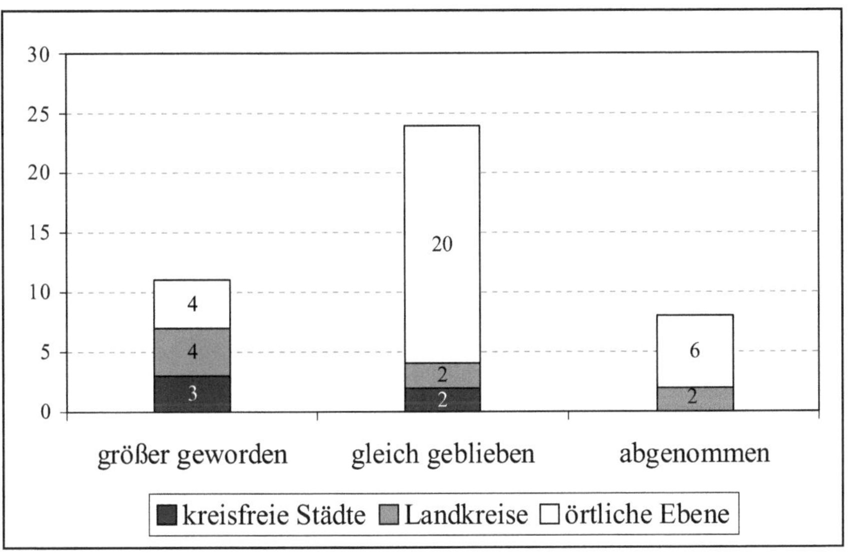

8.2.2.1. Fehlen konkreter Arbeitsinhalte

Nachdem die Institutionalisierung eines Gremiums abgeschlossen war, verfielen einige Gremien bereits in eine Sinnkrise, denn es wurde weder reflektiert, welche Funktion das gebildete Gremium einnehmen sollte, noch wurden konkrete Arbeitsziele formuliert:

> *„Das Besondere ... ist, dass es davor schon einen so genannten Präventionsrat gab. ... Das ging allerdings in die Brüche, weil es unstrukturiert lief. Dort waren bestimmte Mitarbeiter aus verschiedenen Behörden tätig, denen jedoch nicht klar war, was nun anders laufen sollte, als das, was sie in den Ämtern tun." (KfS 4)*

> *„Der Gleichstellungsbeauftragte hat berichtet, die Polizei hat berichtet, das Jugendamt hat berichtet etc. Dann wurde vielleicht mal etwas festgelegt. Aber richtige Projekte sind daraus nicht hervorgegangen. Von unserem Ausländerbeauftragten habe ich gehört, dass er sich bei der Zuarbeit von seiner Seite aus in Richtung Prävention ausgeklinkt hat. Er war da nur der*

Auslöser aber viele haben ähnlich gedacht. Es ist schwierig, dieses Gremium so zum Arbeiten zu bringen, dass sie wirklich steuern und lenken, solange man nicht ein ganz konkretes Projekt hat. Bei einem Projekt fragt die Arbeitsgruppe ganz genau nach. Wir versuchen jetzt, das so auf die Beine zu stellen." (KfS 5)

8.2.2.2 Finanzielle Notlagen

Aber auch die schlechte finanzielle Situation der Kommunen setzt Ursachen für den Abwärtstrend in den kriminalpräventiven Gremien. Die staatlich subventionierten Beschäftigungsverhältnisse der Koordinatoren wurden nicht in von der Kommune finanzierte Stellen überführt. Kommunen, die bereits eine hauptamtliche Koordinationsstelle aus eigenen Mitteln finanzierten, suchten und fanden Wege, die Höhe der Aufwendungen und damit die Ausstattung der Koordinatorenstelle zu reduzieren. Träger sozialer Arbeit brachen mit der veränderten rechtlichen Ausgestaltung von ABM-Stellen und der Reduzierung finanzieller Zuschüsse weg. Damit schieden Vertreter wichtiger Organisationen aus den Gremien aus. Manchmal fehlte es schlicht am Eigenanteil für die Finanzierung kriminalpräventiver Projekte:

„Mittlerweile steht auch bei uns in der Tageszeitung, dass der Oberbürgermeister sagt, es gäbe nur noch zwei Bereiche für Einsparungen: Personal und freiwillige Leistungen – alles andere ist nicht mehr zu kürzen.
Also am Personal und an den freiwilligen Aufgaben wird gekürzt?
Genau. Alles andere ist schon so weit herunter gefahren. Trotzdem haben wir Schulden in einer Höhe, dass Schwerin uns die Zwangsverwaltung androht, schon für das nächste Jahr. Von daher wäre es naiv zu glauben, dass es die Kriminalprävention noch lange als freiwillige Leistung komplett bei uns geben wird ...
Was war das für ein Punkt, wonach es nicht mehr so lief?
Ich mache es fest an einer einschneidenden Haushaltssituation vor etwa drei Jahren, wo man massiv im Bereich des Jugendhaushaltes Gelder gekürzt hat. Wir haben in einem Haushaltsjahr eine Halbierung erlebt. Das hat dazu geführt, dass viele Vereine aus dem Präventionsrat ausgetreten sind ... Weil die eingegangen sind oder weil die Person, die das gemacht hat, entlassen worden ist.
Und Enthusiasten waren auch keine da und damit ganz böse Aussichten für die kommunale Kriminalprävention ...
Insofern tut es mir leid, weil vieles von dem, was wir gemacht haben, wichtig war, für Kinder, für Jugendliche, für Erwachsene." (KfS1)
„Die beste Zeit war zu Beginn. Da war noch etwas Euphorie, auch in den anderen Landkreisen. Es war Wachstum zu spüren, als die Präventionsräte

entstanden sind. Auch die Zeit, als die Geschäftsstelle über Herrn Schlender neu eingestellt wurde. Ich denke, das war die beste Zeit.
Jetzt, mit den fehlenden Haushaltsmitteln, merkt man, dass es kippt. Die Personaldecke ist zu dünn, es wird irgend jemandem mit aufgebrummt. Das kann nicht funktionieren." (LK 1)

8.3 Die Entwicklung vom Präventionsgremium zum Gremiensystem

Vereinzelt haben sich auf Ebene der Landkreise und kreisfreien Städte aus schlichten Präventionsräten komplexere Gremiensysteme, bestehend aus Lenkungsgremium, Arbeitsgruppe und Förderverein, herausgebildet, deren Existenz zuvor bereits angesprochen wurde und deren Funktion im Folgenden näher betrachtet werden soll.

8.3.1 Lenkungsgremium

Einige Kommunen verwenden den Begriff des Lenkungsgremiums oder der Lenkungsgruppe, in anderen Kommunen tragen Gruppen mit ähnlicher Funktion weiterhin die Bezeichnung Präventionsrat. Das Lenkungsgremium tagt in der Regel seltener als die Arbeitsgruppen. Es ist sozusagen die Direktion im Gremiensystem, denn hier laufen die Informationen zusammen, werden Leitlinien für die kommunale Präventionsarbeit entwickelt, die Einsetzung von Arbeitsgruppen beschlossen oder bestimmte Aufgaben an bereits bestehende Arbeitsgruppen verteilt. Zudem übernimmt das Lenkungsgremium die Aufgabe, die Vertretungsorgane[374] der Gebietskörperschaft zu informieren und zu beraten:

„... Es ist so, dass das Lenkungsgremium in regelmäßigen Abständen tagt, in diesem Jahr relativ wenig. Es findet sich zu bestimmten Themen zusammen. Dort wird dann beschlossen, ob einerseits zu wichtigen Angelegenheiten eine Arbeitsgruppe oder ein Projekt gebildet werden muss oder es kommt von unten nach oben. Das heißt, dass von anderen Gremien eine Problematik beschrieben wird, mit der Anfrage, ob man dazu vielleicht eine Arbeitsgruppe schaffen könnte. Diese Anfrage geht dann ins Lenkungsgremium, wo ein Vorschlag gemacht und darüber entschieden wird. ‚Nein' wird jedoch selten gesagt.
Wenn der Lenkungsausschuss etwas beschließt, ist das dann verbindlich?
Das wird dann umgesetzt. Wobei Korrekturen und Verbesserungen nicht ausgeschlossen sind. Erstmal ist das aber die Linie.

374 Bürgerschaft oder Kreistag.

Die haben ja keine festgelegten Kompetenzen. Es werden auch keine Beschlüsse gemacht, die sagen: ‚so ist es'. Sie geben vielmehr Aufgabenstellungen rein in die Arbeitsgruppen. Sie sagen, welches Thema zu bearbeiten ist, dann wird es bearbeitet und ein Vorschlag entwickelt, der dann wiederum ins Lenkungsgremium zurückgeht, wo empfohlen wird, es in bestimmter Weise umzusetzen. Aber das ersetzt nicht die Bürgerschaft, nur sie kann etwas beschließen.
Zum Beispiel ‚Graffiti', da ist angegeben worden, ein Handlungskonzept zu erarbeiten, das wurde erarbeitet und dann ins Lenkungsgremium gegeben, wo festgestellt wurde, dass es etwas sein könnte und die Bürgerschaft hat dann gesagt, dass sie es so haben möchte.
Das Lenkungsgremium kann nur eine Empfehlung aussprechen, es ist ja keine demokratisch legitimierte Institution." (KfS 4)

Es ist gängige Antragspraxis, dass Gremien auf Ebene der Landkreise und kreisfreien Städte Förderanträge freier Träger sammeln und mit entsprechenden Voten versehen an den Landesrat weiterleiten:

„In seiner Sitzung ... entschied der Kommunale Präventionsrat ... über Zuschussanträge von freien Trägern, die sich mit Präventionsprojekten zur Verhinderung von Kriminalität befassen. Insgesamt lagen 13 Anträge auf finanzielle Förderung durch den Landesrat für Kriminalitätsvorbeugung M-V für 2006 vor. Vertreterinnen und Vertreter der freien Träger hatten die Möglichkeit, ihre Projektideen in einem kurzen Statement dem Gremium vorzutragen. Nach eingehender und gründlicher Beratung konnten zehn Projekte dem Landesrat für Kriminalitätsvorbeugung zur finanziellen Unterstützung empfohlen werden. Inhalt der meisten Projektideen war die Verhinderung von Jugendkriminalität und die Stärkung von Demokratie und Toleranz."[375]

*„Die **Lenkungsgruppe** hat sich zu Beginn und zum Ende des Jahres getroffen, um die Präventionsarbeit kurz- oder mittelfristig mitzubestimmen. Auf der letzten Sitzung des Jahres wurde festgelegt, zukünftig 3 Termine im Jahresverlauf festzuschreiben, der 1. im Februar, um über die Prioritäten hinsichtlich der Förderfähigkeit der eingereichten Projekte abzustimmen, der 2. im Mai mit den Schwerpunkten polizeiliche Kriminalstatistik und Jugendhilfestatistik und der 3. im Oktober als gemeinsame Sitzung mit den Projektgruppenleitern bzw. Arbeitsgruppensprechern für die Auswertung des laufenden Jahres und die Vorschau auf das kommende Jahr. Die Mitglieder der*

375 Internetauftritt der Hansestadt Stralsund.

Lenkungsgruppe arbeiten persönlich oder über ihre Institutionen in den Arbeitsgruppen des Präventionsrates mit.“ [376]

Wenn das Vorhaben des Landesrates umgesetzt worden wäre, den Präventionsgremien der Landkreise und der kreisfreien Städte einen einwohnerzahlabhängigen Geldbetrag zur Verfügung zu stellen, welchen diese dann für eigene Kleinprojekte oder zur Förderung von Projekten der örtlichen Präventionsräte sowie freier Träger hätten nutzen können, wäre dem Lenkungsgremium die Aufgabe zugekommen, über diese Fördermittel zu entscheiden:

„... Die Lenkungsgruppe dient mehr dem Informationsaustausch, was in den Arbeitsgruppen geschieht. ... Der Kern des Ganzen sind ja auch die Arbeitsgruppen. Diese Lenkungsgruppe wird, wenn es diese neue Förderrichtlinie geben wird, sicherlich mehr an Bedeutung gewinnen. Ich hoffe, dass diese durchkommt.
Warum?
Weil sie [die Lenkungsgruppe] *entscheiden wird. Wir werden hier sicherlich nach Vorlage arbeiten, wie die Mittel verteilt werden könnten.“ (LK 1)*

Das Lenkungsgremium besteht zumeist aus leitenden Mitarbeitern der Behörden, Verbände und Organisationen:

„In der Lenkungsgruppe sind die Leiter, also Behördenleiter, Ämter, der stellvertretende O.B., der Polizeichef, der Chef des Stadtsportbundes. Die Entscheider eben, solche, die auf Grund ihrer Aussagen auch eine Entscheidung herbeiführen können.
Wie kam damals die Lenkungsgruppe zusammen? Hat der Oberbürgermeister sie angesprochen?
Der Ordnungsdezernent hat damals die Gründung gemacht und hat einfach alle zum Thema Jugendkriminalität dazu geholt, die ihm eingefallen sind, Polizei, Staatsanwaltschaft usw. Das war so der Start ... Man muss dazu sagen, dass die Mitglieder auch Leiter sind und wenn ein Behördenleiter sagt, etwas wird gemacht, dann wird es auch so gemacht.“ (KfS 1)
„Wer ist denn in dieser Lenkungsgruppe drin?
Da sind drin: der Leiter des Präventionsrates, der Herr ..., als stellvertretender Landrat, Herr ... von der Jugendgerichtshilfe, die Gleichstellungs- und Migrationsbeauftragte, der Fachdienstleiter ‚Ordnung',... dann ist noch der Leiter des Amtsgerichtes mit drin, der Leiter der Polizeiinspektion, ein Vertreter der Kreisvereinigung ‚Städte- und Gemeindetag', ein Jugendpfleger, ein Vertreter des Kreisseniorenbeirates, eine Kollegin vom Fachdienst

376 Internetauftritt des Landkreises Ludwigslust.

‚Gesundheit' und das staatliche Schulamt. Das ist die Lenkungsgruppe.“ (LK 1)

In Kommunen, in denen sich ein Gremiensystem herausgebildet hat, bildet das Lenkungsgremium bzw. der Präventionsrat die strategische Ebene, die Arbeitsgruppen hingegen die operative Ebene.

8.3.2 Arbeitsgruppen

20 der 43 Gremien gaben im Rahmen der schriftlichen Befragung an, Arbeitsgruppen gebildet zu haben.

Tabelle 4: Bildung von Arbeitsgruppen (n = 43)

Ebene des Präventionsgremiums	**ja**	**nein**
Kreisfreie Stadt	4	1
Landkreis	4	4
Stadt oder Gemeinde	7	12
Amt	3	5
Stadtteil	2	1
insgesamt	**20**	**23**

Es lassen sich Arbeitsgruppen unterscheiden, die gegründet wurden, um ein bestimmtes Thema zu bearbeiten oder um ein konkretes Projekt durchzuführen oder zu unterstützen. Die projektbezogenen Arbeitsgruppen sind naturgemäß zeitlich begrenzt. In den themenbezogenen Arbeitsgruppen entstehen zum Teil ebenfalls Projektideen, die dann in eigener Trägerschaft durchgeführt werden (sollen) oder für die ein freier Träger gesucht wird:

„[Die Arbeitsgruppen sind ganz] *verschieden. Die AG ‚Handlungskonzept' zum Beispiel, war eine Gruppe, die von behördlicher Seite empfohlen wurde, gegen Rechtsextremismus. Das ist eine Arbeitsgruppe, die momentan ruht. Der Druck ist ... nicht so da, sodass es keinen Sinn macht. Das ist jedoch eine AG, die man schnell reaktivieren könnte. Im Grunde genommen haben die ihre Aufgabe erfüllt. Sie machten eine Schülerbefragung, um die Schüler zu sensibilisieren, was ihnen auf jeden Fall gelungen ist.*
Die AG ‚Graffiti' ist eine Gruppe, die kontinuierlich arbeitet. Wir treffen uns regelmäßig und besprechen, wer welche Aufgaben bekommt, welche neuen

Strategien man durchführen könnte: Eigenverantwortung, Jugend einbeziehen, freie Wände etc. Die Gruppe trifft sich etwa vier- bis fünfmal im Jahr. ‚Opferschutz' ist eine AG, die ziemlich kontinuierlich, ziemlich strukturiert gearbeitet hat. Die sind an einen Punkt gekommen, dass sie ein Arbeitsergebnis hatten, nämlich die ‚Opferhotline'. Damit bin ich dann in die Welt gegangen. Der Vorschlag ... war, es mit der Telefonseelsorge zu verknüpfen, die auch einverstanden war, und Unterstützung vom Land zu bekommen. Damit bin ich dann auch im Land hausieren gegangen. Da ist aber so ein Durcheinander der Zuständigkeiten, dass es im Grunde dort hinkt. Diese AG tut mir auch leid. Sie haben so viel Herzblut und Zeit investiert und jetzt hängt es in den Ministerien in Schwerin. Ich würde den Ministern so gerne einmal sagen, was mit Bürgerengagement gemacht wird!" (KfS 4)

Nach Aussage einiger Befragter ist es vorteilhaft, die Anzahl der Mitglieder einer Arbeitsgruppe zu begrenzen, konkrete Arbeitsziele zu formulieren und die Gruppe aufzulösen, wenn das Arbeitsziel erreicht ist:

„Sie sagten: ‚nicht mehr als zehn', hat das einen bestimmten Grund?
Ja – um eine arbeitsfähige Gruppe zu sein.
Es ist also Ihre Meinung, dass es nicht zu viele werden sollten?
Meine Erfahrungen zeigen, dass sechs bis zehn Leute eine Gruppe sind, die am Tisch sitzen und auch alle da sind, das ist viel wichtiger."
(KfS 4)

„Dieses Arbeitsgruppen-Modell ist nicht mehr flexibel genug für die Zeit, in der wir jetzt sind. Wir wollen eine Lenkungsgruppe haben und Arbeitsgruppen. Wir wollen Arbeitsgruppen haben, die fest sind, aber [das soll] *nicht die Regel* [sein], *sondern wir wollen uns darauf orientieren, in bestimmten Situationen eine AG gründen zu können.*
Das war bisher nicht so?
Bisher hatten wir feste AGs. Wir wollen aber die Leute zusammensuchen, die wir brauchen, um eine AG zu gründen, die aber nicht statisch sein soll. Sie wird aufgelöst, wenn das Thema abgehandelt ist. Dadurch wird die Struktur flexibler. So etwas hat sicherlich auch Nachteile. Man lernt sich nicht richtig kennen, man arbeitet ein Thema ab. Vielleicht kennt man sich dann, wenn es ein längeres Prozedere ist, vielleicht auch nicht. In einer [festen] *AG kennt man sich irgendwann." (KfS 1)*

„Also eine kleine Arbeitsgruppe, zeitlich begrenzt?
Ja – die löst sich aber nachher sofort auf. Wenn eine Veranstaltung vorüber ist, wird noch eine Auswertung gemacht und dann ist die Arbeit erledigt. Man muss konkret bei bestimmten Veranstaltungen nur diejenigen haben, die etwas machen. Man trifft sich einmal, um die Grundlinie festzulegen. Bei

der nächsten Sitzung bekommt jeder seine Aufgabe und dann läuft das. Insgesamt trifft man sich so drei- bis viermal." (LK4)

Zu dieser Beurteilung kommen einige Befragte, weil die Dynamik fester, zeitlich unbegrenzter Arbeitsgruppen im Verlauf der Zeit verloren gehen kann, denn diese hängt von Einzelpersonen ab, deren Engagement auf Dauer nicht auf gleichem Niveau verbleibt:

„Nur bei den statischen AGs mache ich mir Sorgen. Da kommt dann oft eine berufliche oder persönliche Veränderung mit ins Spiel. Da kommt das burn-out-Syndrom in den Arbeitsbereich. Wenn man dann zwanghaft nach Themen sucht, fragt man sich auch, warum man da sitzt. Wir haben deswegen gesagt, dass wir solche Arbeitsgruppen auflösen möchten." (KfS 1)

*„Wir haben einmal eine Arbeitsgruppe einstellen müssen. ... Die ganze Sache war etwas verkrampft. Einige Mitglieder hatten auch gerade berufliche Veränderungen, sodass wir das dann eingestellt haben."
(LK 1)*

Es gibt aber durchaus auch positive Erfahrungen mit festen, auf Dauer angelegten Arbeitsgruppen:

„Es sind auch aus der Lenkungsgruppe ganz viele Leute in den Arbeitsgruppen. Zum Beispiel leitet Herr ... selber eine Arbeitsgruppe. Die kommen auch nicht nur zweimal im Jahr zusammen.
Sind Sie auch in einer Arbeitsgruppe?
Ich bin in allen, weil ich als Koordinatorin sowieso in allen Gruppen bin, um Protokolle zu schreiben etc.
Kommen immer alle Mitglieder zu den Sitzungen oder wer ist der ‚harte Kern'?
Ich muss sagen, dass auch das sehr gut funktioniert. Wenn wir im Schnitt zehn, elf Leute sind, dann sind immer mindestens acht auch da. Wir haben auch in jeder Arbeitsgruppe jemanden, der nicht ganz so aktiv ist, der nur dann kommt, wenn es ihn interessiert. Aber im Großen und Ganzen haben wir damit keine Probleme. Die Arbeitsgruppen treffen sich auch nicht nur viermal im Jahr. Wenn wir etwas Aktuelles haben, dann treffen wir uns auch aus gegebenem Anlass. Damit bin ich ganz zufrieden.
Die Struktur mit den Arbeitsgruppen hier, halten Sie diese für ideal oder steht da eine Veränderung an?
Im Moment sind wir damit sehr zufrieden und haben nicht vor, daran etwas zu verändern. Die AGs sind sehr aktiv, es funktioniert gut und die Ergebnisse sind handfest. Von daher besteht auch das Interesse der Mitglieder, weiter zu machen." (LK 1)

8.3.3 Förderverein

Im Jahr 2008 bestehen nur in den kreisfreien Städten Greifswald und Stralsund Vereine, welche die Präventionsarbeit unterstützen. Diese Unterstützung ist zumeist finanzieller Art:

> ***„Es gibt* [hier] *auch einen Förderverein. Wurde dieser gegründet, damit die Stadt leichter an Geld heran kommt?***
> *So ist es. Er wurde im Jahr 2000 gegründet.* [Unsere Stadt] *hat, das möchte ich behaupten, einen der besten Fördervereine hier in M-V. So viele gibt es ja nicht.*
> ***Warum kommt man durch einen Förderverein leichter an Geld?***
> *Es ist so, dass die Behörden immer auf Fördermittel angewiesen sind, sei es vom Land oder sonstiges. Ein gemeinnütziger Präventionsverein kann dadurch auch Firmen ansprechen, bzw. es sind auch Firmen im Förderverein mit drin. Das ist die Aufgabe des Fördervereines.*
> ***Die können dann Geld einfließen lassen?***
> *Ja. Der Verein bekommt dieses Geld und kann dafür Spendenbescheinigungen ausstellen. Je nach Vereinszweck kann das Geld dann ausgegeben werden.*
> *In* [unserer Stadt] *wurde der Verein gegründet, weil man sich sagte, man möchte Projekte im Bereich der Prävention fördern, also nicht selber initiieren. Sie sind keine Initiatoren, sie wollen unterstützen. Die Vorstände gehen in die Firmen, stellen ein Projekt vor und fragen, ob die Firma dafür Geld aufbringen möchte.*
> ***Wieso funktioniert das hier so gut?***
> *Das hat immer etwas mit Personen zu tun. Wir haben hier einen Vorsitzenden, ... er engagiert sich mit Herzblut. Es ist wichtig, dass jemand dahinter steht. Wenn ein Projekt gut läuft, man Erfolg hat, wird man auch wieder von anderen gelobt, was natürlich sehr motiviert.*
> *Die Firmen bekommen mit, dass das Geld für eine gute Sache investiert wurde, sie werden erwähnt und beim nächsten Mal geben sie wieder gern.*
> ***Kann man sagen, dass der Förderverein ein nennenswerter Geldtopf ist, aus dem man schöpfen kann?***
> *Das ist der Geldgeber für die Präventionsarbeit. Die Stadt gibt nicht so viel, kann sie auch nicht.*
> ***Werden die Firmen bei öffentlich wirksamen Veranstaltungen wie dem Präventionstag genannt?***
> *Genau. Die werden eingeladen, sehen was passiert. Dadurch laufen auch kleine Projekte, für die man ca. 500 Euro braucht ohne Probleme." (Greifswald)*

Die Befragten berichten durchweg von sehr positiven Erfahrungen, die sie mit den Fördervereinen machen. Die Unterstützung durch die Fördervereine beläuft sich jedoch nicht nur auf finanzielle Hilfe. In einer Kommune sind die aktiven Mitglieder des Fördervereins zahlreich im Präventionsrat vertreten, gestalten die präventiven Aktivitäten der Kommune also auch inhaltlich mit:

„Ein paar Jahre nach Erschaffung des Präventionsrates hatten wir uns überlegt, dass wir auch ein Gremium bräuchten, in dem Förderprojekte umgesetzt werden, wo Spenden eingesetzt werden, als Stadt können wir ja keine Spenden einnehmen. Wir brauchten also einen gemeinnützigen Verein, der auch in der Lage ist, Spendenbescheinigungen auszugeben und deswegen haben wir diesen Verein gegründet." (Stralsund)

Der Förderverein ist hier sogar Träger eigener Projekte, deren Reichweite folgende Auswahl an Kurzbeschreibungen einiger Projekte verdeutlichen soll:

„Sport statt Gewalt *– Unter diesem Motto steht eine Veranstaltungsreihe des Vereins. Unter anderem werden Selbstverteidigungskurse für Frauen oder Veranstaltungen für Senioren angeboten.*
Mehr Sicherheit für Senioren *–‚Angst macht einsam, besonders im Alter – Vertrauen und Wissen löscht Angst und macht stark!'*
Frauen zeigt Stärke *– Frauen und Mädchen sind vielfältigen Belästigungen ausgesetzt. Sie müssen lernen mit der natürlichen Angst umzugehen, sie zuzulassen und in die Bahnen der erhöhten Aufmerksamkeit umzulenken, um sich im Notfall auch ‚schlagkräftig' verteidigen zu können.*
Mein Körper gehört mir *– Das Projekt richtet sich gegen sexuellen Mißbrauch von Kindern, stärkt das Ich, das Selbstvertrauen, die Bereitschaft zur Abwehr von Übergriffen und die Suche nach der Hilfe Dritter. Es hilft, das Schweigen zu brechen, das den Täter schützt und das Opfer isoliert."*[377]

8.4 Die Akteure der Kommunalen Kriminalprävention

8.4.1 Koordinatoren

Die Koordination der Präventionsgremien erfolgt zumeist durch Mitarbeiter der Verwaltung der jeweiligen Gebietskörperschaften. Nur auf Ebene der Städte, Ämter, Gemeinden und Stadtteile gibt es Koordinatoren, die dieser Tätigkeit ehrenamtlich nachgehen. Ein Großteil der Verwaltungsmitarbeiter führte die Koordinationsaufgaben im Rahmen ihrer Tätigkeit in der Verwaltung als Zusatzaufgabe aus, ohne dass dafür ein bestimmtes Zeitbudget als Freistellung von der

377 Internetauftritt der Hansestadt Stralsund.

Hauptaufgabe festgeschrieben ist. Mitarbeiter, die über eine Freistellung von ihrer sonstigen Tätigkeit für die Koordinierung der Präventionsräte verfügen, gibt es vorwiegend auf Ebene der Landkreise und kreisfreien Städte[378] – auf Ebene der örtlichen Präventionsgremien ist dies eine Ausnahmeerscheinung. Dabei bildet eine Freistellung von zehn Wochenstunden bereits das Maximum.

Zwei Landkreisgremien und ein Gremium einer kreisfreien Stadt wurden zum Zeitpunkt der Befragung hauptamtlich koordiniert.

Tabelle 5: Status der Koordinatoren (n = 43)

Ebene des Präventionsgremiums	Hauptamtlich	Freistellung	i. R. d. Verwaltungstätigkeit	Ehrenamtlich
kreisfreie Städte	1	4	0	0
Landkreis	2	3	3	0
örtliche Ebene	0	4	18	8
insgesamt	**3**	**11**	**21**	**8**

Ein Interviewpartner hebt hervor, dass es für die Kontinuität und die Akzeptanz der Präventionsarbeit sehr bedeutend ist, dass die Koordinationsstelle an die Verwaltung der Gebietskörperschaft angebunden ist:

„In der Verwaltung auf jeden Fall. Auf keinen Fall sollte es bei einem Verein angebunden sein, der jedes Jahr um Geld bitten muss, damit er diese Stelle halten kann. Es gibt in jedem Jahr neue Zuweisungen und auch die Akzeptanz ist eine ganz andere, ob ich mich mit ‚Landkreis' melde oder als ‚Verein'. Ich denke schon, dass das etwas ausmacht. Auch der Mittelfluss ist in Zeiten leerer Kassen ein anderer." (LK 1)

Der berufliche Werdegang der Verwaltungsmitarbeiter in den neuen Bundesländern ist häufig von großen Veränderungen in den Wendejahren geprägt. Aufgrund dessen sind die beruflichen Hintergründe der Koordinatoren auch sehr verschiedenartig, was die folgenden Passagen verdeutlichen sollen:

„Ich habe an der Universität gearbeitet, in der Lehre und hatte ein sehr exotisches Fach ... Ich fragte mich, ob sich [die] *Uni solch ein exotisches Fach auf Dauer leisten wird ... In den Wirren der Wende fragte ich mich, ob*

378 Siehe dazu *Kap. 8.1.3.*

ich nicht vielleicht doch noch etwas anderes, mehr im politischen Bereich machen möchte. Das waren so die Motivationen." (KfS 4)

„Ich war davor Lehrer, bin aber schon vor der Wende aus diesem Beruf ausgestiegen, weil man mir angeboten hatte, eine Behindertenwerkstatt aufzubauen." (LK 4)

„Ich habe dann im Januar eine ABM-Stelle bekommen, über die Gleichstellungsbeauftragte zum Thema ‚Prävention und Sexueller Missbrauch'. Wir waren mehrere Angestellte und ich wurde dann gefragt, ob ich die Koordination übernehmen würde. Auch erst als ABM und dann LKZ [Lohnkostenzuschuss]. *Schließlich wurde ich fest übernommen. ... Ich war Lehrerin für Geschichte und Staatsbürgerkunde. Das war auch der Grund, warum ich aufhören musste.*
Mussten alle Staatskundelehrer aufhören?
Sehr viele. Ich war an einer beruflichen Schule und dann war Schluss." (LK 1)

„Ich war früher Erzieherin und dadurch kennt man sich hier untereinander." (S3)

„Seit wann sind Sie in der Verwaltung tätig? *Seit 1990.* ***Und was haben Sie davor gemacht?*** *Davor war ich Leiterin des Clubhauses der Werft ..." (S4)*

Das Arbeitsfeld der Koordinatoren reicht von rein organisatorischen Tätigkeiten bis hin zu einer umfassenden inhaltlichen Gestaltung der Präventionsarbeit der Gebietskörperschaft:

„Sind Sie dann in allen Arbeitsgruppen mit drin?
Ich koordiniere. Ich bin grundsätzlich mit drin und mache die Logistik usw.
Also Räume organisieren, Protokolle schreiben, Einladungen etc.?
Ja – aber auch das Inhaltliche – wer ist dafür zuständig, wen kann man anfragen, wie sieht es aus mit Fördermitteln, Aufbereiten, Material mitbringen etc." (KfS 4)

„Haben Sie sich diese Projekte selber ausgedacht oder mit dem Präventionsrat erarbeitet?
Manchmal denke ich mir so was auch alleine aus. Wir haben ja zwei Sitzungen mit dem Präventionsrat. Dort werden dann solche Projekte besprochen. Die Ideen kommen meistens von mir. Die anderen sagen dann ja oder nein oder bringen etwas anderes auf den Tisch.
Es muss in jedem Kreis einen Koordinator geben, weil die Arbeit meistens von einer Person abhängt." (LK 4)

*„**Sind Sie auch in einer Arbeitsgruppe?***
Ich bin in allen, weil ich als Koordinator sowieso in allen Gruppen bin, um Protokolle zu schreiben etc.
Dann wissen Sie auch über alles Bescheid?
Ja, genau. Da wir mit allen Arbeitsgruppen bisher noch nicht zusammengekommen sind, informiere ich die einzelnen AGs auch immer über die anderen." (LK 1)

„[Der Koordinator ist] *der Punkt, an dem alles zusammenläuft, an den die Anfragen gestellt werden. Ich stimme dann auch mit dem Bürgermeister ab, was man tun muss und welche Informationen nach draußen gegeben werden müssen.*
Wie viele Wochenstunden investieren Sie ungefähr in die Präventionsarbeit?
Eigentlich lässt sich das sehr schwer einschätzen. Insgesamt würde ich sagen, ist die Präventionsarbeit in jeder meiner Tätigkeiten verankert. ... Ich würde sagen zwei bis vier Stunden pro Woche, mal mehr, mal weniger ... Es muss auch jemand da sein, der die Sache ständig betreut und am Laufen hält. Ich versuche so gut es geht, die Sitzungen einzuberufen, die Aufgaben zu formulieren, zu überwachen, damit die Arbeit erfolgen kann." (S4)

Im Idealfall ist der Koordinator die Schnittstelle zwischen Verwaltungsleitung und Arbeitsgruppen, in der alle Informationen zusammenlaufen. Hier werden theoretische Kenntnisse zur Kriminalprävention und Informationen zu Fördermöglichkeiten bereitgehalten. Der Koordinator fungiert als inter- und außerkommunaler Ansprechpartner.

Welches Aufgabenspektrum durch den Koordinator abgedeckt werden kann, ist davon abhängig, wie die Koordinationsstelle zeitlich und personell ausgestattet ist:

*„**Reicht Ihnen die Zeit?***
Naja – es ist von Anfang an unser Problem gewesen, dies schwer einschätzen zu können. Wenn bestimmte Schwerpunkte anstehen, z. B. das Vorbereiten einer Sitzung des Präventionsrates oder eine Abstimmung mit der Polizei, in Einzelfällen reicht die Zeit sicherlich nicht. Im Großen und Ganzen [erledige ich die] *Aufgaben, strikt danach, wie die Arbeit vorgesehen war, einfach Vor- und Nachbereitung, ohne inhaltliche Beteiligungen kommt man mit der Zeit hin ...*
Ich gehe aber davon aus, dass, wie in allen Arbeitsgruppen jemand gebraucht wird, der richtig drückt. Es würde mich freuen, wenn ich das nicht machen müsste, aber allein um die Verbindung zwischen [Verwaltungs-

spitze] *und der Arbeitsgruppe zu halten, halte ich es für wichtig, dass ich dabei bin. Aber: Zeitproblem." (KfS 5)*

„Wir können uns nicht mit den kreisfreien Städten ... , die dann einen Hauptamtlichen haben, der nur oder überwiegend Präventionsarbeit leistet, vergleichen. Hier geht das mehr neben meinem eigentlichen Hauptaufgabengebiet." (LK 5)

Einige Befragte berichteten von Zeitabschnitten, in denen die Koordinationsarbeit durch weitere Mitarbeiter Unterstützung fand und bewerteten dies sehr positiv:

„Ich hatte eine Zeit lang [eine] *ABM*[-Kraft] *und jetzt habe ich einen Ein-Euro-Jobber.... Momentan habe ich* [auch] *eine Praktikantin, die mir hilft ...Es kommt auch immer darauf an, was man für Leute hat. Einmal hatte ich eine Studentin, die ihr Studium abgebrochen hatte. Sie konnte mir natürlich bei vielen Dingen helfen. Auch beim inhaltlichen Organisieren von Veranstaltungen oder beim Beschaffen von Material. Ansonsten könnte ich viel weniger machen." (KfS 4)*

„Wir hatten eine Phase, in der es sehr gut lief. Da hatte ich einen Praktikanten von der Fachhochschule für ein halbes Jahr. Da habe ich festgestellt, dass es das Optimum war, was die Koordination angeht.
Konnte man sich gegenseitig gut befruchten?
Einmal das. Zweitens konnte man auch viel direkter in Projektarbeit einsteigen ..., wodurch man den Projekten besser helfen konnte. ... Es ist wichtig, auch zu beraten.
Ein Koordinationsteam wäre also ideal?
Ja – das auch einen fachlichen Hintergrund hat ... Ein fachlicher Hintergrund sollte schon da sein. Und, was ich festgestellt habe, man sollte sich nicht nur bedingt mit Gesetzen auskennen."(KfS 1)

„Man könnte viel mehr schaffen, wenn man nicht alleine wäre, aber das ist dann schon zu ideal. Es wäre auch toll, wenn noch jemand in der Geschäftsstelle wäre, damit man sich austauschen könnte und auch die Arbeitsgruppen besser betreuen könnte." (LK 1)

So ist abzusehen, dass die Qualität der Präventionsarbeit abnehmen wird, wenn die Ausstattung der Koordinatorenstellen weiterhin rückläufig ist. Hauptamtliche Koordinatoren haben die Möglichkeit sich fortzubilden und die Präventionsarbeit inhaltlich zu prägen. So kann es kaum verwundern, dass die Befragten sich für die hauptamtliche Koordination aussprechen und den Rückgang derartiger Stellen beklagen:

„Aber das Problem ist immer, wenn es jemand mit machen muss [als Zusatzaufgabe], *kann noch so viel guter Wille da sein, das kann man nicht leisten. Es wird immer das fünfte Rad am Wagen sein.*
Was denken Sie über die Strukturen im Land? Woran liegt es, dass manche Koordinatoren wegfallen?
Die beste Zeit war zu Beginn. Da war noch etwas Euphorie, auch in den anderen Landkreisen ... Jetzt, mit den fehlenden Haushaltsmitteln, merkt man, dass es kippt. Die Personaldecke ist zu dünn, es wird irgend jemandem mit aufgebrummt. Das kann nicht funktionieren." (LK1)

„Hatten Sie früher dafür eine ganze Stelle, also 40 Wochenstunden?
Ja – diese Konstellation mit der 20%- Stelle ist neu. Ich versuche so gut es geht, die Dinge weiterzumachen, aber es geht kaum." (KfS1)

„Reicht dieser Zeitansatz?
Der reicht sicherlich nicht. Wir hatten ja vorher eine 36-Stunden-Stelle. Wenn man das dementsprechend weiter führen wollte, dafür reichen zehn Stunden nicht. Von der Organisation haben wir das nun etwas anders geregelt. Unser Sekretariat arbeitet jetzt viele organisatorische Dinge, wie z. B. die Post, ab. Dadurch kann ich mich mehr um die ... inhaltlichen Dinge kümmern." (LK 3)

„Wenn man jemanden hauptamtlich beschäftigt, kann dieser viel mehr Motorik hineinbringen. Ich, als Beispiel, habe noch eine Menge andere Aufgaben." (S1)

„Wir hatten mehrere Koordinatorinnen, immer über ABM, also über den zweiten Arbeitsmarkt, weil das für uns eine freiwillige Aufgabe ist. Gesetzlich ist das nicht festgelegt, dass wir so etwas machen müssen. Demzufolge ist es genauso wie Theater etc. alles freiwillig. Die letzte Koordinatorin war ... acht Jahre lang dabei. Sie hat alle Möglichkeiten der Förderung, die das Arbeitsamt geboten hatte, genutzt. Um daraus eine kontinuierliche Arbeit zu gestalten, haben wir uns überlegt, dass unsere Gleichstellungsbeauftragte, ... die hauptamtlich tätig ist, von ihrer Stelle 20% abgibt, also einen Tag pro Woche, um Präventionsarbeit zu machen, die anderen 80% werden genutzt für Gleichstellungsbelange ...
Es ist schwierig, wir hätten ja gerne ein bisschen mehr Geld, um jemanden hauptamtlich einzustellen. Das muss aber alles über ABM geregelt werden ...
Wir können uns auch vorstellen, noch mehr zu machen, das geht aber nur innerhalb eines bestimmten Bereiches, da unsere Koordinatorin nur einen Wochentag zur Verfügung hat ...

Es fehlt uns eben auch die Unterstützung vom Land. Genauso, wie das Land sagt, wir brauchen eine Gleichstellungsbeauftragte, könnten die genauso gut sagen, wir brauchen einen Kommunalpräventionsrat, dem man auch genau sagen kann, was er machen soll. Dadurch hätte man es wesentlich leichter, aber so etwas gibt es ja nicht ...
Ich denke das Problem ist ähnlich gelagert wie in anderen Bereichen. Wir haben dieses im Behindertenbereich, im Ausländerbereich, im Bereich des Jugendschutzes, all das sind Aufgaben, die im Bereich der kommunalen Selbstverwaltung liegen. Da diese nicht vom Gesetzgeber vorgesehen sind, bzw. nicht genau geregelt sind, haben wir in diesen Bereichen das Problem der Finanzierung ...
Genauso, wie sich jede Gemeinde einen Jugendschutzbeauftragten wünscht, wäre ein Präventionsbeauftragter auch wünschenswert." (KfS2)

Die vorstehende Aussage verdeutlicht das strukturelle Problem der Kommunalen Kriminalprävention. Die hauptamtliche Koordinierung der kriminalpräventiven Aktivitäten auf Ebene der Landkreise und kreisfreien Städte ist eines der wichtigsten Strukturmerkmale für eine dauerhafte und effektive Arbeit der Gremien. Für den Erhalt und Ausbau der Kommunalen Kriminalprävention in Mecklenburg-Vorpommern ist es deshalb von kaum zu überschätzender Relevanz, den Abbau hauptamtlich koordinierter Gremien zu stoppen und eine Grundlage dafür zu schaffen, dass sich wieder mehr Kommunen dazu entschließen, hauptamtliche Stellen für die Koordinierung ihrer Gremien bereit zu stellen. Die einzig wirksamen Instrumente hierfür wären ein Präventionsgesetzt, dass die Berufung von hauptamtlichen Koordinatoren ab einer bestimmten Einwohnerzahl der Gebietskörperschaft vorsähe oder der Abschluss von Zielvereinbarungen mit einzelnen Landkreisen und kreisfreien Städten, die u. a. diesbezügliche Verpflichtungen enthielten.[379]

8.4.2 Vorsitzende

Den Vorsitz der Präventionsgremien haben zum ganz überwiegenden Teil Bürgermeister, Landräte oder andere leitende Verwaltungsmitarbeiter inne.

379 Vgl. hierzu auch *Kap. 9.3.*

Abbildung 5: Vorsitzende der Gremien (n = 43)

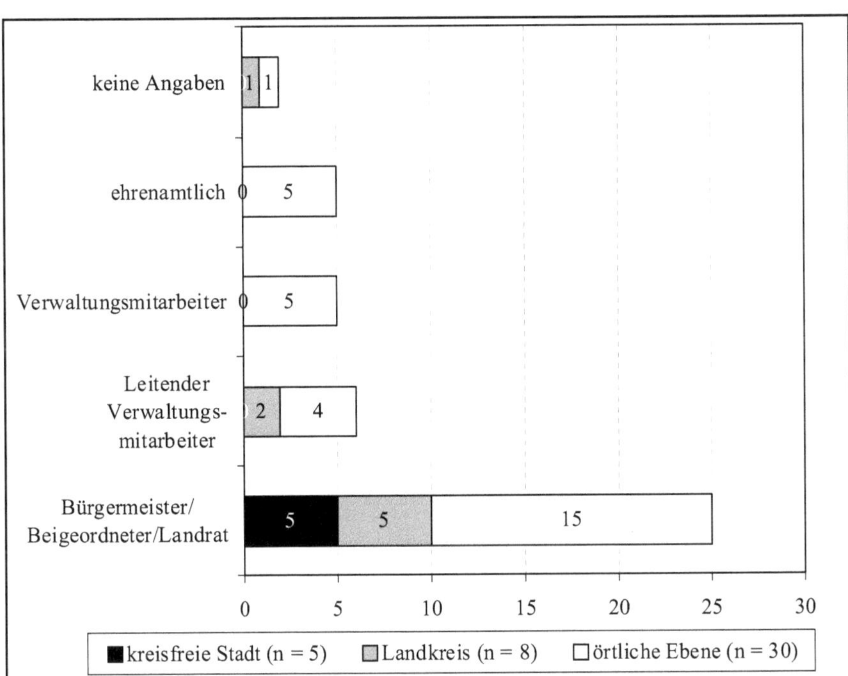

In den fünf Gremien der kreisfreien Städte ist entweder der Oberbürgermeister oder sein Beigeordneter bzw. Stellvertreter Vorsitzender des Gremiums. Und auch in den Landkreisen haben in fünf Fällen der Landrat oder dessen Stellvertreter den Vorsitz. In zwei Fällen sind die Vorsitzenden leitende Verwaltungsmitarbeiter. Auf Ebene der Städte, Ämter, Gemeinden und Stadtteile stehen in 19 von 30 Fällen der Bürgermeister oder Verwaltungsleiter dem Gremium vor. In fünf Fällen sind die Vorsitzenden Verwaltungsmitarbeiter. In Form eines Ehrenamts üben auf der örtlichen Ebene fünf Vorsitzende diese Tätigkeit aus.

Da die Vorsitzenden häufig der Verwaltungsspitze angehören und sie dadurch entsprechende Einflussmöglichkeiten haben, prägt ihre Einstellung zur Kriminalprävention auf kommunaler Ebene entscheidend die Arbeit der Präventionsgremien:

„Wir haben das Glück, dass es bei uns so kontinuierlich läuft und die Arbeit von Verwaltungsebene und Vorstandsebene sehr akzeptiert wird.

Warum ist der Vorsitzende so engagiert?
Weil das sein Hintergrund ist. Er ist stellvertretende Landrat und war vorher Jugendamtsleiter. Er erkennt den Sinn dieser Präventionsarbeit an. Er selbst ist auch im Vorstand des Freizeithauses. Auch der Landrat steht dahinter. Das ist natürlich auch Glück, dass die Personen, die Einfluss haben, diese Sache gut finden." (LK 1)

8.4.3 Bürger

Bürgerbeteiligung findet in den Präventionsgremien Mecklenburg-Vorpommerns kaum statt. Auf Ebene der kreisfreien Städte und Landkreise sind lediglich in einem Gremium „funktionslose" Bürger vertreten. Der Begriff „funktionslos" will hierbei zum Ausdruck bringen, dass diese Mitglieder nicht über ihr Engagement in Vereinen, Verbänden, Parteien o. ä. hinaus in den Gremien vertreten sind. In den 30 befragten Gremien auf Ebene der kreisangehörigen Städte, Ämter und Gemeinden gaben lediglich neun der Gremien an, dass unter ihren Mitglieder Bürger sind. In den Interviews wurde dann zum Teil deutlich, dass die Befragten den Aspekt der Bürgerbeteiligung als weniger wichtig oder gar als störend empfinden:

„Für wie wichtig halten Sie Bürgerbeteiligung?
Ehrlich gesagt halte ich es für nicht wichtig. Es steht ja auch keine Entscheidungsgewalt dahinter. Über die Beratungsstellen haben wir ja Kontakt zu Bürgern. Von daher halte ich Bürgerbeteiligung in diesem Gremium nicht für wichtig." (LK1)

„Bürgerbeteiligung muss natürlich sein, aber nicht im Präventionsrat. Wir haben hier einen Kern und laden dann Leute ein, die als Multiplikatoren fungieren, z. B. den Chef der Elternvertretung oder den Jugendclubleiter ...
Die würden Sie dann aber einladen, oder?
Ja, die würden wir einladen. Wir haben uns diese Frage noch gar nicht gestellt, ob unsere Sitzungen öffentlich sind oder nicht. Wir haben eingeladen, aber nicht öffentlich. Doch, bei zwei Veranstaltungen haben wir das mal gemacht.
Sie kommen gerade ins Grübeln?
Das ist eine Frage, mit der man sich einmal beschäftigen müsste: Sollte man öffentlich einladen? Vielleicht gibt es ja Leute, die sich gerne einbringen würden. Es ist aber schwierig, weil man nie weiß, wen man sich heran holt. Ich möchte auch nicht, dass der Präventionsrat eine ‚Klönrunde' wird. Ein Ziel muss verfolgt werden." (KfS 6)

Zum einen wird also erwartet, dass das Gremium weniger effektiv arbeiten würde. Zum anderen kommen bei den Befragten die bereits in der Literatur formulierten Befürchtungen der „Jedermannszuständigkeit“ zum Tragen. So macht das folgende Beispiel deutlich, welche Folgen basisdemokratische Ausrichtungen von Präventionsgremien haben können:

> ***„Kommen auch mal Bürger dazu?***
> *Nein, absolut nicht. Das ist auch bisher nicht gewollt. Welchen Sinn würde es machen, öffentliche Kreispräventionsratssitzungen zu machen, außer ein bisschen Medienrummel? Aus der Sicht, einmal alle Gemeindevertreter einladen zu wollen, haben wir auch einmal versehentlich den Vorsitzenden der NPD eingeladen, er war Kandidat bei der Landtagswahl. Er stand dann mit 15 Leuten vor der Tür. Wir sagten, dass es eine Einladungsveranstaltung sei und dass er alleine gerne hereinkommen könne. Man muss wissen, was man bei einer Veranstaltung möchte.“ (LK 2)*

8.4.4 Weitere Mitglieder der Präventionsgremien

Um einen Überblick über die Mitgliederstruktur der Gremien zu erhalten, wurden die vielen verschiedenen Angaben kategorisiert. Dabei konnten 10 Gruppen herausgestellt werden, weil die Mitglieder der Präventionsgremien relativ häufig aus diesen Bereichen stammen. Dieser Überblick macht keine Aussagen über die jeweilige Mitgliederanzahl in den Gremien, noch kann er der kreativen Zusammensetzung der Gremien gerecht werden. So gibt es vereinzelt auch Mitglieder aus anderen Bereichen, die nicht in einer Kategorie zusammengefasst werden konnten und hier nicht abgebildet werden. Der Überblick kann aber Informationen darüber liefern, welche Interessensgruppen in den Präventionsgremien vertreten sind.

Auffällig ist, dass die Bereiche Verwaltungsleitung, Ordnungsamt, Polizei, Vereine und Verbände sowie die Interessenvertreter Jugendlicher sehr häufig in den Gremien vertreten sind. Dagegen sind Bürger, Vertreter von Kirchen und Unternehmen selten Mitglieder der Präventionsgremien.

Für den Bereich der Justiz, dazu zählen Richter, Staats- und Rechtsanwälte, ergibt sich die Besonderheit, dass dieser auf Ebene der Landkreise und kreisfreien Städte häufig und auf örtlicher Ebene recht selten in den Gremien vertreten ist. Zudem war im Rahmen der schriftlichen Befragung auffällig, dass die Zusammenarbeit mit der Staatsanwaltschaft häufig kritisiert wurde. Durch die Interviews könnte der Grund, den die folgende Textpassage beispielhaft verdeutlicht, eruiert werden:

> *„Das liegt an dem Rotationssystem bei der Staatsanwaltschaft. Wir hatten schon eine sehr gute Zusammenarbeit mit einer Staatsanwältin, die Jugendstaatsanwältin war. Sie hat damals auch diese Arbeitsgruppe mit aufgebaut. Sie hatte auch ein großes Interesse, weiter mitzumachen. Aber durch dieses Rotationssystem sind dort ständig neue Leute. Von daher taucht mal einer*

auf und beim nächsten Mal wieder nicht. Das ist für uns nicht so schön. Gerade die Arbeitsgruppe ‚Jugenddelikte' ist häufig zusammengekommen, wo die Staatsanwaltschaft nicht dabei war. Das ist dann für die anderen etwas frustrierend." (LK1)

„Ist die Staatsanwaltschaft trotz des Rotationsprinzips dabei oder war sie schon einmal dabei?
Ja. Man bekommt aber keine kontinuierliche Arbeit mit ihnen hin. Das ist sehr unbefriedigend. Sie haben auch eine interessante Perspektive, die einen selbst auch wieder auf den Boden bringt. Für [unsere Stadt] *können wir uns das aber abschminken ... eine Kontinuität bekommen wir nicht hin. Da wir auch eine klare Mitgliedermenge haben – von nicht mehr als zehn – haben wir dann auf die Staatsanwaltschaft verzichtet." (KfS 4)*

In den Interviews bestätigte sich das Bild über die typische Zusammensetzung der Präventionsgremien. Den Kern der Gremien bilden Vertreter:

- der Leitung der Kommunalverwaltung;
- der Ordnungsverwaltung;
- der Polizei;
- der Justiz (auf Ebene der Landkreise und kreisfreien Städte);
- der Jugendarbeit3 und Schulen
- und der Träger sozialer Arbeit (Vereine und Verbände).

Tabelle 6: Vertretene Bereiche in den Gremien

Bereich	**Anzahl der vertretenen Bereiche in den Gremien der Gebietskörperschaften**			
	Kreisfreie Städte n = 5	Landkreise n = 8	örtliche Ebene n = 30	insgesamt n = 43
Bürgermeister/Landrat/o. ä.	5	5	27	37
Jugendamt/Jugendhilfe	5	6	21	32
Schulamt/Schule	5	5	30	40
Ordnungsamt	5	6	18	29
Polizei	5	6	30	41
Justiz	4	6	5	15

Bereich	Anzahl der vertretenen Bereiche in den Gremien der Gebietskörperschaften			
	Kreisfreie Städte n = 5	Landkreise n = 8	örtliche Ebene n = 30	insgesamt n = 43
Kirche	2	1	12	15
Vereine/Verbände	5	4	20	29
Unternehmen	2	0	6	8
Bürger	1	0	9	10

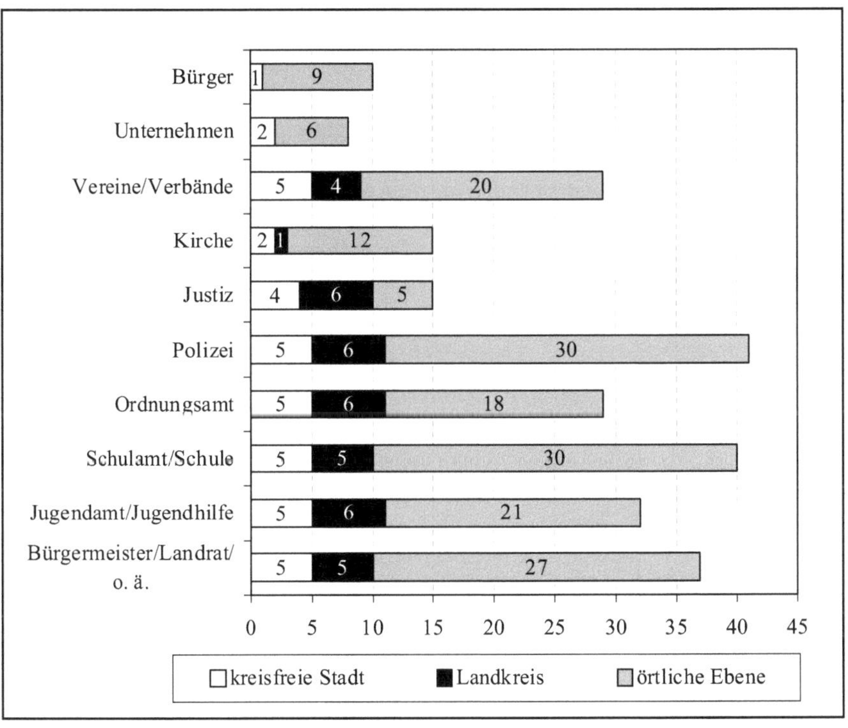

„Der Kommunalpräventionsrat versteht sich so, dass er ein Gremium ist von Behördenleitern, also Leuten, die auch Dinge umsetzen können, weil sie den entsprechenden Hintergrund haben, z. B. die Amtsleiter des Amtes für Jugend, Familie und Soziales, Chef der Polizei, Vertreter der Justiz, der Amtsrichter, der natürlich seine Kollegen kennt, die Staatsanwälte, dann der Amtsleiter des Ordnungsamtes für Öffentliche Sicherheit, Gesundheit und Umwelt. Ich, als Vorsitzender, mache das im Auftrag des Oberbürgermeisters, ... [ein weiteres Mitglied ist] *der Vorsitzende des Vereins zur Förderung der Kriminalitätsprävention, er fungiert also als Schnittstelle zum Verein und ist deshalb auch bei uns mit drin." (KfS 2)*

„Weil die Arbeit stagniert hat, haben wir jetzt einen neuen Präventionsrat berufen. Am 12. Oktober ist ein neues Gremium berufen worden, das sich aus einigen Amts- und Sachgebietsleitern der Verwaltung zusammensetzt, aber auch Polizei, Amtsgerichtsdirektor, der Vorsitzende des Jugendhilfeausschusses, der gleichzeitig auch Landtagsabgeordneter ist, die Gleichstellungsbeauftragte, sodass wir dann, je nach dem, welche Projekte wir in Zukunft anschieben wollen, weitere Personen mit einberufen, die Vorsitzenden der freien Träger, die hier ansässig sind, wie Deutsches Rotes Kreuz, Arbeiter-Samariter-Bund oder die Arbeiterwohlfahrt – das sind die drei, die hier Jugendclubs und Kindereinrichtungen betreiben." (LK 5)

„Wer ist im Präventionsrat der ‚harte Kern', wer ist regelmäßig dabei?
Die Polizeiinspektion, der Amtsgerichtsdirektor, der Kollege vom Verein ‚Der Weg e.V.' – dort werden straffällig gewordene Jugendliche untergebracht, stationär oder teilstationär. Immer dabei war auch der Bereich der Jugendhilfe, die Volkssolidarität und der Kreis-Jugendring. Das ist so der Stamm." (LK 2)

8.4.5 Zusammenstellung der Gremien

Wer Mitglied der Präventionsgremien wird, bestimmen zumeist die Vorsitzenden und Koordinatoren. Sie sprechen potentielle Mitglieder an und laden diese zu Sitzungen ein. Die meisten Präventionsgremien haben sich ihre ursprüngliche Stammbesetzung erhalten. Für Arbeitsgruppen oder bestimmte Projekte werden dann weitere Mitglieder akquiriert, die zu dem neu erschlossenen Arbeitsfeld passend erscheinen.

„Wie kamen die damaligen Mitglieder hinzu?
Wir haben uns damals einfach zusammengesetzt, mit dem damaligen und heutigen Vorsitzenden Herrn ... Damals war noch eine Kollegin aus diesem ABM-Team dabei. Zusammen haben wir uns überlegt, wer in einem solchen Gremium sein sollte und haben daraufhin die Personen angesprochen. Die

Entscheidungen, die wir damals getroffen haben, sind heute noch gültig. Das hat ganz gut geklappt. Die meisten, die wir damals angesprochen haben, sind heute auch noch in dieser Lenkungsgruppe. ...
Weil wir auch gemerkt haben, dass die Arbeit mit dieser großen Lenkungsgruppe etwas stagniert, haben wir uns dann eben thematisch gegliedert und uns noch zusätzliche Mitglieder gesucht, die in die Arbeitsgruppen reingepasst haben." (LK 1)

„Wie kommen Sie an die Mitglieder, sprechen Sie die an?
Ich spreche sie an. Ich mache das jetzt seit '98 und entwickelte in der Zeit eine Art Netz. Sicherlich kann es vorkommen, dass Leute außen vor bleiben. Aber wenn jemand kommt, der sich einbringen möchte, wird er auf keinen Fall vor die Tür gesetzt.
Vom Weg her ist es so, dass ich Leute anspreche. Meistens gibt es eine Anfangsveranstaltung, in der sich herausstellt, welche Leute ins Boot gehören. Also die, die ich angesprochen habe, sagen mir, wer noch dazu sollte und so vervollständigt sich dann das Boot. Aber ich versuche immer darauf zu achten, dass es ein arbeitsfähiges Gremium [gemeint sind Arbeitsgruppen] *bleibt, also nicht zu groß." (KfS 4)*

8.5 Zusammenarbeit und Kommunikation

8.5.1 Zusammenarbeit und Kommunikation zwischen den Gremien der Kreisfreien Städte und Landkreise

Der Austausch zwischen den Präventionsgremien auf Ebene der Landkreise und kreisfreien Städte hat erheblichen Ausbaubedarf. Würde der Landespräventionsrat nicht einmal im Jahr ein Koordinatorentreffen organisieren, blieben viele Gremien völlig auf sich gestellt:

„Arbeitet der Präventionsrat mit Präventionsräten anderer Landkreise zusammen?
Überhaupt nicht. Die Leiter treffen sich einmal im Jahr beim Innenministerium zu einem Gedanken- und Erfahrungsaustausch. Dort kann jeder einmal darlegen, wo es klemmt oder was besser oder schlechter ist als anderswo." (LK 5)

„Gibt es Kontakte zu Landkreisen in der Umgebung?
Überhaupt nicht.
Bei den Gleichstellungsbeauftragten gibt es eine Landeskonferenz, ein Treffen, bei dem Richtlinien und Ideen besprochen werden. Wäre das im Bereich Prävention auch sinnvoll?

Ja. Man holt ja nicht nur Information, sonder auch ganz viel Motivation heraus." (KfS 5)

Die Befragten betonen jedoch immer wieder, dass es sehr sinnvoll wäre, häufiger in Austausch zu treten. Denn neben Informationen über die strukturelle und inhaltliche Arbeit anderer Gremien, ist der Austausch auch motivierend und bringt Impulse für die eigene Arbeit:

„Dabei ist Gedanken- und Erfahrungsaustausch die billigste Investition. Es ist sicher nie verkehrt, ein, zwei Veranstaltungen so zu organisieren, dass sich die Kreispräventionsräte einmal zusammensetzen und Entwicklungen diskutieren. Man muss nichts zweimal erfinden. Wir stellen das häufig fest. Da sollte sich das Land dann davor spannen, durch den Landespräventionstag. Gäbe es noch eine zweite Veranstaltung, würde das schon ausreichen." (LK 2)

„Was ich als Verbesserung empfinden würde, wäre ein festes Netzwerk zwischen den kommunalen Präventionsräten. Z. B. eine Vernetzung via Internet würde ich ganz toll finden. Wer seit Jahren dabei ist, der kennt sich. Aber ich bin neu dabei, mir würde das sehr weiter helfen ... Die Präventionsräte treffen sich ja einmal im Jahr. Das ist auch ganz interessant ..." (KfS 2)

Aber auch der Austausch und die Zusammenarbeit der Gremien untereinander erfordert Zeit, die die Koordinatoren, welche diese Tätigkeit nicht hauptamtlich ausüben, kaum aufbringen können. Das wird an folgenden Beispielen deutlich:

„Wie läuft der Austausch mit anderen kommunalen Gremien hier im Land? Vorwiegend über Sitzungen in Schwerin?
Ja. Wir hatten, und das ist fast traurig, gute Kontakte zu anderen Gremien, insbesondere [zu den Nachbarlandkreisen], *weil wir so in eine Region gehörten. Leider sind die anderen beiden Koordinatoren aber nicht mehr da. Die Frau ...* [aus der benachbarten kreisfreien Stadt] *ist leider auch nicht mehr da. Wir waren eine Gruppe, die sich immer auch mal ausgetauscht hat. Das hat über Jahre sehr gut funktioniert. Aber seitdem die alle nicht mehr da sind ...*

Wäre das wichtig?
Der Austausch zwischen den Koordinatoren findet ja auch statt, das wird über den Landesrat organisiert. Das finde ich auch sehr wichtig und läuft unter Herrn Schlender auch sehr gut. Einen Sprecher zu haben, könnte ich mir auch gut vorstellen, dass man sich vielleicht auch halbjährlich trifft. Auf dieses Treffen einmal im Jahr lege ich viel Wert." (LK 1)

„Gibt es einen Austausch mit anderen Präventionsgremien? Kommen andere Gremien auf Sie zu?
Das gibt es schon. Wir treffen uns einmal im Jahr, wo dieser Austausch dann stattfindet. Aber es ist weniger geworden. In den zurückliegenden Jahren habe ich wesentlich intensiver mit [der benachbarten kreisfreien Stadt und dem benachbarten Landkreis] *gearbeitet. Wir haben auch gemeinsame Veranstaltungen gemacht, z. B. ... haben wir mehrere Veranstaltungen gegen Rechtsextremismus gemacht, z. B. eine Tagung etc. Auch gemeinsame Sitzungen zu allgemeinen Fragen. Aber in den letzten drei Jahren haben wir das nicht mehr gemacht ...“ (KfS 4)*

Es gibt aber auch positive Beispiele für kreisübergreifende Zusammenarbeit unter den Gremien:

„Dann ist eine Zusammenarbeit mit dem Präventionsrat von **[Nachbarlandkreis]** ***da?***
Ja, wir haben in diesem Jahr zum ersten Mal gemeinsam eine Aktionswoche gemacht, zum Thema ‚Demokratie und Toleranz' in beiden Landkreisen, über fünf Tage ... das ist völlig eigenständig geboren und auch finanziert von beiden Landkreisen, mit Hilfe des Landespräventionsrates.
Das haben Sie selber konzipiert?
Ja. Das ist von der Idee bis zur Verwirklichung gemeinsam gemacht worden. Punktuell ist es sehr gut gelaufen und angenommen worden. In einigen Fragen werden wir nachhaken und auch im nächsten Jahr weitere Veranstaltungen machen, allerdings dann nicht eine ganze Woche, sondern eher Tagesveranstaltungen.“ (LK 2)

8.5.2 Zusammenarbeit und Kommunikation zwischen den Gremien der Landkreise und ihren örtlichen Präventionsräten

Auch örtliche Präventionsgremien sind zum Teil völlig auf sich gestellt und erfahren keine Unterstützung durch den Präventionsrat auf Ebene des Landkreises. Vor allem wenn die Präventionsgremien auf Kreisebene inaktiv sind, findet keine Zusammenarbeit mit den örtlichen Gremien statt.

Dabei wäre vor allem die Unterstützung der örtlichen Gremien notwendig, weil die Koordinatoren hier häufig nur mit sehr geringer Stundenzahl freigestellt sind oder die Koordinierung ohne Freistellung neben ihrer Verwaltungstätigkeit mit übernehmen und deshalb nur ein sehr geringes Zeitbudget haben. So zeigt folgende Interviewpassage, welche Synergieeffekte erwartet werden:

„Gibt es denn eine Möglichkeit, Sie stärker zu unterstützen?
Sicherlich in der Form, dass es auf Landkreisebene einen Koordinator gäbe, der die Verbindung zu allen Präventionsräten hat. Damit man nicht Pro-

jekte, die es schon einmal irgendwo gab, neu erfinden müsste. Damit man von anderen Projekten auch erfährt. Damit man sich inhaltlich auch austauschen könnte. Damit man weiß, wo es jemanden gibt, der ein bestimmtes Projekt schon einmal gemacht hat.
Auch jemand, der einem sagen könnte, wie man an Fördermittel herankommen könnte bzw. dass man darauf aufmerksam gemacht würde?
Sicherlich auch das. Der einem sagen kann, welche Projekte wirklich durchgeführt werden könnten, welche Projekte es für welchen Bereich gibt und wer bei Projekten ein Ansprechpartner ist." (S 5)

Ebenso gibt es auf dieser Ebene positive Beispiele der Zusammenarbeit. Es mag kaum verwundern, dass insbesondere die örtlichen Gremien derjenigen Landkreise positiv berichten, in denen auf Kreisebene eine hauptamtliche Koordination besteht. Die zwei folgenden Interviewausschnitte stammen von einem Kreispräventionsrat und einem örtlichen Gremium des gleichen Landkreises:

„Wie funktioniert die Kommunikation zu den örtlichen Präventionsräten?
Wir treffen uns bei allen möglichen Gelegenheiten. Ich werde auch zu gewissen Tagungen eingeladen. Ansonsten läuft die Kommunikation so, man sieht sich oder telefoniert miteinander." (LK 1)

„Sie bestätigen mir, dass es hier sehr gut läuft. Hat der Landkreis auch Einfluss darauf?
Vom Landkreis bekommen wir alles. Die Zusammenarbeit ist sehr gut ... Wir arbeiten hier im Landkreis zusammen und versuchen das auch zu koordinieren." (S 3)

In Landkreisen, in denen die Gremien zusammenarbeiten, ist der Koordinator des Gremiums auf Landkreisebene fester Ansprechpartner für die örtlichen Gremien. Zudem besteht ein ständiger Informationsfluss zwischen den Gremien. Dieser wird meist durch Mitglieder hergestellt, die bei Sitzungen des örtlichen Gremiums und denen des Gremiums auf Kreisebene anwesend sind:

„Wie tauschen sich die Koordinatoren der örtlichen Präventionsgremien im Landkreis mit Ihnen aus?
Die sind mit im kreislichen Präventionsrat. Die werden in der Regel miteingeladen. Man muss dazu sagen, es sind meistens Vertreter der Verwaltung, also die Ordnungsamtsleiter, oder die Zuständigen für Soziales in den Amts- oder Stadtverwaltungen." (LK 2)

„Der Landkreis macht einmal pro Jahr eine Sitzung und lädt dazu die Vertreter der einzelnen Präventionsräte ein. Dort wird ein vorrangiges Thema behandelt und immer auch einer der Vertreter vorgestellt. Ich habe damals

aufgezeichnet, wie es bei uns so funktioniert. Ganz wichtig ist immer: wie ist die Verwaltung, wie ist der Bürgermeister. Er muss offen sein dafür." (S 6)

„Bekommen Sie Unterstützung vom Präventionsrat auf Landkreisebene?
Wir arbeiten zusammen, jedoch nicht sehr intensiv ... Wir haben aber einen ständigen Vertreter des Landkreises bei uns im Präventionsrat immer dabei, sowie eine Vertreterin der Jugendgerichtshilfe, sodass die überregionale Arbeit hergestellt ist." (S 4)

8.5.3 Öffentlichkeitsarbeit

Die Öffentlichkeitsarbeit der Gremien erfolgt zumeist über die Regionalzeitungen und Amtsblätter:

„Haben Sie die Präventionsarbeit auch schon mal sichtbar gemacht?
Ja. Ich habe zu den verschiedenen Projekten Zeitungsartikel hier.
Es wird also sichtbar gemacht?
Ja. Die lassen wir auch kommen oder wir schreiben sie selber. Außerdem muss man das auch für die Bevölkerung machen. Wenn etwas nicht in die Zeitung kommt, versuchen wir das über das Amtsblatt zu machen, das bekommt jeder Haushalt kostenlos." (S 3)

Zum Teil sind Medienvertreter in die Arbeit der Präventionsgremien integriert:

„Ist die Presse im Lenkungsgremium?
Die ist nicht im Lenkungsgremium, sondern im Vorstand des Präventionsvereines und veröffentlicht auch sehr viele Sachen." (KfS 4)

Sehr vereinzelt geben Präventionsgremien eigene Druckerzeugnisse heraus. Diese betreffen meist Projekte, die in der betreffenden Gebietskörperschaft durchgeführt werden. Nur 13 der befragten Gremien gaben an, einen eigenen Internetauftritt zu haben. Auch in diesem Bereich betonen die Befragten, dass Öffentlichkeitsarbeit Zeit kostet, welche die personell schlecht ausgestatteten Gremien nicht aufbringen können:

„Sie haben hier sehr interessante Strukturen, die aber im Land nicht bekannt sind.
Ja. Das „Sich-Nach-Außen-Darstellen", darin haben wir sicherlich noch Nachholbedarf. Das hängt sicherlich damit zusammen, dass wir die Präventionsarbeit noch neben unserer eigentlichen täglichen Arbeit mitmachen ... Wäre es anders bezahlt, so wie mit hauptamtlichen Koordinatoren, könnte man natürlich auch eine Öffentlichkeitsarbeit ganz anders machen." (LK 6)

Abermals wird deutlich, dass das strukturelle Manko, fehlender hauptamtlicher Koordinatoren auch im Bereich des Sichtbarmachens kommunaler Präventionsarbeit zu Einschränkungen führt.

8.5.4 Berichterstattung

Die Frage, ob die Koordinatoren oder andere Mitglieder der Präventionsgremien in den politischen Vertretungsorganen der Gebietskörperschaften, wie der Bürgerschaft, dem Kreistag oder der Gemeindevertretung, in der Vergangenheit Bericht erstattet hätten, wurde von 36 der 43 Befragten bejaht. Auch die Interviews bestätigen eine weit verbreitete Berichtspraxis. Durch die Berichterstattung werden die Entscheidungsträger mit dem Themenkreis der Kommunalen Kriminalprävention konfrontiert. Dies erhöht die Akzeptanz und die Legitimation, über die Bereitstellung finanzieller Mittel zu entscheiden. Zudem zwingt die Berichterstattung die Akteure, auf die zurückliegenden Aktivitäten zurückzuschauen und Bilanz zu ziehen:

> ***„Sie haben geschrieben, dass im Kreistag berichtet wird. War das aus einem besonderen Anlass heraus?***
> *Das machen wir regelmäßig, so einmal pro Jahr oder mindestens jedes zweite Jahr.*
>
> ***Machen Sie das dann?***
> *Das macht der Präventionsratsvorsitzende.*
> ***Weil ich hier einen Geschäftsbericht habe, in dem Sie auch drin stehen.***
> *Der Geschäftsbericht wird seit zwei oder drei Jahren auch regelmäßig gemacht.*
> ***Das ist ja nicht schlecht. Dann zieht man auch selber mal Bilanz.***
> *Ja, und man sieht, dass es doch etwas war! Und man hat auch eine Übersicht und sieht, was auch in den vergangenen Jahren war. Vor allem erhöht das auch die Akzeptanz, wenn man regelmäßig berichtet und die anderen sehen, was dort gemacht wird. Dann werden auch die Mittel eher bereitgestellt, als wenn man nicht bekannt ist. Wir haben jetzt auch neue Kreistagsmitglieder seit der letzten Wahl." (LK 1)*

Diese Berichterstattung erfolgt durch die Koordinatoren aber auch durch die Mitglieder der Präventionsgremien, die schon aufgrund ihrer Tätigkeit in politischen Gremien vertreten sind:

> ***„Wer berichtet in der Bürgerschaft, Sie oder der Oberbürgermeister?***
> *Der Oberbürgermeister gibt seinen Namen aber ich verlese es und beantworte auch die Fragen. Aber es heißt: ‚Der Oberbürgermeister berichtet'.*

Ist es so etwas, wie ein Rechenschaftsbericht?
Ja, das kann man so sagen.
Läuft das regelmäßig?
Nicht alljährlich, aber etwa alle zwei Jahre. Das betrifft den mündlichen Bericht. Es gibt alljährlich einen schriftlichen Bericht. Das ist ein Verwaltungsbericht, in dem der Präventionsrat auch ein paar Seiten füllt." (KfS 4)

„Wie oft berichten Sie in der Stadtvertretung? Ist das für Sie eine Pflichtaufgabe geworden?
Nein. Ich bin regelmäßig bei den Sitzungen der Stadtvertretung dabei, jetzt aufgrund meiner Tätigkeit ohnehin. Der Präventionsrat wird in jeder Sitzung mindestens einmal angesprochen. Es kann schon mal sein, dass der Oberbürgermeister dann nach hinten zeigt und mich bittet, zu antworten. Es ist aber nicht so, dass wir sagen, wir berichten, was wir machen, und das ist auch so abgestimmt, wir treten in den Ausschüssen auf, die uns anfragen. Ich habe jetzt schon wieder eine Anfrage für das nächste Jahr vom Jugendhilfeausschuss. Der kümmert sich um das Thema ‚Gewalt an Schulen'. Wir haben das Thema aufgenommen und in diesem Jahr schon einmal zur aktuellen Situation berichtet. Wir haben eine Befragung dazu gemacht. Im nächsten Jahr sollen wir sagen, wie es sich entwickelt hat. ... Mit der Richtung können sie dann auch politische Entscheidungen treffen." (KfS 1)

Ein Befragter macht deutlich, dass er in allen politischen Gremien seiner Gebietskörperschaft vertreten ist und so die Querschnittsaufgabe Kriminalprävention immer wieder in das Bewusstsein der Beteiligten bringt – also regelrechte „Lobbyarbeit" betreiben kann:

„... die Berichterstattung erfolgt natürlich, wenn danach gefragt wird in den Ausschüssen des Kreistages. Im Jugendhilfeausschuss, im Sozial- und Gesundheitsausschuss und auch in anderen Bereichen, wenn wir gefordert werden.
Da sitzen Sie ja sowieso mit drin, oder?
Ich habe die Möglichkeit aufgrund meiner Funktion, mich in allen Sitzungen der Ausschüsse mit einzuklinken.
Also haben Sie überall ein Rederecht?
Richtig. Ich bin dann immer in der Funktion da. Als entweder sachlich und fachlich Zuständiger oder als Stellvertreter des Landrates habe ich in jedem Fall auch Rederecht, um Hinweise zu geben oder Anregungen mitzunehmen und zu sagen, was in die Verwaltung weitergegeben werden sollte ... Man könnte das sozusagen als Lobbyarbeit betrachten. Dass man es anspricht, überall, wo man meint, dass es hingehört." (LK6)

8.6 Sitzungen und Weiterbildung

Der überwiegende Teil (63%, n = 27) der Gremien hat einen regelmäßigen Sitzungsturnus. Von den 27 regelmäßig tagenden Gremien gaben neun Befragte an, zusätzlich Sitzungen einzuberufen, wenn Bedarf besteht. Dagegen gaben 14 Befragte (33%) an, dass das Präventionsgremium ihrer Gebietskörperschaft nur unregelmäßig tagt und Sitzungen nur bei Bedarf einberufen werden. Diese Angaben beziehen sich auf den Präventionsrat bzw. soweit vorhanden auf das Lenkungsgremium und nicht auf die Arbeitsgruppen.

Abbildung 6: Sitzungsturnus (n = 43)

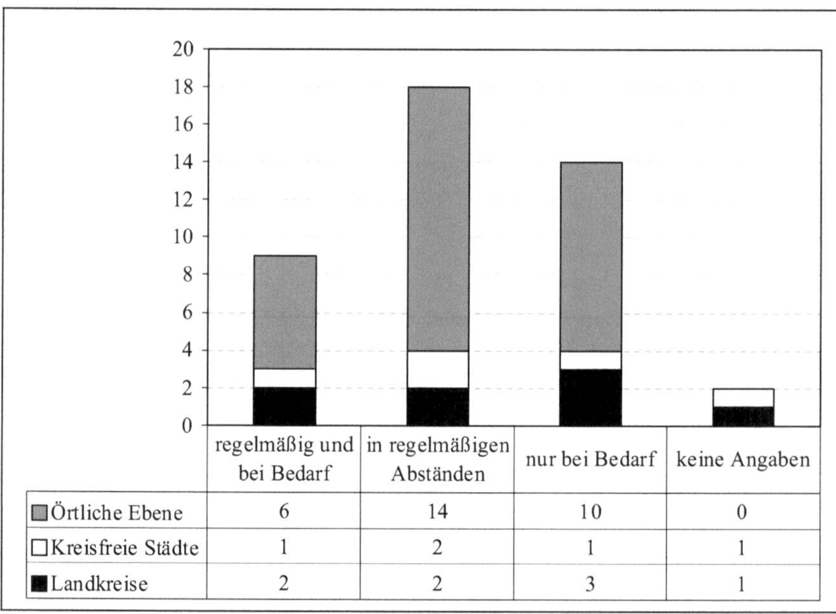

	regelmäßig und bei Bedarf	in regelmäßigen Abständen	nur bei Bedarf	keine Angaben
Örtliche Ebene	6	14	10	0
Kreisfreie Städte	1	2	1	1
Landkreise	2	2	3	1

Die Sitzungshäufigkeit der Präventionsgremien wurde zwar abgefragt, jedoch lassen sich keine Rückschlüsse auf den Aktivitätsgrad der Gremien ziehen. Denn es wurde durch die Befragten immer wieder betont, dass die eigentliche Arbeit in den Arbeitsgemeinschaften und Projektgruppen gemacht wird. Ein Lenkungsgremium, das nur ein oder zweimal im Jahr tagt, kann noch keine Auskunft darüber geben, wie aktiv die Mitglieder der Arbeitsgruppen sind. Deshalb wird auf eine ausführliche Darstellung der Sitzungshäufigkeit verzichtet und lediglich angemerkt, dass die Gremien zwischen ein- und zehn mal im Jahr tagen, sich jedoch keine klaren Mehrheiten bei einer bestimmten Sitzungsanzahl pro Jahr ausmachen lassen.

Dagegen konnte die schriftliche Befragung verdeutlichen, dass 72% (n = 31) der Gremien ihre Sitzungen regelmäßig protokollieren. In weiteren elf Gremien (26%) wird während den Sitzungen zumindest unregelmäßig Protokoll geführt. Die Frage nach der Protokollierung wurde von keinem Gremium negativ beantwortet. Nur in einem Fall fehlte die Angabe.

Die Frage ob die Koordinatoren oder andere Mitglieder des Gremiums schon einmal an Tagungen teilgenommen haben, welche die Präventionsarbeit betreffen, beantworteten 63% (n = 27) der Befragten positiv. Zudem haben 47% (n = 20) der Gremien ihrem Koordinator oder einem anderen Mitglied die Möglichkeit gegeben, sich bezüglich der Kriminalprävention fortzubilden.

Abbildung 7: Tagungen und Fortbildungen (n = 43)

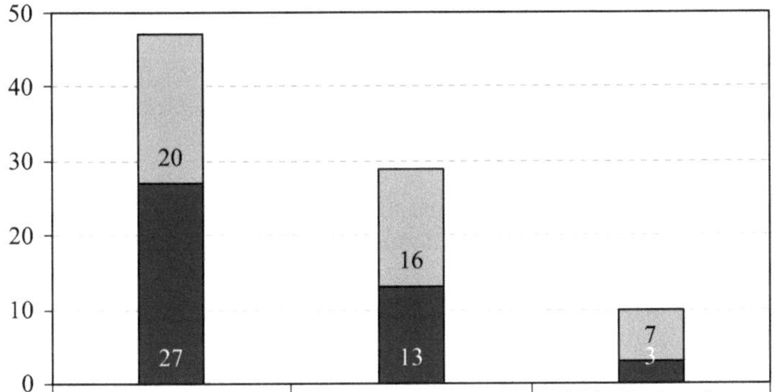

	ja	nein	fehlende Angaben
Fortbildungen	20	16	7
Tagungen	27	13	3

8.7 Inhaltliche Arbeit

8.7.1 Projekte

Viele Gremien sehen ihre Aufgabe nicht darin, eigene Projekte durchzuführen. Die Möglichkeiten dieser Gremien, kommunalpräventive Projekte zu implementieren, bestehen darin, die vorhandenen Träger sozialer Arbeit um Zusammenarbeit zu bitten und diese dann zu unterstützen:

> ***„Sind Sie selbst als Präventionsrat auch Träger von Projekten?***
> *Nein, wir begleiten das. Als Träger treten wir nicht auf. Wir führen und wir begleiten das." (LK 3)*

> *„Der Präventionsrat führt eigentlich keine Maßnahmen durch, was auch nicht seine Aufgabe ist. Wenn wir bestimmte Schwerpunkte haben, delegieren wir das weiter ... Die Aufgabe des Koordinators ist, jemanden zu finden, der das macht, ihn zu unterstützen, damit es funktioniert ... Dann delegiere ich das praktisch dahin und wir machen eine Veranstaltung, wo wir uns gemeinsam hinsetzen. Eine Vorbereitungsgruppe machen wir meistens, wo ich auch dabei bin, bringen alle Ideen zusammen und dann läuft das. Vom Landkreis aus kann ich da mehr machen. Ich kann das Technische Hilfswerk oder die Feuerwehr kommen lassen. Wenn ich dort nach dieser Zeit anrufe, dann wissen die schon, in wessen Auftrag ich anrufe und dann läuft das, egal ob Rotes Kreuz oder die Johanniter. So was machen wir natürlich auch mit den Vereinen, wie z. B. Kinderjugendhilfe usw. Die hatten z. B. eine Beratungsstelle für sexuelle Aufklärung, aber nicht für die Kids, sondern für die Eltern. Da springen wir dann mit ein und versuchen, irgendetwas auf die Beine zu stellen." (LK 4)*

Einige Gremien treten selbst als Träger kriminalpräventiver Projekte in Erscheinung oder übertragen die Trägerschaft dem angegliederten Förderverein:

> *„Was wir uns auf die Fahne geschrieben haben sind die Dinge, die ein kleiner Träger nicht machen kann, die für den gesamten Landkreis Gültigkeit haben. Zum Beispiel Flyer zur häuslichen Gewalt, die dann bei Ärzten ausgelegt werden oder Fachtagungen ..." (LK 1)*

> ***„War es hier so, dass Sie Projekte auch selber durchgeführt haben oder haben Sie die Träger vor Ort unterstützt?***
> *Beides, wir haben aber auch selber Projekte durchgeführt. Wir hatten auch die Option in der Förderrichtlinie drin, beides zu machen. So haben wir die Arbeitsgruppen auch nicht davon abhalten müssen, etwas zu machen." (KfS 1)*

8.7.2 Zielrichtung

Um eine Vorstellung von der Zielrichtung der kriminalpräventiven Projekte zu erhalten, wurden im Rahmen der schriftlichen Befragung die verschiedensten Bereiche aufgelistet. Die Befragten wurden aufgefordert, die Bereiche zu benennen, in denen die Präventionsprojekte ihrer Kommune angesiedelt waren.

Abbildung 8: Themenfelder der Präventionsprojekte (n = 43)

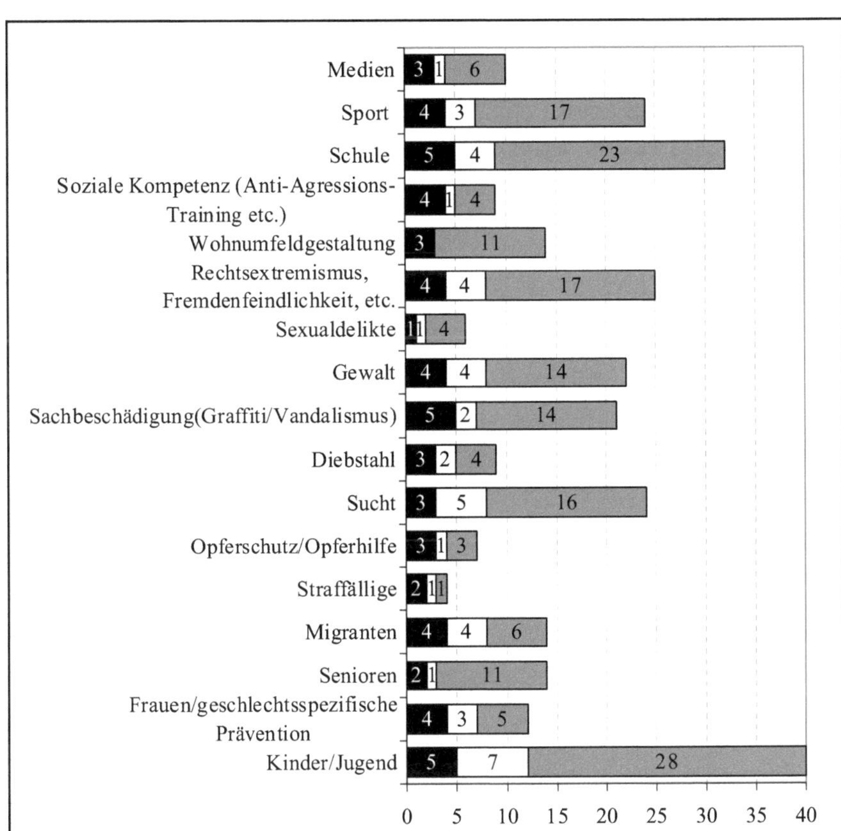

Es wird deutlich, dass Projekte, deren Zielgruppe Kinder und Jugendliche darstellen, bereits von 93% (n = 40) der Gremien unterstützt oder durchgeführt wurden. Auf diese Gruppe zielen Projekte, die auf Schulen ausgerichtet sind, ebenfalls ab. Dass Projekte, im Bereich der Schulen angesiedelt waren, geben 32 der 43 Gremien (74%) an. Dabei ist zu bedenken, dass durch ein Projekt natürlich mehrere Themenfelder angesprochen werden können. Ein Projekt welches sich zum Ziel gemacht hat der Jugendkriminalität vorzubeugen, könnte beispielsweise zusätzlich den Bereich Schule, Rechtsextremismus und Fremdenfeindlichkeit sowie den der sozialen Kompetenzsteigerung tangieren. So lassen sich aus der Darstellung der Themenfelder von Präventionsprojekten keinesfalls Rückschlüsse auf die Anzahl durchgeführter Projekte ziehen. Jedoch lässt sich ersehen, welche Themenfelder Schwerpunkte der Präventionsprojekte bilden. Dass Jugendliche vorwiegend Zielgruppe von Präventionsaktivitäten der Gremien sind, wurde auch in den Interviews deutlich:

> ***„Ist hier im Landkreis überwiegend die Jugendarbeit Schwerpunkt der Präventionsarbeit?***
> *Ja, das kann man so sagen, zumal dort auch die meisten Förderrichtlinien vorhanden sind, mit denen man im Rahmen der Präventionsarbeit Projekte verwirklichen kann. Es hat auch immer etwas mit dem Geld zu tun." (LK 3)*

Stark vertreten sind zudem Projekte die sich gegen Suchtproblematiken (hiermit beschäftigten sich 24 der 43 Gremien = 56%), Gewaltdelikte (n = 22, 51%), Rechtsextremismus und Fremdenfeindlichkeit (n = 25, 58%) und Sachbeschädigungsdelikte (n = 21, 49%) richten.

Präventionsprojekte, die im Bereich des Sports angesiedelt sind, scheinen ebenfalls sehr beliebt zu sein. Denn 24 Gremien geben an, Projekte mit diesem Hintergrund durchgeführt zu haben.

Projekte der Straffälligenhilfe, welche der Tertiärprävention zuzurechen sind, bilden zwar das „Schlusslicht" unter den Themenfeldern, denen sich die Gremien zuwenden. Erfreulich ist aber, dass sowohl Gremien auf Ebene der Landkreise und kreisfreien Städte als auch auf örtlicher Ebene sich bereits mit dieser Thematik befasst haben.

8.7.3 Quantität

In der schriftlichen Befragung wurden Angaben zur Anzahl der vom Gremium durchgeführten und unterstützten Projekte für das Jahr 2004 erfragt, um einen Eindruck von der Quantität der Projekte zu erhalten.

Neun Gremien gaben an, im Jahr 2004 kein Projekt durchgeführt zu haben, vier Gremien machten keine Angaben, sodass die übrigen 30 Gremien (70%) im Jahr 2004 zumindest ein Projekt organisiert haben. 19 Gremien haben mindestens ein bis vier Projekte durchgeführt, acht organisierten in diesem Zeitraum fünf bis zehn Projekte.

Wenigstens ein Projekt anderer Träger unterstützten 33 der 43 Gremien, denn sieben Befragte gaben an, dass ihr Gremium diesbezüglich keine Aktivitäten entwickelt habe. Drei Gremien machten keine Angaben. 20 Gremien unterstützten ein bis vier Projekte anderer Träger. Weitere 13 Gremien gaben an, bis zu 20 Projekten anderer Gremien Hilfestellungen geleistet zu haben.

Abbildung 9: Anzahl der Projekte 2004

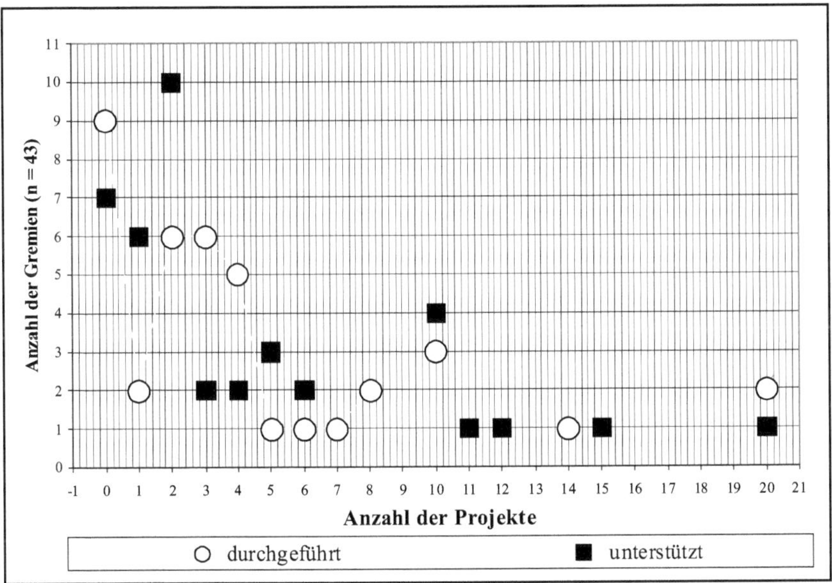

8.7.4 Planungsphase, Durchführung und Evaluation

Die Befragten wurden gebeten sich an das letzte größere Projekt zurück zu erinnern, welches ihr Gremien durchgeführt oder unterstützt hat, und anzugeben, ob folgende Aussagen auf dieses Projekt zutreffen:

1) Das Ziel des Projekts wurde vor Projektbeginn definiert.
2) Bei Projektplanung wurden Theorien (kriminologische, soziologische etc.) zugrunde gelegt.
3) Das Projekt wurde dokumentiert.
4) Die Erreichung der Projektziele wurde überprüft.
5) Das Projekt wurde fremdevaluiert.

Tabelle 7: Planung, Durchführung und Evaluation

	Kreisfreie Städte n = 5			Landkreise n = 8			örtliche Ebene n = 30			Bejaht insg. n = 43
	ja	nein	k.A.	ja	nein	k.A.	ja	nein	k.A.	
Ziel definiert	4	-	1	6	1	1	27	-	3	37
Theoretisch fundiert	1	2	2	5	1	2	14	8	8	20
Dokumentiert	4	-	1	6	-	2	21	3	6	31
Selbstevaluation	4	-	1	5	1	2	21	3	6	30
Fremdevaluation	1	2	3	-	5	3	14	4	12	15

Dass 14 größere Projekte auf örtlicher Ebene fremdevaluiert wurden, erscheint zwar zunächst unglaubwürdig. Die örtlichen Präventionsräte treten jedoch meist nicht als Träger der Projekte in Erscheinung, sondern arbeiten mit anderen Trägern sozialer Arbeit in ihrer Kommune zusammen, sodass die Möglichkeit besteht, dass derartige Großprojekte anderer Träger durchaus von Außenstehenden evaluiert worden sind und nicht unbedingt davon auszugehen ist, das an dieser Stelle „sozial erwünscht" geantwortet wurde.

31 der 43 Befragten (72%) geben an, dass diese Projekte dokumentiert worden sind. Wenn für derartige Projekte Fördermittel eingeworben wurden, müssen für diese Projekte Anträge und Abschlussberichte erstellt werden. Es erscheint deshalb glaubwürdig, dass 72% (n = 31) der Befragten mitteilen, dass die Projekte dokumentiert wurden und 86% (n = 37) angaben, dass die Ziele des Projekts vor Beginn formuliert wurden. In diesem Zusammenhang ist zu bedenken, dass die Förderrichtlinien ein entscheidendes Instrument des Qualitätsmanagements bilden können. So können bestimmte Anforderungen an die Förderungswürdigkeit der Präventionsprojekte gestellt werden, wenn die Mittelausschüttung in einem angemessenen Verhältnis steht.

Dass lediglich 20 Gremien theoretische Überlegungen in die Planung von Großprojekten einbeziehen, macht deutlich, dass es für die Professionalisierung der Akteure notwendig ist, Fortbildungen und Unterlagen zum Themenkreis der Ursachen delinquenten Verhaltens anzubieten.

8.7.5 Problemfeldaufdeckung

Um aufzudecken, auf welcher Grundlage die Präventionsgremien entscheiden, wer Zielgruppe oder welcher Deliktsbereich Gegenstand eines Präventionsprojektes wird, enthielt der Fragebogen einen Katalog von Möglichkeiten, die zur Problemfeldaufdeckung in Betracht kommen:

1) Bewertung der polizeilichen Kriminalstatistik
2) Umfragen unter Bürgern
3) Begehren betroffener Bürger
4) Gespräche mit Präventionsratsmitgliedern
5) Kriminologische Regionalanalyse
6) Anfragen politischer Gremien (Ortsteilvertretung, Gemeindevertretung, Parteien, o. ä.)

Tabelle 8: Problemfeldaufdeckung

	Kreisfreie Städte n = 5				**Landkreise n = 8**				**Städte/Ämter Gemeinden n = 30**			
	häufig	selten	nie	k. A.	**häufig**	selten	nie	k. A	**häufig**	selten	nie	k. A
PKS	4	1	-	-	5	2	-	1	18	4	1	7
Bürgerbefragung	-	3	-	2	0	5	2	1	9	10	3	8
Begehren betroffener Bürger	-	3	-	2	1	4	1	2	13	11	1	5
Gespräche im PR	5	-	-	-	7	-	1	-	21	5	1	3
Kriminologische Regionalanalyse	0	3	1	1	2	2	2	2	7	6	3	14
Anfragen partei-polit. Gremien	2	3	0	0	2	2	2	2	18	4	1	7

Die Gespräche im Präventionsrat sind für die Entscheidung, welche Zielrichtung ein Präventionsprojekt haben soll, vorrangig ausschlaggebend. Aber auch die Bewertung der polizeilichen Kriminalstatistik nimmt im Prozess der Problemfeldaufdeckung viel Raum ein:

„Wie kommt der Präventionsrat auf Problemlagen?
Die Polizei macht jedes Jahr Auswertungen über Statistiken ... Jetzt ist wieder der Bericht vom Verfassungsschutz gekommen. Der wird ausgewertet. Andere Dinge ergeben sich auch aus der Kenntnis der Mitglieder. Jeder hat seine Sichtweise, sei es der Sport, die Jugendclubs, die Polizei. Die Informationslage ist sehr gut. Die Mitglieder wissen eigentlich schon, was im Landkreis läuft." (LK 2)

„Wie decken Sie im Präventionsrat Problemlagen auf?
Durch Propaganda – durch das, was man gerade so erfährt.
Bekommen Sie von der Polizei auch Informationen?
Ja. Die Polizei gibt uns Informationen darüber, wo vielleicht ein Handlungsbedarf besteht, wo man eingreifen könnte. Auch durch den Jugendclub, die Schule oder die Schüler selbst. Es sind ja auch zwei Schüler im Präventionsrat mit drin." (S 5)

Dagegen spielen Begehren von Bürgern oder politischen Gremien auf Ebene der Landkreise und kreisfreien Städte eine untergeordnete Rolle. Im Gegensatz dazu haben diese Gruppen auf Gremien der örtlichen Ebene größeren Einfluss.

Die Bürgerbefragung ist für die Gremien in Mecklenburg-Vorpommern bisher kein relevantes Instrument, um Projektziele zu bestimmen. Die einzige veröffentlichte Studie[380] liegt für die kreisfreie Stadt Greifswald vor. Der Kommunale Präventionsrat der Stadt bat den Lehrstuhl für Kriminologie der Universität Greifswald um eine Analyse der Erscheinungsformen, Epidemiologie und Hintergründe der Jugendgewalt in der Stadt. Dazu wurden erstmals in Jahr 1998 die Schüler der 9. Klassen aller öffentlichen Schulen befragt. Neben dem allgemeinen Sicherheitsgefühl und der Kriminalitätsfurcht wurden auch gewaltkorrespondierende Einstellungen, fremdenfeindliche und rechtsextreme Haltungen sowie jugend(sub-)kulturelle Orientierungen (Freizeit, Konsum, Medien, Politik etc.) sowie Sozialisationsbedingungen (Familie, Schule, Gleichaltrigengruppe) erhoben. In den Jahren 2002 und 2006 wurde diese Befragung wiederholt, sodass Vergleiche angestellt und Entwicklungen aufgezeigt werden konnten. Aus den Ergebnissen der Studien wurden Empfehlungen und Anregungen für die weitere Präventionsarbeit in Greifswald abgeleitet.

Auch die kriminologische Regionalanalyse[381] führt ein Schattendasein. Dieses zeitaufwendige und kostenintensive Verfahren wurde bisher nur vereinzelt von Gremien auf Ebene der Landkreise und kreisfreien Städte durchgeführt. Veröffentlicht wurden bisher Regionalanalysen der kreisfreien Städte Rostock[382] und Greifswald[383]. Dass Gremien der örtlichen Ebene angeben, dieses Instrument häufiger zu verwenden, ist darauf zurückzuführen, dass die Befragten diesen Terminus technicus missverstehen. Im Rahmen der mündlichen Befragung, fand die Regionalanalyse auf die Frage, wie Problemlagen in der Kommune aufgedeckt werden, bei den örtlichen Gremien keine Erwähnung

380 *Dünkel/Geng* 2003, S. 1 ff.; *Dünkel/Gebauer/Geng* 2008.

381 Siehe dazu *Kap. 6.1.*

382 *Herrmann/Jasch/Rütz* 2000.

383 *Bornewasser/Mächler/Krense* 2000, abrufbar unter http://www.greifswald.de/pdf-cms/praevention-kriminologische-regionalanalyse.pdf.

mehr. Dagegen zeigt die folgende Textpassage eines Interviews mit dem Koordinator des Gremiums einer kreisfreien Stadt, welche Schwierigkeiten bei der Erstellung einer Regionalanalyse entstehen. Zudem wird deutlich, dass ein systematisches Auffinden von Problemfeldern auch mit weniger finanziellem Aufwand umsetzbar ist.

> *„Das Ziel war eigentlich eine Vorbereitung einer kriminologischen Regionalanalyse. Das ist dann aber bei den Kosten stecken geblieben. Wir hatten alles fertig. Ich hatte sogar schon Zusagen von ... Aber das wäre zu teuer gewesen.*
> ***Wie teuer wäre es denn gewesen?***
> *Um die 50.000 bis 100.000 DM, je nach dem, was man inhaltlich gemacht hätte ... So etwas ist mit der Schnelligkeit der Zeit innerhalb eines Haushaltsjahres auch nicht mehr aktuell. Wir sehen das bei der Jugendhilfeplanung. Diese muss man jedes Jahr neu machen. Meistens überholt sich wegen Haushaltszwängen die Jugendhilfeplanung schon innerhalb der ersten Jahreshälfte. Insofern ist es bei einer Regionalanalyse recht ähnlich. Man kommt fast gar nicht so schnell dazu, wie im Haushaltsplan gekürzt wird. ... Seit dem ich angefangen habe, geht es eigentlich immer nur Berg ab mit den Finanzen in den Kommunen. Es war dann immer schon ein Streitpunkt, was die Regionalanalyse überhaupt bringt.*
> ***Es schien jedoch die Hoffnung zu bestehen, so etwas einmal zu machen, oder?***
> *Ich hatte im Prinzip die Genehmigung der Stadt mit diesem Beschluss, eine Regionalanalyse zu machen. Nur hatte ich danach keine Genehmigung in dieser Größenordnung Kosten einzustellen für solch ein Projekt. Was wir aber mit dem Landesrat doch zusammen gemacht haben, war eine Analyse der kriminologischen Daten von der Polizei für bestimmte Delikte. Unter dem Gesichtspunkt der Sicherung. Das war auch teuer, aber wir haben es gemacht. Wir haben das die Fachhochschule machen lassen ... Es ist, so weit ich weiß, ein Planungsansatz für viele Architekten im Raum ... und darüber hinaus. Habe ich es Ihnen schon einmal gezeigt?*
> ***Nein.***
> *Wir haben hier eine Arbeitsgruppe, die das gemacht hat. Wichtig war, dass wir zunächst eine Darstellung gemacht haben vom Kriminalitätslagebild, das gehört ja auch zu einer Regionalanalyse. Hier ist z. B. das Thema „Diebstahl Fahrrad" ausgewiesen für den Bereich ... mit der grundsätzlichen Aussage: „Da, wo viele Fahrräder stehen, wird auch viel gestohlen". Das trifft zu 100% zu und war eine entsprechende Aussage für den Umbau von fehlgenutzten Fahrradständern in sichere Ständer. Einige haben das dann auch gemacht, einige nicht. Das ist so das, was wir machen konnten. Im Prinzip können wir eine Regionalanalyse auch entbehren, weil wir andere Planungen haben. Wir haben eine Sozialplanung, wir haben eine*

Sportstättenplanung, Jugendhilfeplanung. Die Sozialplanung berücksichtigt auch andere Sachen, wie z. B. Senioren. Wenn man das alles zusammenführt und die Regionalplanung noch dazu hat, ist man eigentlich ganz gut.
Welche Daten konnte man hier zu Grunde legen?
Die polizeiliche Kriminalstatistik von drei Jahren ... Durch das Betrachten von mehreren Jahren wurde es noch deutlicher, so dass man die Brennpunkte ermitteln konnte.
Für welche Delikte konnten Sie das noch machen?
Das haben wir für die fünf häufigsten Delikte gemacht: „Diebstahl aus Fahrzeugen", „Diebstahl sonstiges", „Sachbeschädigung" unter dem Grundsatz, auch Graffiti mit aufzunehmen, etc.
Das haben wir für die ganze Stadt gemacht, für die einzelnen Stadtteile. Man kann also genau nach Gebäuden schauen, z. B. Marktplatz ... Hier sehen Sie die Flächen, wo viele Fahrräder stehen rot markiert.
Das ist jetzt von 2000?
Ja ... Wir haben jetzt, mit etwas weniger Aufwand, eine tatortbezogene Kriminalstatistik gemacht mit Diebstählen. „Diebstählen aus Lauben", „Diebstähle aus Kellern", „Fahrraddiebstähle", „Sachbeschädigung im öffentlichen Raum" und „Raub". Wir sind dabei von der ersten Darstellung etwas abgewichen, weil wir uns vorgenommen hatten, die Delikte darzustellen, die einen Einfluss auf das Sicherheitsgefühl haben, also im öffentlichen Raum stattfindet ... Wir sind jetzt einen Schritt weiter als die eigentliche PKS und können an Hand der Tabellen gut ausfindig machen, wo wir eine höhere Belastung haben. Was mir noch näher gelegen wäre, aber nicht zu finanzieren gewesen war, ist die Zahlen in eine Karte umzusetzen." (KfS 1)

8.8 Finanzierung

Die Projekte werden häufig mischfinanziert. Um Fördermittel, wie beispielsweise die des Landespräventionsrates, zu erhalten, muss die Gebietskörperschaft einen bestimmten Anteil aus dem eigenen Haushalt beisteuern. Einige Gremien verfügen über einen eigenen Haushalttitel:

„Ja. Ich habe hier eine Haushaltstelle. Das sind so zwischen 7.000 und 7.500 Euro pro Jahr.
Für Dienstreisen, Sachmittel usw.?
Gar nicht. Nur Projektmittel. Das einzige, was ich noch daraus bezahle, ist Literatur zum Thema Kriminalprävention.
Dieses Geld ist also praktisch nur für das Output?
Ja. Darum habe ich gekämpft. Es war früher auch mal mehr, auch daran ging das Sparen nicht vorbei, aber es gibt immer noch Mittel dafür.

Wer bezahlt Ihre Sachkosten und Ihre Reisekosten? Läuft das über die Stelle bei der Verwaltung?
Ja, über die Verwaltung." (KfS 1)

„Weil es bei uns so gut lief, habe ich gleich zu Beginn von 2001 mit Herrn ... darüber diskutiert, was wir ohne Geld machen sollen. Wir haben es dann hinbekommen, dass wir eine bestimmte Summe haben, nur für die Prävention im Landkreis. Ich habe also ein bisschen Bewegungsfreiheit. Wenn also ein Verein kommt, der einen Antrag stellen möchte, dem aber die Eigenleistung fehlt, kann ich entscheiden, ob ich ihm die Eigenleistung bezahle. ... Diese Summe wird auch bleiben, da will (der Landrat) *nicht ran, solange der Landkreis noch existiert." (LK 4)*

„Sie haben die Möglichkeit, an vielen Sitzungen und Tagungen teilzunehmen. Haben Sie einen eigenen Haushaltstitel?
Ja, wir hatten von Anfang an einen eigenen Haushalt für den Präventionsrat. Aus dem können wir Zuschüsse für kleinere Projekte geben, damit das nicht so kompliziert ist für Präventionsträger vor Ort. Ich bin auch in einem Team drin, dem Team „Kommunikation und Information". Dort haben wir eine Haushaltstelle für Dienstreisen und solche Sachen. Das ist sehr unkompliziert ... Wir bekommen jedes Jahr eine bestimmte Summe zur Verfügung gestellt, die sich bis jetzt auch noch nicht verringert hat.
Vom Kreis?
Ja, vom Kreis. Da gab es auch noch nie Probleme.
Gab es noch keine Diskussion?
Nein, auch keine Diskussion. Es wird in diesem Jahr bestimmt schwieriger werden. Aber was die Präventionsarbeit angeht, gab es noch nie Schwierigkeiten bei uns im Kreis. Wir finanzieren auch vieles über Landesmittel. Ich stelle dann die Anträge. Wir schwimmen zwar nicht im Geld, aber das was wir haben, reicht." (LK 1)

Andere Gremien haben zwar keinen explizit für die Kriminalprävention ausgewiesenen Haushaltstitel. Die Situation in den Kommunen stellt sich aber zum Teil so dar, dass Mittel aus verwandten Titeln bereitgestellt werden:

„Wie kann die Stadt sich finanziell an Projekten beteiligen, wie läuft das?
Das läuft über den normalen Haushalt. Wir teilen mit, dass wir beim Landespräventionsrat Landesfördermittel beantragen und dass wir dort einen entsprechenden Eigenanteil nachweisen müssen. Den haben wir bisher immer im Haushalt drin gehabt.
Es hat in diesem Bereich also nie Schwierigkeiten gegeben?
Na ja, es wird schwieriger auf Grund der finanziellen Situation. Leider ist es ja so, dass erst im Bereich der freiwilligen Aufgaben gekürzt wird, was auch

die Präventionsarbeit betrifft. Da ist es oft frustrierend, ohne Mittel Präventionsarbeit zu betreiben." (S 4)

Dies sind jedoch lediglich positive Einzelbeispiele. Der überwiegende Teil der Gremien hat keinen eigenen Haushaltstitel und damit ungleich schlechtere Möglichkeiten eigene Projekte durchzuführen sowie Projekte bestimmter Träger oder die der örtlichen Gremien zu unterstützen:

„Eine weitere Frage ist, ob man eine eigene Haushaltsstelle für die Koordinationsarbeit schafft, zumindest in einem gewissen Umfang, damit man auch die ein oder andere Sache aus dem Präventionsrat heraus anschieben könnte. Wir sind immer darauf angewiesen erst mal einen Partner zu finden." (LK 2)

Einige wenige Gremien verfügen aber auch durch die bereits angesprochenen Fördervereine über eine gewisse Finanzierungskraft.[384]
Dass im Feld der freiwilligen Aufgaben der Kommunen großer Konkurrenzdruck bezüglich der Finanzierung herrscht, macht folgende Textpassage deutlich:

„Im Grunde genommen finde ich, dass die Kriminalprävention oder auch wir als Institution, aufpassen müssen, dass man der Jugendarbeit nicht die Gelder abgräbt. Diese Gefahr besteht. Dadurch, dass wir so "trendy" sind, bekamen wir eine Haushaltsstelle und man sieht daneben, dass der Haushalt der Jugendarbeit gekürzt wird. Das ist so nicht in ... geschehen, aber in anderen Kommunen in Mecklenburg-Vorpommern. Wenn das also in Konkurrenz zu Bildung oder etwas anderem steht, halte ich es für problematisch." (KfS 4)

Dies ist insbesondere vor dem Hintergrund des aktuellen Jugendhilfeberichts zu bedenken, aus dem hervorgeht, dass die Zahl von Vollzeitstellen in der Jugendarbeit in den ostdeutschen Flächenländern seit 1998 um 40% gesunken ist und somit keineswegs im Verhältnis zum „demographischen Verlust" steht.[385]
Der Kommunalen Kriminalprävention, welche die Vernetzung und Koordinierung aller Präventionsbemühungen bewirken soll, wird das Fundament entzogen, wenn in den zu vernetzenden Bereichen Mittel eingespart werden. Die Idee der Kommunalen Kriminalprävention läuft ins Leere, wenn Träger der auch kriminalpräventiven Arbeit nicht mehr bestehen.

384 Siehe dazu *Kap. 8.3.3.*

385 *Pothmann* 2008, S. 5 f.

8.9 Präventionsarbeit im ländlichen Raum

Die befragten Koordinatoren der Präventionsgremien auf Landkreisebene kommen zu unterschiedlichen Einschätzungen bezüglich der Präventionsarbeit im ländlichen Raum. Für einen Befragten ist die Arbeit im Landkreis einfacher als in der schnelllebigen Stadt:

> *„... das Thema der „Prävention im ländlichen Raum" ist nicht ganz so schwer. Sicherlich, vielleicht sind die Wege in der Stadt kürzer als hier. Aber kennen tun wir uns hier auch alle. Es ist also nicht schwieriger, Präventionsarbeit im ländlichen Raum zu machen, verglichen mit der Stadt, vielleicht sogar eher leichter.*
>
> ***Warum?***
> *Vielleicht, weil es hier nicht so viele Veränderungen gibt. Ich denke, in der Stadt geht doch einiges schneller.*
> ***Was kann im Landkreis erschwerend sein?***
> *Die weiten Wege.*
> ***Hat man nicht einfach auch mehr Standorte, um die man sich kümmern muss?***
> *Ja. Deswegen wäre es zu zweit schon günstiger. Es gibt hier im Landkreis sicherlich auch Gegenden, mit denen man nicht in so engem Kontakt steht. Von denen ich aber weiß, dass es dort gut läuft." (LK 1)*

Andere Koordinatoren zeichnen dagegen ein düsteres Bild und sehen den ländlichen Raum mit besonderen Problemen konfrontiert, die sich in der finanziellen Förderung auswirken sollten:

> *Wir haben auf jeden Fall zwei große Probleme, die Städte nicht haben: wir haben eine riesige Fläche und wir haben wenig Leute. Das kann manchmal sehr angenehm sein, aber ist eben, wenn man sich für bestimmte Dinge einsetzt, schwierig. Das Erste, was wir immer zu beantworten haben ist, wie transportieren wir die Leute. Wenn man irgendwo eine Veranstaltung anbietet, muss man auch dafür sorgen, dass die Leute dorthin kommen. Das braucht man in Neubrandenburg oder Rostock nicht, dort ist der öffentliche Verkehr gut ausgestattet ... Wir haben keine 17 Leute mehr auf einem Quadratkilometer. Es geht ja weiter. Die Infrastruktur wird schlechter, viele Angebote, wie z. B. den Jugendclub im Dorf bekommt man nicht mehr gehalten. Schließt man den, haben die 15 Jugendlichen gar nichts mehr. Daraus erwachsen dann wieder neue Probleme ... Große Fläche, wenig Leute, macht den Anonymitätsgrad relativ groß. Bestimmte Problemlagen und -felder verwurzeln sich hier eher in der Anonymität als in einer Stadt, wo alles schneller auffällt. Die Region zeichnet sich auch leider dadurch aus, dass*

wir schon im extremistischen Bereich – sowohl rechts als auch links – eine hohe Konzentration haben. Dies kann sicher auch unter dem Schutzmantel dieser großen Fläche so gedeihen.
Dann ist da noch ein Problem der Angebote. Wir haben relativ wenige Schulen auf dieser großen Fläche. Es werden immer weniger – die Schüler fahren immer weiter. Daraus entstehen auch Tendenzen, denen man entgegenwirken muss. Das ist aber schwierig. Zum Beispiel „Gewalt an Schulen". Wenn man über eine Stunde im Bus sitzt, macht man auch schon mal dumme Sachen ...
Wenn man dann noch eine Förderung an die Einwohneranzahl bindet, dann geht das für unseren Bereich natürlich nach hinten los. Denn der Aufwand ist genau umgekehrt. Ich habe einen größeren Aufwand zu betreiben, als mancher in einem Ballungsgebiet. Auch wenn man es nicht wahr haben will. Den Jugendclub muss man heizen, egal ob für 15 Leute oder für 50 ... Die Fahrgeschichte kommt ja noch hinzu. Genau konträr läuft die Landesförderung. Wir haben jedes Jahr weniger Köpfe, was heißt, dass wir jedes Jahr weniger Geld bekommen werden und das hat zur Folge, dass wir größere Einschnitte machen müssen, als anderswo ... Dann muss man aber auch andere Verteilungsmechanismen anwenden und auf jeden Fall den Flächenfaktor mitberücksichtigen. " (LK 2)

8.10 Positive Auswirkung

Am Ende der Gespräche wurden die Interviewpartner gebeten, Rückschau zu halten und darüber nachzudenken, welche Aspekte der Arbeit des Präventionsgremiums sie mit Stolz erfüllt. In diesem Zusammenhang verwiesen die Gesprächspartner immer wieder auf einzelne Projekte:

„Einiges hat ei uns gut funktioniert. Gerade im Bereich der häuslichen Gewalt sind die Polizisten geschult und die Schulung führte mit einer verstärkten Öffentlichkeitsarbeit zu erhöhten Fallzahlen. Wir haben also einen Einblick ins Dunkelfeld bekommen. Bei einer Befragung haben die meisten angegeben, dass sie sich bisher nicht getraut haben, darüber zu reden. Jetzt trauen sie sich und das ist doch gut ...
Die Sicherheitslage hat sich auch verändert. Es ist in den letzen zehn Jahren deutlich sicherer geworden. Wenn ich mir die Polizeiliche Kriminalstatistik anschaue, haben wir fast eine Halbierung der Fälle. Allein die grundsätzlichen Fallzahlen. Wir haben deutlich stagnierende Zahlen im Bereich der Jugendkriminalität.
Ist das auch ein Ergebnis der Arbeit im Präventionsrat?
Ja, das würde ich gerne wissen. Irgendwo sicherlich schon. Aber ich denke, dass auch die Abwanderung damit zu tun hat, die Überalterung, die Erziehungsinstanzen und dann noch ein kleinwenig Präventionsarbeit. Es gibt

Ausnahmen. Es gibt Projekte, bei denen man sagen kann, dass man dadurch viel erreicht hat. Eine solche Ausnahme ist die Schulabschlussfeier, die wir im Hintergrund koordinieren. Wir hatten Auseinandersetzungen mit 400 betrunkenen, randalierenden Jugendlichen. Wir haben jetzt einen Träger für diese Veranstaltung und haben seit dem keine Krawalle mehr. Das ist eine Veranstaltung, die zu 100% ein Gewinn war." (KfS 1)

Als positiver Effekt der Präventionsarbeit wird zudem immer wieder die verbesserte Vernetzung und Kommunikation zwischen den staatlichen und nichtstaatlichen Bereichen, denen die Akteure der Präventionsgremien angehören, erwähnt:

Was bei uns sehr gut funktioniert, ist die Vernetzung, die sich über diesen Präventionsrat sehr gut entwickelt hat. Einfach, dass man voneinander mehr weiß. Damals gab es schon noch Berührungsängste oder einfach Nichtkenntnis, was Jugendgerichtshilfe, Polizeiarbeit usw. angeht, was die so tun. Das hat sich jetzt komplett aufgelöst. (LK 1)

„Eigentlich, dass die Vernetzung und die Zusammenarbeit so gut geklappt haben, sonst hätten wir diese Projekte nicht so gut hinbekommen. Was mir am Kriminalpräventionsrat besonders gut gefällt ist, dass die Leute so spontan sind. Wir sind nicht so bürokratisch. Wenn ich jemanden anrufe, weil ich dringend mit ihm über ein Thema sprechen muss, dann klappt das auch sofort. Es sagt keiner, dass etwas nicht gehen würde." (S3)

„... dass wir unterm Strich ein Gremium geschaffen haben, wo Austausch erfolgt, Informationsfluss erfolgt und ein Stück weit Ideen geboren werden, die auch vereinzelt in der Realität umgesetzt werden. Das ist positiv und dass es richtig ist, zeigt die Entwicklung in bestimmten Bereichen ... Das erste Projekt, das wir angeschoben haben, war Schulsozialarbeit. Die Beziehungen, die wir da unter den Verantwortlichen aufgebaut haben, darauf kann man stolz sein. Ob das nun Polizei, Schulleiter oder Richter ist, wenn etwas ist, hat keiner ein Problem damit einen anderen anzurufen. Das ist viel wert" (S 7)

8.11 Zukunftsaussichten

In Hinblick auf eine für Mecklenburg-Vorpommern geplante Kreisgebietsreform wurden die Interviewpartner zu ihren Vorstellungen befragt, welcher Strukturen es in Zukunft für die Kommunale Kriminalprävention bedürfe.

Durch diese Kreisgebietsreform sollten im Jahre 2009 die bisherigen zwölf Landkreise aufgelöst werden. Es war geplant fünf neue Kreise zubilden, in welche die bestehenden sechs kreisfreien Städte eingegliedert werden. Die Grundlage dieser Reform – das Gesetz zur Modernisierung der Verwaltung des Landes Mecklenburg-Vorpommern vom 23.05.2006 – wurde zwar mit Urteil des Landesverfassungsgerichts vom 26.07.2007 für verfassungswidrig erklärt.[386] Eine Reform der Kreisstruktur wird es dennoch aller Voraussicht nach geben, zumal die Verfassungsverstöße nicht derartig gravierend sind, als dass eine verbesserte Rechtsgrundlage, die den Vorgaben des Urteils Beachtung schenkt, einer erneuten Prüfung nicht standhalten könnte.

Eine Vielzahl der Befragten kam zu dem Ergebnis, dass es dann auf Ebene der Kreise mehrerer hauptamtlicher Vollzeitkräfte bedürfte, die als Koordinationsbüro die Gremien auf örtlicher Ebene unterstützen müssten:

> *„Wir haben darüber schon mit Herrn Schlender[387] gesprochen. Hauptamtliche Stellen könnte man sich dann in den Kreisstädten vorstellen. Die müssten koordinierend tätig werden. Dadurch, dass die Einzugsgebiete auch sehr groß werden, hätten die keine anderen Aufgaben als zu koordinieren ... Man kann sich auch vorstellen, dort Präventionsbüros einzurichten, ein Koordinator mit einer zweiten Fachkraft, beide zu 100%. Aber auch das bringt keine Projektarbeit, sondern nur Koordination." (KfS 1)*

> *„Im Grunde ist zu empfehlen, dass die Gemeinden und Kommunen dann kleinere Präventionsgremien haben sollten. Wobei ich denke, dass man auch nicht immer das gesamte Spektrum abdecken muss. Eine Kleinstadt muss keine Suchtprävention machen, wenn sie eher Krach am Sportplatz hat, muss sie sich damit beschäftigen. Man sollte (örtliche) Präventionsgremien einrichten und dann natürlich auf Kreisebene.*
> ***Vielleicht sogar ein Präventionsbüro, in dem zwei bis drei Personen zusammenarbeiten?***
> *Also mindestens zwei.*
> ***Die dann die entsprechende Vernetzungsarbeit zu den örtlichen Gremien machen könnten und auch inhaltlich helfen könnten?***
> *Klar. Auf Gemeindeebene wird es immer nebenher laufen, so dass dort immer der Input von Außen gebraucht werden wird. Auch Unterstützung von Leuten, die das professionell machen und bestimmte Probleme oder Themen moderieren können." (KfS 4)*

> ***„Das heißt, Sie würden es nicht hin bekommen, wenn in diesem Großkreis nur eine Koordinatorin wäre?***
> *Würde ich auf keinen Fall. Es müssten dann auch neue Strukturen her. Ich denke, es müsste ganz viel passieren. Vor allem müsste auch der politische*

386 *LVerfG* 9-17/06 abrufbar unter: http://www.landesverfassungsgericht-mv.de/index_aktuell.htm.

387 Geschäftsführer des Landesrates für Kriminalitätsprävention.

Wille da sein, damit etwas passiert. ... Es wäre auch die Chance, dass man regelmäßigen Austausch hätte. Aber einer alleine, das ist unmöglich.
Also, wenn man auf Großkreisebene eine Geschäftsstelle hätte, wo ein Team arbeitet und sich austauscht?
Austauschen und dann kann man ja schauen, ob man Aufgaben zuteilt oder ob man sich auch auf Ehemalige beruft. Da wäre vieles denkbar. Aber das müsste dann auch gewollt sein und die Mittel müssten dementsprechend fließen, weil dort auch Stellen bezahlt werden müssten." (LK 1)

„...Ein oder zwei Stellen, die dann auch ein bisschen Lobbyarbeit machen würden oder auch als Vertreter in den Ausschüssen sitzen würden.
Mit welchen Rechten müssten sie dann ausgestattet sein?
Die müssten durchaus dann in den verschiedenen Ausschüssen Rederecht oder auch Stimmrecht haben ... Eine koordinierende Stelle ohne Rechte, die nur den Zeigefinger hebt, das bringt nichts, das ist auch meine Erfahrung." (LK 3)

Eine Kreisgebietsreform würde die einmalige Chance bieten, den Organisationsaufbau zu modernisieren und die Aufgabe der Kommunalen Kriminalprävention auch strukturell zu verstetigen. Die Mitarbeiterteams der Präventionsbüros könnten aus den erfahrenen Koordinatoren sowie neu einzustellenden Fachkräften bestehen. Diese Mitarbeiter könnten sodann das Gremium des Landkreises koordinieren als auch die örtlichen Gremien und ihre Koordinatoren organisatorisch und inhaltlich unterstützen.

Einige Befragte befürchten jedoch, dass der Kontakt zwischen den örtlichen Gremien und dem Gremium des Landkreises abreißt:

„Im Rahmen der Präventionsräte wird man sich auch den neuen Strukturen anpassen müssen. Dann ist zu klären, ob man es noch ehrenamtlich machen kann oder besser hauptamtlich und in wie weit man dann noch den Kontakt zu den Kommunen halten kann. Das ist heute schon sehr schwierig. Das ist eine große Gefahr. Die Strukturänderung wird sich auf alle Bereiche beziehen, sei es Sport, Feuerwehr etc. alle werden überlegen müssen, wo sie ihre eigene Geschäftsführung ansiedeln werden. Sie wird immer dort angesiedelt werden, wo auch der Kreissitz ist, alles andere macht wenig Sinn. Die nächste Frage wird sein, wie viel „man power" man einsetzen kann." (LK 2)

„Man müsste dann ein gutes Netzwerk zwischen den Präventionsräten aufbauen, damit ein reger Austausch an Informationen und eine Vernetzung der Projekte untereinander stattfinden können. Erfahrungen müssten weitergegeben werden, damit man sich an Dingen orientieren kann, die sich bisher bewährt haben." (S 4)

9. Wesentliche Ergebnisse und Empfehlungen

9.1 Gegenüberstellung von Soll-Konzept und Ist-Zustand

9.1.1 Gesamtgesellschaft abbildende Zusammensetzung der Präventionsgremien

Die Zusammensetzung der Gremien bildet keineswegs die gesamte Gesellschaft ab. Die Gremien setzen sich hauptsächlich aus Vertretern der Leitung der Kommunalverwaltung, der Ordnungsverwaltung, der Polizei und der Justiz zusammen. Sehr häufig stammen die Mitglieder auch aus den Bereichen Jugendarbeit und Schule sowie aus den Vereinen und Verbänden der Kommunen, also den Trägern der sozialen Arbeit. Das Präventionsgremium erlaubt also nicht eine lediglich überbehördliche Zusammenarbeit. Es ermöglicht allen, die im Rahmen ihrer Tätigkeit Einfluss auf kriminalitätsrelevante Faktoren haben, eine Vernetzungs- und Zusammenarbeitsmöglichkeit.

Um die Gesamtgesellschaft abzubilden, müssten in den Gremien typischerweise auch Jugendliche, Migranten, Ausländer, Täter, Opfer, Rechtsradikale etc. vertreten sein. Eine derartige Zusammensetzung würde die Arbeitsfähigkeit der Gremien jedoch stark beeinträchtigen. Denn zum einen hat sich herausgestellt, dass die Mitgliederzahl der Gremien beschränkt werden sollte. Zum anderen ist anzunehmen, dass derartig heterogen zusammengesetzte Gruppen auf große Schwierigkeiten in der Konsensbildung stoßen würden. Um Bedürfnisse oder Anliegen der gesellschaftlichen Gruppen zu erkennen, müssen diese nicht in Präventionsgremien vertreten sein. Es genügt, wenn die Gremien Maßnahmen ergreifen, die ein besseres Verständnis jedweder Gesellschaftsgruppen ermöglichen.

9.1.2 Vorsitz durch Verwaltungsspitze

In Mecklenburg-Vorpommern ist es überwiegend gelungen, dass sich wichtige Entscheidungsträger der verschiedenen Gebietskörperschaften an die Spitze der Präventionsgremien stellen. Wie wichtig es ist, dass der Bürgermeister, der Landrat oder Amtsvorsteher die Präventionsarbeit unterstützt, wurde durch die Befragten immer wieder betont. Präventionsgremien, die ohne diesen Rückhalt tätig sind, mühen sich häufig vergebens und geben ihre Arbeit infolgedessen bald auf.

In den Gebietskörperschaften, in denen aktive Präventionsgremien bestehen, ist die Kriminalprävention also tatsächlich häufig „Bürgermeisterpflicht“.

9.1.3 *Koordination durch eine im Idealfall hauptamtliche Kraft*

Vom Idealbild der hauptamtlichen Koordination hat sich Mecklenburg-Vorpommern leider außerordentlich stark entfernt. Im Jahr 2008 gab es hierzulande lediglich noch zwei hauptamtliche Koordinatoren. Der betreffende Landkreis und die betreffende kreisfreie Stadt bilden – und das mag kaum verwundern – die Musterbeispiele für Aktivität und Organisationsstruktur. Hier gibt es eine Vielzahl von Projekten. Die hauptamtlichen Koordinatoren haben zudem die Möglichkeit, die Arbeitsgemeinschaften sowie, im Fall des Präventionsrates auf Landkreisebene, die örtlichen Gremien zu unterstützen. Andere Präventionsgremien zehren von Zeiten, in denen das Gremium ebenfalls komfortabler koordiniert wurde oder vom kräfteraubenden Engagement ihrer lediglich freigestellten Koordinatoren oder Vorsitzenden. Wenn es in Mecklenburg-Vorpommern nicht gelingt, die Präventionsarbeit wieder auf mehrere hauptamtlich koordinierte Gremien in den Landkreisen und kreisfreien Städten zu stützen, wird die Gremienlandschaft verarmen. Nur hauptamtliche Kräfte oder zumindest Mitarbeiter, die 20 Wochenstunden für die Koordinierungsarbeit freigestellt sind, können sich fortbilden und in den Arbeitsgemeinschaften des Landesrates mitarbeiten. Die Projektdokumentation und Selbstevaluation erfordern selbstverständlich ebenfalls Arbeitszeit. Diese Beispiele sollen verdeutlichen, dass auch die Querschnittsaufgabe der Kriminalprävention nicht ohne den Einsatz personeller Ressourcen auskommt.

Auf örtlicher Ebene ist die Koordinierung durch einen freigestellten Mitarbeiter natürlich umsetzbar. Diese Gremien bedürfen jedoch der Unterstützung des kreislichen Präventionsrates. Diese Unterstützungsarbeit kann wiederum nur eine hauptamtliche Kraft auf Kreisebene leisten.

9.1.4 *Bürgerbeteiligung*

Die Mitgliedschaft „funktionsloser" Bürger, also von Bürgern, die nicht aufgrund ihrer Tätigkeit in Vereinen, der Verwaltung etc. in den Präventionsgremien mitarbeiten, ist eine Ausnahmeerscheinung in den Präventionsgremien Mecklenburg-Vorpommerns. Viele Befragte erachten den Aspekt der Bürgerbeteiligung auch als weniger wichtig. Andere befürchten, dass die Effizienz der Gremienarbeit leiden würde, wenn die Gremien sich für Bürger öffnen würden. Zudem teilen auch einige Praktiker die Ansicht, dass die Kriminalprävention kein Arbeitsfeld für „Jedermann" darstellt. So könnte die Arbeit der Gremien durch populistische oder gar verfassungsfeindliche Einflüsse boykottiert werden.

9.1.5 *Aufspaltung der Gremien in Lenkungs- und Arbeitsebene*

Fast die Hälfte der befragten Gremien hat Arbeitsgruppen eingerichtet. Die praktische Arbeit in den Kommunen hat gezeigt, dass es am sinnvollsten ist, ein Lenkungsgremium einzurichten, dessen Mitglieder in ihren jeweiligen Bereichen entscheidungsbefugt sind, sowie Arbeitsgruppen mit bestimmten Projekten oder Themen zu betrauen. Diese Arbeitsgruppen laufen dann weniger Gefahr, in ihrer Arbeitskraft zu ermüden, wenn sie projektbezogen sind und dadurch bereits nur für einen bestimmten Zeitraum bestehen. Sind Arbeitsgruppen zur Bearbeitung eines bestimmten Themas eingerichtet, sollten diese Gruppen zeitlich begrenzt werden.

9.1.6 *Erstellung eines kommunalen Kriminalitätslagebildes*

Die Vorstellung, dass die Gremien vor der Entwicklung von Präventionsprojekten umfassende kriminologische Regionalanalysen in ihrer Kommunen erstellen (lassen), entspricht nicht der Realität in Mecklenburg-Vorpommern. Der finanzielle und zeitliche Aufwand einer kriminologischen Regionalanalyse steht derzeit für viele Befragte außerhalb jeder Relation. Hierzulande wurden nur sehr vereinzelt umfassende kriminologische Regionalanalysen durchgeführt. Zur Bestimmung der Zielrichtung von Präventionsprojekten dienen vorwiegend die Gespräche unter den Präventionsratsmitgliedern sowie die Bewertung der polizeilichen Kriminalstatistik.

9.1.7 *Durchführung von Präventionsprojekten*

Die in Mecklenburg-Vorpommern zum Zeitpunkt der Befragung bestehenden Präventionsgremien sind keine sogenannten „Labergremien“. Im Jahr 2004 haben 70% der Gremien mindestens ein Projekt durchgeführt. Dass ihr Gremium ein Projekt anderer Träger unterstützt habe, gaben 77% der Befragten an.

9.1.8 *Dokumentation und Evaluation der Projekte*

Im Rahmen der Befragung konnte eruiert werden, dass zumindest eine Dokumentation größerer Projekte recht häufig erfolgt. Dies ist insofern auch glaubwürdig, weil diese größeren Projekte meist mischfinanziert sind und der Mittelgeber eine Projektplanung und nach Abschluss des Projekts auch eine Verlaufsbeschreibung verlangt.

Selbst- oder Fremdevaluation findet dagegen nur äußerst selten statt. Diese qualitätsverbessernden Maßnahmen scheitern wiederum an der ungenügenden personellen und finanziellen Ausstattung.

9.2 Erfolgsfaktoren

Auf Grundlage der Interviews mit den Akteuren der Kommunalen Kriminalprävention konnten Strukturelemente herausgearbeitet werden, welche die Interviewpartner für eine erfolgreiche und beständige Präventionsarbeit auf Ebene der Landkreise und kreisfreien Städte als notwendig erachten. Dies sind im Einzelnen folgende Erfolgsfaktoren:

- Entscheidungsträger der Kommunen haben den Vorsitz in den Präventionsgremien;
- Hauptamtliche, in der Verwaltung angebunden Mitarbeiter koordinieren die Gremien;
- die Gremien sind in eine Lenkungs- und eine Arbeitsebene aufgespaltet;
- die Arbeitsgruppen sind personell und zeitlich begrenzte sowie mit konkreten Arbeitsinhalten oder Projekten befasst;
- die Gremien sind durch Mittel der Kommune sowie durch Mittel, welche durch einen Förderverein akquiriert werden, in der Lage, Präventionsprojekte zu finanzieren.

Zu ähnlichen Empfehlungen kommt auch das Forschungsgruppe des „Instituts des Rauhen Hauses für soziale Praxis" im ihrem Abschlussbericht über ein Projekt, welches die Kooperation von Polizei, Staatsanwaltschaft, Jugendgerichten sowie der Jugendhilfe in den Präventionsgremien an drei Modellstandorten Mecklenburg-Vorpommerns untersuchte, sowie *Schneiders* und *Franke,* die im Rahmen ihrer Forschungsarbeit nach effektiven Organisationsstrukturen für die kommunale Sicherheitsvorsorge der Stadt Osnabrück. Suchten.[388]

So empfehlen *Pleiger, El Zaher* und *Friedrich*, dass die Arbeit der Gremien von einer zentralen, hauptamtlichen Stelle koordiniert werden soll, die Kommunale Kriminalprävention zur Chefsache zu machen und mit angemessenen finanziellen Mitteln auszustatten ist.[389]

Schneider und Franke raten zur Berufung eines Präventionsbeauftragten, der in der Kommunalverwaltung direkt unter der Verwaltungsspitze anzusiedeln und von der Kommune zu finanzieren ist. Er sollte ohne Anbindung an ein bestimmtes Fachressort arbeiten, einen eigenen präventionsgebundenen Haushaltstitel zu Verfügung gestellt bekommen und mit umfassenden Teilnahme- und Mitspracherechten ausgestattet werden. Ihm ist ein Beratungsgremium zur

388 Siehe zu diesen Forschungsprojekten *Kap. 6.2.*

389 *Pleiger/El Zaher/Friedrich* 2002, S. 96.

Seite zu stellen, das aus sechs bis acht Mitgliedern in leitenden Positionen aus den Bereichen Stadtverwaltung, Polizei, Justiz und Wissenschaft besteht.[390]

9.3 Verbesserungsvorschläge

Die größte Gefahr für die Entwicklung der Kommunalen Kriminalprävention in Mecklenburg-Vorpommern ist der massive Rückgang hauptamtlich koordinierter Gremien auf Ebene der Landkreise und kreisfreien Städte. Soll das Niveau der kriminalpräventiven Arbeit auf kommunaler Ebene erhalten oder gar verbessert werden, braucht es Instrumente, welche die hauptamtliche Koordination der Gremien sichert. Das effektivste Mittel wäre die Schaffung eines Präventionsgesetzes, welches Gebietskörperschaften ab einer bestimmten Größe verpflichtet, einen hauptamtlichen Präventionskoordinator zu bestellen, und welches Pflichten und Rechte dieses Koordinators näher bestimmt – ähnlich der Regelungen im Bereich des Datenschutzes oder der Gleichstellung. Neben den klassischen Regelungsinhalten eines solchen Gesetzes, wie den Gesetzeszielen, dem Geltungsbereich und den notwendigen Begriffsbestimmungen, wäre die zentrale Norm eines Präventionsgesetzes diejenige, welche die Einrichtung von Geschäftsstellen und die Bestellung hauptamtlicher Koordinatoren verpflichtend festschreibt. Diese könnte wie folgt lauten:

> „*Die Kreise, kreisfreien Städte, Ämter*[391] *und amtsfreien Gemeinden haben eine Geschäftsstelle zur Koordination der Kommunalen Kriminalprävention einzurichten und einen Koordinator zu bestellen, welcher in den Landkreisen und kreisfreien Städten hauptamtlich tätig ist.*“

Zudem wären die Regelung bestimmter Beteiligungs- und Rederechte sowie die Informationspflicht eines Präventionskoordinators elementar. Denn die Kriminalprävention tangiert die unterschiedlichsten Bereiche, sodass eine Mitwirkung an den politischen Entscheidungen der Kommune von großer Bedeutung wäre.

Dass der Erlass eines Präventionsgesetzes möglich ist, wurde in *Kapitel 5* erläutert.[392] Gleichgültig ob die Kommunale Kriminalprävention nun als Aufgabe im übertragenen Wirkungskreis oder als pflichtige Selbstverwaltungsaufgabe wahrgenommen wird, hätte das Bundesland für finanziellen Ausgleich einer eventuell entstehenden finanziellen Mehrbelastung zu sorgen. Die Entwicklung in Mecklenburg-Vorpommern wird zeigen, wie viel die Landesre-

390 *Franke/Schneiders* 2007, S. 136 ff.

391 Vgl. zum Begriff der Ämter *Fn. 354*.

392 Siehe dazu *Kap. 5.4*.

gierung bereit ist, für die Kriminalprävention auf kommunaler Ebene zu investieren.

Die anstehende Kreisgebietsreform[393] böte eine hervorragende Gelegenheit, der Kriminalprävention auf kommunaler Ebene neue Impulse zu geben. Ein Umstrukturierungsprozess wäre dann auch für die Struktur der Präventionsgremien erforderlich. Auf der Ebene künftiger „Großkreise" müssten dann Geschäftsstellen eingerichtet werden, in welchen mehrere hauptamtliche Mitarbeiter beschäftigt würden, die das Gremium auf Kreisebene koordinierten und die Gremien der örtlichen Präventionsräte und deren Koordinatoren unterstützten.

Ein alternatives aber weniger wirksames Instrument, die hauptamtliche Koordination der Gremien zu begünstigen, wären Zielvereinbarungen zwischen der Landesregierung und den einzelnen Landkreisen und kreisfreien Städten. Diese Zielvereinbarungen könnten den gleichen Regelungsinhalt wie ein Präventionsgesetz haben. Da diese weniger verbindlich als ein Präventionsgesetz sind, wären die Widerstände der kommunalen Spitzenverbände vermutlich geringer.

Die qualitative Befragung brachte zum Vorschein, dass es an Informationsaustausch unter den Gremien mangelt. Die Koordinatoren brauchen mehr Gelegenheiten, Anregungen für ihre Arbeit in den Kommunen zu erhalten. Denkbar wäre die Einrichtung einer Landeskonferenz, in deren Rahmen sich die Koordinatoren regelmäßig treffen. Das Amt des Vorsitzenden sollte rotieren und die Treffen unter bestimmte Mottos gestellt werden. Zudem könnten Untergruppen gebildet werden, die den unterschiedlichen Interessen der Koordinatoren auf Ebene der Landkreise und kreisfreien Städte oder örtlichen Gremien gerecht würden.

Eine weitere Möglichkeit, den Koordinatoren die Möglichkeit des Austausches zu ermöglichen, wäre, ihnen Schulungen anzubieten. Gleichzeitig könnte die notwendige Professionalisierung der Akteure erfolgen. Bisher haben diese weder das Handwerkszeug, Projekte theoretisch zu fundieren, geschweige denn diese selbst zu evaluieren. So bietet der Landesrat Niedersachsens ab Februar 2008 ein Qualifizierungsprogramm an, welches Basiswissen in der Kriminologie, der Kriminalprävention, zu den rechtlichen Grundlagen, der Selbstevaluation und dem Projekt- und Qualitätsmanagement vermittelt. Ähnliches wäre auch für Mecklenburg-Vorpommern notwendig.

Ein Instrument, die Dokumentation und Evaluation von Präventionsprojekten zu fördern, wäre die Auslobung eines gut dotierten Präventionspreises durch den Landesrat. Zusätzlich würde auf diese Weise ein Pool dokumentierter Projekte entstehen, die veröffentlicht werden könnten und so als Ideengeber fungieren könnten.

---

393 Siehe dazu *Kap. 8.11.*

Um die vermehrte Gründung von Fördervereinen auch auf Ebene der amtsangehörigen Städte, Ämter und Gemeinden anzuregen, sollte der Landesrat darauf hinweisen, dass es auch möglich ist, dass die Mitglieder eines Präventionsgremiums einen gemeinnützigen Verein gründen können, der dann in der Lage wäre, Spendengelder einzunehmen. Es muss keineswegs immer ein externer Förderverein angegliedert werden. Der Entwurf einer Mustersatzung wäre sicherlich ein hilfreiches Angebot.

9.4 Schlussbetrachtung

Ein wesentliches Ergebnis der theoretischen Überlegungen dieser Arbeit ist das Definitionsangebot zum Konzept der Kommunalen Kriminalprävention:

> Kommunale Kriminalprävention ist demnach eine praktische Strategie auf lokaler Ebene, bei der in einem ressortübergreifend besetztem Gremium, Ursachen von Kriminalität ermittelt werden, um daran anknüpfend geeignete Maßnahmen zur Reduzierung von Ausmaß und Schwere der Kriminalität zu entwickeln und diese selbst – bzw. insbesondere bei Maßnahmen mit Eingriffscharakter durch Veranlassung der zuständigen Behörden – zu verwirklichen.

Zudem konnte die Prüfung der rechtlichen Zuständigkeiten herausstellen, dass § 1 Abs. 2 SOG M-V allen Behörden und anderen Trägern öffentlicher Aufgaben des Landes sowie den Kommunen die Aufgaben der Kommunalen Kriminalprävention zuweist.

Die Kartographierung der Gremienlandschaft Mecklenburg-Vorpommerns ermöglicht außerdem endlich eine Diskussion über tatsächlich umgesetzte Kriminalprävention auf kommunaler Ebene. So läuft die Kritik, welche am Aspekt der Bürgerbeteiligung ansetzt,[394] ins Leere, da „funktionslose" Bürger in den Gremien Mecklenburg-Vorpommerns kaum vertreten sind.

Das Konzept der Kommunalen Kriminalprävention sollte deshalb von der rückwärtsgewandten, sozialromantischen Vorstellung[395] der Bürgerbeteiligung und des gesamtgesellschaftlichen Engagements bereinigt werden und die Akteure Kommunaler Kriminalprävention von dem Dogma entbinden, dass ihr Gremium nur dann dem Ideal entspricht, wenn es Bürger zu seinen Mitgliedern zählen kann. Es genügt, wenn sich die Gremien ihrer Hauptaufgabe – der Reduzierung von Kriminalität – zuwenden. Wenn die Gemeinschaft einer Kommune gestärkt werden soll, weil man sich davon kriminalpräventive Wirkungen er-

394 Vgl. dazu *Kap. 3.7.*

395 So auch *Heinz* 1997, S. 87.

hofft, so kann dies im Rahmen konkreter Präventionsprojekte erfolgen (z. B. bei der Bekämpfung rechtsextremer Strukturen, wo es tatsächlich auf einen breiten bürgerschaftlichen Konsens und ein entsprechendes Engagement ankommt).[396] Die Vorstellung, dass die Entfaltung und Stärkung von Gemeinschaft quasi als Nebenprodukt der Gremienarbeit „abfällt", ist im Übrigen jedoch eher unrealistisch und belastend.

Die Kommunalen Präventionsgremien Mecklenburg-Vorpommerns initiieren Präventionsprojekte, bieten ihren Mitgliedern eine fächerübergreifende Zusammenwirkungsmöglichkeit und schaffen zumindest bei den Akteuren ein Bewusstsein für das Themenfeld der Prävention delinquenten Verhaltens – dies für sich genommen ist schon eine Bereicherung.

396 Vgl. *Dünkel/Geng* 1999, S. 367 ff., 387 f.; *Dünkel/Gebauer/Geng* 2008, S. 331 ff., 344 ff.

10. Literaturverzeichnis

Albrecht, P.-A. (1983): Perspektiven und Grenzen polizeilicher Kriminalprävention: Diversionsmodelle aus den USA in der Sicht deutscher Instanzvertreter. Ebelsbach u. a.

Albrecht, H.-J. (1993): Kriminelle Karrieren. In: Kaiser, G., Kerner, H.-J., Sack, F., Schellhoss, H. (Hrsg.): Kleines Kriminologisches Wörterbuch. 3. Aufl., Heidelberg, S. 301-308.

Albrecht, H.-J. (1997): Zur Sicherheitslage der Kommunen. In: Kury, H. (Hrsg.): Konzepte Kommunaler Kriminalprävention. Freiburg, S. 147-165.

Albrecht, H.-J., Dünkel, F., Spieß, G. (1981): Empirische Sanktionsforschung und die Begründbarkeit von Kriminalpolitik. MschrKrim 64, S. 310-326.

Ammer, A. (1993): Kommunale Kriminalprävention. Chancen durch kommunale Räte für Kriminalitätsverhütung. In: Rat für Kriminalitätsverhütung in Schleswig-Holstein (Hrsg.): Dokumentationsreihe, Band 2. Kiel.

Anderson, N. (1967): The Hobo. The Sociology of the Homeless Man. Chicago.

Andrews, D. A., Zinger, I., Hoge, R. D., Bonta, J., Gendreau, P., Cullen, F. T. (1990): Does Correctional Treatment Work? A Clinically Relevant and Psychologically Informed Meta-Analysis. Criminology 28, S. 369- 404.

Arbeitsstelle Kinder- und Jugendkriminalitätsprävention (2003): Evaluierte Kriminalprävention in der Kinder und Jugendhilfe. Erfahrungen und Ergebnisse aus fünf Modellregionen. München, Internetpublikation: http://cgi.dji.de/bibs/_7_Evaluation_1.pdf.

Aulehner, J. (1998): Polizeiliche Gefahren- und Informationsvorsorge. Grundlagen, Rechts- und Vollzugsstrukturen, dargestellt auch im Hinblick auf die deutsche Beteiligung an einem Europäischen Polizeiamt (EUROPOL). Berlin.

Babl, S., Bässmann, J. (1996): Kriminalprävention in Deutschland und Europa. Akteure, Modelle und Projekte. Ausgewählte Dokumente aus dem Infopool. Wiesbaden.

Bannenberg, B., Rössner, D. (2003): Preventing Crime: What works, wath doesn´t, what´s promising? Der 'Sherman-Report' und seine Bedeutung für die deutsche Kriminalprävention. Zeitschrift für Jugend-kriminalrecht und Jugendhilfe 14, S. 111-119.

Bässler, R. (1987) Quantitative oder qualitative Sozialforschung in der Sportwissenschaft. Ein Beitrag zur Methodendiskussion. Wien.

Behrendes, U. (1988): Von der Eilzuständigkeit zur Allzuständigkeit? Die Polizei 79, S. 220-228.

Behring, A., Göschl, A., Lustig, S. (1996): Zur Praxis einer „Kultur des Hinschauens“. Motivationslagen und Handlungsformen von Angehörigen der bayerischen Sicherheitswacht. Kriminalistik 50, S. 49-54.

Bennett, T. (1990): Evaluating Neighbourhood Watch. Aldershot u. a.

Berner, F. (1999): Die Kommunalisierung der „Inneren Sicherheit“. Über die Institutionalisierung der kommunalen Kriminalprävention. Bielefeld (unveröffentlichte Diplomarbeit, Universität Bielefeld, Fakultät für Soziologie).

Berner, F., Groenemeyer, A. (2000): „... denn sie wissen nicht was Sie tun“ – Die Institutionalisierung Kommunaler Kriminalprävention im Kriminalpräventiven Rat. Soziale Probleme 11, S. 83-115.

Berner, F., Groenemeyer, A. (2003): Kriminalpolitische Diskurse und die Institutionalisierung kommunaler Kriminalprävention. In: Groenemeyer, A. (Hrsg.): Soziale Probleme, Gesundheit und Sozialpolitik. Band 3, S. 85-114, Internetpublikation: http://www.uni-bielefeld.de/sozprob/Soziale %20 Probleme%20Nr%203.pdf

Besch, D., Dünkel, F., Geng, B. (1997): Kommunale Kriminalprävention in Mecklenburg-Vorpommern. Bestandsaufnahme und methodische Aspekte eines Forschungsansatzes. In: Kury, H. (Hrsg.): Konzepte Kommunaler Kriminalprävention, Freiburg, S. 522-552.

Boers, K. (1993): Kriminalitätsfurcht. Ein Beitrag zum Verständnis eines sozialen Problems. MschrKrim 76, S. 65-82.

Boese, N. (1996): Prävention als kommunale Aufgabe. In: Trenczek, T., Pfeiffer, H. (Hrsg.): Kommunale Kriminalprävention. Paradigmenwechsel und Wiederentdeckung alter Weisheit. Bonn, S. 41-53.

Bohnsack, R., Marotzki, W., Meuser, M. (2006): Hauptbegriffe qualitativer Sozialforschung. 2. Aufl., Opladen u. a.

Bohnsack, R. (2008): Rekonstruktive Sozialforschung. Einführung in die Methodologie und Praxis qualitativer Sozialforschung. 7. Aufl., Opladen u. a.

Born, S. (2005): Kommunale Kriminalprävention in Berlin. Strategien, Potenziale und Risiken. Berlin.

Bornewasser, M., Mächler, G., Krense, T. (2002): Kriminologische Regionalanalyse in der Hansestadt Greifswald für die Stadtteile Innenstadt, Schönwalde II, Wieck und Eldena. Greifswald.

Bornewasser, M. (2003): Die Kriminologische Regionalanalyse als methodischer Baustein einer dynamischen und qualitätsorientierten Kriminalitätskontrolle. In: Kuratorium der Polizei-Führungsakademie (Hrsg.): Angewandte Kriminologie und Kriminalprävention. Entwicklungen, Sachstand und Perspektiven. Festschrift für Joachim Jäger. Schriftenreihe der Polizei-Führungsakademie. Dresden, S. 86-107.

Bortz, J., Döring, N. (2006): Forschungsmethoden und Evaluation für Human- und Sozialwissenschaftler. 4. Aufl., Berlin u. a.

Bröckling, U. (2002): Die Macht der Vorbeugung. Widersprüche – Zeitschrift für sozialistische Politik im Bildungs-, Gesundheits- und Sozialbereich 22, Heft 86, S. 39-52.

Brown, L. (1992): Neighbourhood Watch. A Literature Review. Edinburgh.

Bull, H. P. (1993): Sicherheit für Schleswig-Holstein. In: Rat für Kriminalitätsverhütung in Schleswig-Holstein (Hrsg.): Dokumentationsreihe Band 1. Kiel, S. 4-6.

Bundeskriminalamt (1995): Polizeiliche Kriminalstatistik 1994, Wiesbaden.

Bundesministerium des Inneren/Bundesministerium der Justiz (2001): Erster periodischer Sicherheitsbericht. Berlin (s. auch: Internetpublikation: http://www.bmj.bund.de/enid/Studien__Untersuchungen_und_Fachbuecher/ss__Periodischer_Sicherheitsbericht_5q.html.

Bundesministerium des Inneren/Bundesministerium der Justiz (2006): Zweiter periodischer Sicherheitsbericht. Berlin.

Bursik, R. J. (1988): Social Disorganization and Theories of Crime and Delinquency. Criminology 26, S. 519-545.

Cicourel, A. V. (1974): Methoden und Messung in der Soziologie. Frankfurt a. M.

Dembski, C. (2003): Möglichkeiten kommunaler Prävention in der Auseinandersetzung mit Gewalt und Rechtsextremismus am Beispiel der Hansestadt Greifswald. In: Dünkel, F., Geng, B. (Hrsg.): Jugendgewalt und Kriminalprävention. Mönchengladbach, S. 57-72.

Denz, H., Mayer, H. O. (2001): Methodologie der quantitativen Sozialforschung. In: Hug, T. (Hrsg.): Wie kommt die Wissenschaft zu Wissen? Band 2, Hohengehren, S. 52-59.

Deutsch, M. (1992): Die heimliche Erhebung von Informationen und deren Aufbewahrung durch die Polizei. Heidelberg.

Diederichs, O. (1997): Eine Sicherheitswacht für Sachsen. Politischer Taschenspielertrick nach bayerischem Vorbild. Bürgerrechte und Polizei/CILIP 58 (3/1997), Internetpublikation: http://www.cilip.de/ausgabe/58/sichwach.htm.

Dölling, D., Feltes, T., Heinz, W., Kury, H. (2003) (Hrsg.): Kommunale Kriminalprävention – Analysen und Perspektiven. Holzkirchen/Obb.

Dreher, G. (1996): Kommunale Kriminalprävention. Anliegen, Grundgedanken und Ertrag bisheriger Bemühungen. Die Polizei 87, S. 173-183.

Dünkel, F. (1987): Die Herausforderung der geburtenschwachen Jahrgänge. Aspekte der Kosten-Nutzen-Analyse in der Kriminalpolitik. Freiburg.

Dünkel, F., Drenkhahn, K. (2001): Behandlung im Strafvollzug: von „nothing works" zu „something works". In: Bereswil, M., Greve, W. (Hrsg.): Forschungsthema Strafvollzug. Baden-Baden, S. 387-417.

Dünkel, F., Geng, B. (2003): Gewalterfahrungen, gesellschaftliche Orientierungen und Risikofaktoren von Jugendlichen in der Universitäts- und Hansestadt Greifswald 1998 – 2002. In: Dünkel, F., Geng, B. (Hrsg.): Jugendgewalt und Kriminalprävention. Empirische Befunde zu Gewalterfahrungen von Jugendlichen in Greifswald und Usedom/Vorpommern und ihre Auswirkungen für die kommunale Kriminalprävention. Mönchengladbach, S. 1-55.

Dünkel, F., Gebauer, D., Geng, B. (2008): Jugendgewalt und Möglichkeiten der Prävention: Gewalterfahrungen, Risikofaktoren und gesellschaftliche Orientierungen von Jugendlichen in der Hansestadt Greifswald und auf der Insel Usedom. Ergebnisse einer Langzeitstudie 1998 bis 2006. Mönchengladbach.

Eisenberg, U. (2005): Kriminologie. 6. Aufl., München.

Elsbergen, G. v. (1998): Präventionsräte im Vergleich. Ein Überblick der Präventionsaktivitäten in der Bundesrepublik mit einer vergleichenden Analyse der Länder Bayern und Schleswig-Holstein. Hamburg.

Elsbergen, G. v. (2005): Chancen und Risiken kommunaler Kriminalprävention. Eine qualitativ-empirische Analyse. Wiesbaden.

Erichsen, H.-U. (1991): Kommunale Organisationshoheit und Gleichstellungsbeauftragte: Rechtsgutachten zur Vereinbarkeit d. § 2 Abs. 3 GO SH, – allein und in Verbindung mit § 24a AmtsO SH – § 2 Abs. 3 KrO SH mit der verfassungsrechtlichen Gewährleistung der Selbstverwaltung von Gemeinden und Kreisen. In: Schleswig-Holsteinischer Gemeindetag (Hrsg.): Arbeitshefte des Schleswig-Holsteinischen Gemeindetags Nr. 2. Kiel.

Ernst, S. (2004): Angewandter „Methodenmix“? Gruppendiskussionen und schriftliche Befragungen am Beispiel eines Vorstudienmodells in der Hochschulevaluation. Forum Qualitative Sozialforschung, Internetpublikation: http://www.qualitative-research.net/fqs-texte/2-04/2-04ernst-d.htm.

Feltes, T. (1994): Kommunale Kriminalprävention. Ausgangspunkt und Ziele. In: Feltes, T. (Hrsg.): Kommunale Kriminalprävention. Modelle und Erfahrungen. Villingen-Schwenningen, S. 5-8.

Feltes, T. (2004): Gemeinschaftliche statt kommunale Kriminalprävention: Ein neuer Weg? Die Kriminalprävention 8, S. 5-14.

Feltes, T. (2006): Kommunale Kriminalprävention gegen weltweiten Terrorismus? Was hat Hannover mit New York zu tun? In: Feltes, F., Pfeiffer, C., Steinhilper, G. (Hrsg.): Kriminalpolitik und ihre wissenschaftlichen Grundlagen. Festschrift für Prof. Dr. Hans-Dieter Schwind zum 70. Geburtstag. Heidelberg, S. 825-839.

Figueira-McDonough, J. (1992): Community Structure and Female Delinquency Rates. Youth & Society 24, S. 3-30.

Fischer, T. (2009): Strafgesetzbuch und Nebengesetze. 56. Aufl., München.

Flade, A. (1996): Zur öffentlichen Sicherheit in den ostdeutschen Großsiedlungen. MschrKrim 79, S. 114-124.

Flick, U., Kardorff, E. v., Keupp, H., Rosenstiel, L. v., Wolff, S. (1995): Handbuch Qualitative Sozialforschung. Grundlagen, Konzepte, Methoden und Anwendungen. 2. Aufl., Weinheim.

Flick, U. (2008): Triangulation in der qualitativen Forschung. In: Flick, U., Kardorff, E. v., Steinke, I. (Hrsg.): Qualitative Forschung. Ein Handbuch. 6. Aufl., Reinbeck bei Hamburg, S. 309-318.

Flick, U., Kardorff, E. v., Steinke, I. (2008): Was ist qualitative Forschung? Einleitung und Überblick. In: Flick, U., Kardorff, E. v., Steinke, I. (Hrsg.): Qualitative Forschung. Ein Handbuch. 6. Aufl., Reinbek bei Hamburg, S. 13-29.

Flick, U. (2009): Qualitative Sozialforschung – Eine Einführung. 2.Aufl., Reinbek bei Hamburg.

Forschungsgruppe Kommunale Kriminalprävention in Baden-Württemberg (1996): Opfererfahrung, Kriminalitätsfurcht und Vorstellungen zur Delinquenzprävention. Ergebnisse von Bevölkerungsbefragungen im Rahmen des Begleitforschungsprojekts „Kommunale Kriminalprävention" in Baden-Württeberg. In: Trenczek, T., Pfeiffer, H. (Hrsg.): Kommunale Kriminalprävention. Paradigmenwechsel und Wiederentdeckung alter Weisheit. Bonn, S. 118-140.

Forschungsgruppe Kommunale Kriminalprävention in Baden-Württemberg, (1998): Handbuch zur Planung und Durchführung von Bevölkerungsbefragungen im Rahmen der Kommunalen Kriminalprävention. Villingen-Schwenningen.

Forschungsgruppe Kommunale Kriminalprävention in Baden-Württemberg (2000): Ergebnisse der Begleitforschung im Pilotprojekt Kommunale Kriminalprävention in Baden-Württemberg. Holzkirchen.

Franke, K., Schneiders, M. (2007) Strukturierung effektiver kommunaler Kriminalprävention. Die Polizei 98, S. 136-143.

Frehsee, D. (1978): Strukturbedingungen urbaner Kriminalität. Eine Kriminalgeographie der Stadt Kiel unter besonderer Berücksichtigung der Jugendkriminalität. Göttingen.

Frehsee, D. (1998): Politische Funktion Kommunaler Kriminalprävention. In: Albrecht, H.-J., Dünkel, F., Kerner, H.-J., Kürzinger J., Schöch, H., Sessar, K., Villmow, B. (Hrsg.): Internationale Perspektiven in Kriminologie und Strafrecht. Festschrift für Günther Kaiser. 1. Halbband, Berlin, S. 739-763.

Frommel, M. (1987): Präventionsmodelle in der deutschen Strafzweck-Diskussion. Beziehungen zwischen Rechtsphilosophie, Dogmatik, Rechtspolitik und Erfahrungswissenschaften. Berlin.

Froschauer, U., Lueger, M. (1998): Das qualitative Interview zur Analyse sozialer Systeme. 2. Aufl., Wien.

Glaser, B. G., Strauss A. L. (1967): The Discovery of Grounded Theory. Strategies for qualitative research. London.

Götz, V. (2008): Allgemeines Polizei- und Ordnungsrecht. 14. Aufl., Göttingen.

Gräf, M. (1997): Konzepte kommunaler Kriminalprävention. Modelle in Brandenburg. In: H. Kury (Hrsg.): Konzepte Kommunaler Kriminalprävention. Freiburg, S. 504-521.

Goldblatt, P. (1998): Comparative effectiveness of different approaches. In: Goldblatt, P., Lewis, C. (Hrsg.): Reducing offending: an assessment of research evidence on ways of dealing with offending behaviour. London, S. 123 – 137. Internetpublikation: http://www.homeoffice.gov.uk/rds/pdfs/hors187.pdf.

Goldblatt, P., Lewis, C. (1998) (Hrsg.): Reducing offending: an assessment of research evidence on ways of dealing with offending behaviour. London, Internetpublikation: http://www.homeoffice.gov.uk/rds/pdfs/hors187.pdf

Hanak, G. (1996): Die „Community" als Simulation und Realität. In: Trenzcek, T., Pfeiffer, H. (Hrsg.): Kommunale Kriminalprävention. Paradigmenwechsel und Wiederentdeckung alter Weisheiten. Bonn, S. 54-74.

Hassemer, W. (1987): Strafrechtspolitik. Bedingungen der Strafrechtsreform. Frankfurt a. M.

Haubrich, K., Holthusen, B., Struhkamp, G. (2005): Evaluation – einige Sortierungen zu einem schillernden Begriff. DJI Bulletin Plus (Sonderteil) 7, Heft 72, S. 1-4. Internetpublikation: http://www.dji.de/evaluation/Evaluation_Begriff.pdf.

Hegel, G. W. F. (1821): Grundlinien der Philosophie des Rechts oder Naturrecht und Staatswissenschaft im Grundrisse: mit Hegels eigenhändigen Notizen und den mündlichen Zusätzen. Werke 7. 4. Aufl., Frankfurt a. M.

Heinz, W. (1997): Kriminalpolitik, Bürger und Kommune. In: Kury, H. (Hrsg.): Konzepte Kommunaler Kriminalprävention. Freiburg, S.1-146.

Heinz, W. (1998): Kriminalprävention. Anmerkungen zu einer überfälligen Kurskorrektur der Kriminalprävention. In: Kerner, H.-J., Jehle J.-M., Marks, E. (Hrsg.): Entwicklungen der Kriminalprävention in Deutschland. Allgemeine Trends und bereichsspezifische Perspektiven. Mönchengladbach, S. 17-59.

Heinz, W. (2004): Kommunale Kriminalprävention aus wissenschaftlicher Sicht. In: Kerner, H.-J., Marks, E. (Hrsg.): Internetdokumentation Deutscher Präventionstag Hannover. Internetpublikation: http://www.praeventionstag.de/content/9_praev/doku/heinz/index_9_heinz.html.

Heinz, W. (2005a): Kriminalprävention auf justitieller Ebene: Hilft weniger mehr? Alternativen zu „klassischen“ Sanktionen – Erfahrungen aus Deutschland. Internetpublikation: http://www.uni-konstanz.de/rtf/kis/Heinz_Alternativen_zu_klassischen_Sanktionen.pdf.

Heinz, W. (2005b): Kommunale Kriminalprävention aus wissenschaftlicher Sicht. In: Bannenberg, B., Coester, M., Marks, E. (Hrsg): Kommunale Kriminalprävention. Ausgewählte Beiträge des 9. Deutschen Präventionstages. Mönchengladbach, S. 9-30.

Helldörfer, H. (1974): Nürnberg – Kriminalgeographie einer Großstadt. Ein Überblick. In: Akademie für Raumforschung und Landesplanung (Hrsg.): Stadt und Stadtraum. Forschungsbericht des Arbeitskreises „Geschichtliche Entwicklung des Stadtraumes“ der Akademie für Raumforschung und Landesplanung. Hannover, S. 151-169.

Herold, H. (1968): Kriminalgeographie. Ermittlung und Untersuchung der Beziehungen zwischen Raum und Kriminalität. In: Schäfer. H. (Hrsg.): Grundlagen der Kriminalistik. Band 4, Hamburg, S. 201-244.

*Herrmann, H., Jasch, M., Rütz, E.-M. (*2000): Kriminologische Regionalanalyse der Hansestadt Rostock. Güstrow.

Heyen, E. V. (1999). Allgemeines Polizei- und Ordnungsrecht. In: Manssen, G., Schütz, H.-J., (Hrsg.): Staats- und Verwaltungsrecht für Mecklenburg-Vorpommern. Baden-Baden, S. 217-275.

Hoffmann-Riem, W. (1978): Abbau von Rechtsstaatlichkeit durch Neubau des Polizeirechts. Juristenzeitung 33, S. 335-339.

Hohmeyer, C. (1999): Kommunale Kriminalprävention in Deutschland. Akteure, Themen und Projekte kriminalpräventiver Gremien. Bürgerrechte und Polizei/CILIP 64 (3/1999), Internetpublikation: http://www.cilip.de/ausgabe/64/krimpol.htm.

Holthusen, B., Lüders, C. (2003): Evaluation von Kriminalprävention – Eine Thematische Einleitung. In: Arbeitsstelle Kinder- und Jugendkriminalitätsprävention (Hrsg.): Evaluierte Kriminalprävention in der Kinder und Jugendhilfe. Erfahrungen und Ergebnisse aus fünf Modellregionen. München, Internetpublikation: http://cgi.dji.de/bibs/ _7_Evaluation_1.pdf.

Hope, T., Shaw, M. (1988): Communities and Crime Reduction. London.

Hunsicker, E. (1996): Das ressortübergreifende Präventionsmodell Osnabrück. Initiativfunktion von Seiten der Polizei am Beispiel Osnabrück. In: Kube, E., Schneider, H., Stock, J. (Hrsg.): Vereint gegen Kriminalität. Wege der kommunalen Kriminalprävention in Deutschland. Lübeck u. a., S. 189-210.

Innenministerium Baden-Württemberg (1996): Kommunale Kriminalprävention. Stuttgart.

Jäger, J. (2006): Datenbasis für die kommunale Kriminalpolitik: Kriminologische Regionalanalyse. In: Feltes, F., Pfeiffer, C., Steinhilper, G. (Hrsg.):

Kriminalpolitik und ihre wissenschaftlichen Grundlagen. Festschrift für Prof. Dr. Hans-Dieter Schwind zum 70. Geburtstag. Heidelberg, S. 717-723.

Jasch, M. (2003): Kommunale Kriminalprävention in der Krise. Mschrkrim 86, S. 411-420.

Jehle, J.-M. (1996): Möglichkeiten und Grenzen der Kriminalprävention. Einige Überlegungen aus empirischer und strafrechtlicher Sicht. In: Jehle, J.-M. (Hrsg.): Kriminalprävention und Strafjustiz. Wiesbaden, S. 11-33.

Joecks, W. (2009): Strafgesetzbuch : Studienkommentar. 8. Aufl., München.

Jensen, R. L. (1996): Kommunale Kriminalitätsverhütung. Einige Dänische Erfahrungen. In: Trenczek, T., Pfeiffer, H. (Hrsg.): Kommunale Kriminalprävention. Paradigmenwechsel und Wiederentdeckung alter Weisheit. Bonn, S. 307-316.

Johoda, M., Lazarsfeld, L. v., Wolf, S. (1975): Die Arbeitslosen von Marienthal. Ein soziographischer Versuch. Frankfurt a. M.

Kerner, H.-J. (1994): Kriminalprävention. Ausgewählte strukturelle Überlegungen. Kriminalistik 48, S. 171-178.

Kaenel, P. (1981): Die kriminalpolitische Konzeption von Carl Stooss im Rahmen der geschichtlichen Entwicklung von Kriminalpolitik und Straftheorien. Bern.

Kaiser, G. (1979) : Lösungsvorschläge aus der Sicht der Kriminologie. In: Bundeskriminalamt (Hrsg.): Städtebau und Kriminalität. Urban Planing and Crime. Internationales Symposium im Bundeskriminalamt vom 11.-13.12.1978. Wiesbaden, S. 225-232.

Kant, I. (1798): Die Metaphysik der Sitten. Werkausgabe, Band VIII. Herausgegeben von Wilhelm Weischedel. 10. Aufl., Frankfurt a. M.

Kant, M., Pütter, N., Hohmeyer, C. (2000): Kommunale Kriminalprävention in Deutschland. Eine quantitative Annäherung. In: Liebl, K., Ohlemacher, T. (Hrsg.): Empirische Polizeiforschung. Interdisziplinäre Perspektive in einem sich entwickelnden Forschungsfeld. Herbolzheim, S. 201-219.

Kappler, M. (2000): Prävention als Fetisch (in) der Jugendhilfe. Neue Kriminalpolitik 12, S. 23-27.

Kardorff, E. v. (1995): Qualitative Sozialforschung. Versuch einer Standortbestimmung. In: Flick, U., Kardorff, E. v., Keupp, H., Rosenstiel, L. v., Wolff, S. (Hrsg.): Handbuch Qualitative Sozialforschung. Grundlagen, Konzepte, Methoden und Anwendungen. 2. Aufl., Weinheim, S. 3-11.

Kelle, H. (2001): Ethnographische Methodologie und Probleme der Triangulation. Am Beispiel der peer culture Forschung bei Kindern. Zeitschrift für Soziologie der Erziehung und Sozialisation 21, S. 192- 208.

Knemeyer, F.-L. (1999): „Kommunale Kriminalprävention" – richtiger: kommunale Sicherheitsvorsorge. In: Knemeyer, F.-L. (Hrsg.): Innere Sicherheit in der Gemeinde. Kommunale Kriminalprävention. Stuttgart u. a., S. 13-28.

Knemeyer, F.-L. (2007): Polizei- und Ordnungsrecht. Lehr- und Arbeitsbuch mit Anleitungen für die Klausur. 11. Aufl., München.

Kniesel, M. (1992): Vorbeugende Bekämpfung von Straftaten im juristischen Meinungsstreit – eine unendliche Geschichte. Zeitschrift für Rechtspolitik 25, S. 164-167.

Kober, M. (2005): Impulse für das kommunale Präventionsmanagement. Erkenntnisse und Empfehlungen zu Organisation und Arbeit kriminalpräventiver Gremien auf kommunaler Ebene – ein Leitfaden für die Praxis. In: Stiftung Deutsches Forum für Kriminalprävention (Hrsg.): Leitfaden. Bonn.

Koetzsche, H. (1986): Prävention – nichts als ein Fremdwort? Kriminalistik 40, S. 266-269.

Koetzsche, H. (1992): Straftaten verhüten – aber wie? Aus der Arbeit des schleswig-holsteinischen Rats für Kriminalitätsverhütung. Kriminalistik 46, S. 121-124.

Koetzsche, H. (1993): Grenzen der Strafverfolgung. Möglichkeiten und Rahmen repressiver Aktionen. Kriminalistik 47, S. 153-155.

Koetzsche, H. (1994): Projekte der Kriminalitätsverhütung in Deutschland, Belgien, Dänemark, Frankreich, Großbritannien, Niederlande. In: Rat für Kriminalitätsverhütung beim Innenminister des Landes Schleswig-Holstein (Hrsg.): Dokumentationsreihe, Band 4. Kiel.

Koetzsche, H. (1997): Kommunale Kriminalprävention in Schleswig-Holstein. In: Kury, H. (Hrsg.): Konzepte Kommunaler Kriminalprävention. Freiburg, S. 388-411.

Krech, J. (1998) Sicherheits- und Ordnungsrecht des Landes Mecklenburg-Vorpommern. Kommentar. Starnberg.

Kube, E. (1982): Städtebau, Wohnhausarchitektur und Kriminalität. Heidelberg.

Kube, E. (1996): Polizeiliche Kriminalprävention. In: Jehle, J.-M. (Hrsg.): Kriminalprävention und Strafjustiz. Wiesbaden, S. 133-152.

Kube, E., Schneider, H., Stock, J. (1996): Kriminalprävention als kommunale Aufgabe. In: Kube, E., Schneider, H., Stock, J. (Hrsg.): Vereint gegen Kriminalität. Wege der kommunalen Kriminalprävention in Deutschland. Lübeck u. a., S. 11-23.

Kubink, M. (2002): Strafen und ihre Alternativen im zeitlichen Wandel. Berlin.

Kugelmann, D. (2003): Der polizeiliche Gefahrenbegriff in Gefahr? Die Öffentliche Verwaltung 56, S. 781-789.

Kugelmann, D. (2006): Polizei- und Ordnungsrecht. Berlin u. a.

Kury, H. (1999): Zum Stand der Behandlungsforschung oder vom nothing works zum something works. In: Feuerhelm, W., Schwind, H.-D., Bock, M. (Hrsg.): Festschrift für Alexander Böhm zum 70. Geburtstag. Berlin u. a., S. 251-274.

Kury, H. (2001): Kriminalitätskontrolle durch gegenseitige Ergänzung von Prävention und Repression. In: Stober, R., Pitschias, R. (Hrsg.): Vergesellschaftung polizeilicher Sicherheitsvorsorge und gewerbliche Kriminalprävention, S. 57-85.

Kyusgaard, B. (1996): Kommunale Kriminalprävention, Erfahrungen aus Dänemark. In: Trenczek, T., Pfeiffer, H. (Hrsg.): Kommunale Kriminalprävention. Paradigmenwechsel und Wiederentdeckung alter Weisheit. Bonn, S. 141-153.

Lamnek, S. (2005): Qualitative Sozialforschung, 4. Aufl., Weinheim u. a.

Lamnek, S. (2007): Theorien abweichenden Verhaltens. 1. Klassische Ansätze. Eine Einführung für Soziologen, Psychologen, Pädagogen, Juristen, Politologen, Kommunikationswissenschaftler und Sozialarbeiter. 8. Aufl., Paderborn u. a.

Landeskriminalamt Mecklenburg-Vorpommern (1997): Leitfaden. Kommunale Kriminalprävention in Mecklenburg-Vorpommern.

Landeskriminalamt Baden-Württemberg (1996): Handbuch Kommunale Kriminalprävention. Stuttgart.

Landespräventionsrat Hessen (2002): Leitfaden für die Arbeit kommunaler Präventionsräte. Darmstadt, Internetpublikation: http://www.Landespraeventionsrat.hessen.de/C1256E3F002CF42E/CurrentBaseLink/547FAB61A44B7056C12573C60020BB73/$File/Leitfaden.pdf.

Landespräventionsrat Nordrhein-Westfalen (2004): Kommunale Kriminalprävention. Ein Leitfaden zur Planung, Durchführung und Evaluation kriminalpräventiver Projekte. Internetpublikation: http://www.justiz.nrw. de/JM/praevention/publikationen/kommunale_kriminalpraevention.pdf?PHPSESSID=67f1439d5dc508359e7425249f243423.

Landesrat für Kriminalitätsvorbeugung Mecklenburg-Vorpommern (2000): Chancen, Probleme und Visionen. Zur Organisation kommunaler Kriminalprävention sowie zu Möglichkeiten der Einbeziehung engagierter Bürger in die Präventionsarbeit vor Ort. Rostock.

Landesrat für Kriminalitätsvorbeugung Mecklenburg-Vorpommern (2004): Fazit, Dank und gute Wünsche. Ein Rückblick auf die Festveranstaltung zum 10. Jahrestag des Landesrates für Kriminalitätsvorbeugung Mecklenburg-Vorpommern. Rostock.

Landesrat für Kriminalitätsvorbeugung Mecklenburg-Vorpommern (ohne Datum a): Wer? Was? Wann? Wo? Wie? Womit? Gemeinsam für mehr Sicherheit. Rostock.

Landesrat für Kriminalitätsvorbeugung Mecklenburg-Vorpommern (ohne Datum b): 10 gute Gründe. Warum und wie kommunale Präventionsräte eingerichtet werden sollten. Rostock.

Landtag Mecklenburg-Vorpommern (2001): Drucksache 3/2049, 3. Wahlperiode. Internetpublikation: http://www.landtag-mv.de/dokumentenarchiv/drucksachen/3_Wahlperiode/D03-2000/Drs03 2337.pdf

Lehne, W. (1996): Präventionsräte, Stadtteilforen, Sicherheitspartnerschaften. Die Reorganisation des Politikfeldes „Innere Sicherheit". In: Trotha, T. v. (Hrsg.): Politischer Wandel, Gesellschaft und Kriminalitätsdiskurse. Beiträge zur interdisziplinären wissenschaftlichen Kriminologie. Festschrift für Fritz Sack zum 65. Geburtstag. Baden-Baden, S. 299-319.

Lehne, W. (2002): Aktuelle Präventionskonzepte im Spiegel der kriminologischen Debatte. In: Anhorn, R., Bettinger, F. (Hrsg.): Kritische Kriminologie und Soziale Arbeit. Impulse für professionelles Selbstverständnis und kritisch-reflexive Handlungskompetenz. Weinheim u. a., S. 169-187.

Liebl, K. (2002): Lokale Kriminalpolitik. Fragen nach Auftrag und Legitimation. In: Prätorius, R. (Hrsg.): Wachsam und kooperativ? Der lokale Staat als Sicherheitsproduzent. Baden-Baden, S. 132-142.

Lindenberg, M. (2001): Paradoxe Intervention. Sicherheitskonferenz zwischen kommunaler Kriminalprävention und Quartiersbelebung. Widersprüche – Zeitschrift für sozialistische Politik im Bildungs-, Gesundheits- und Sozialbereich 21, Heft 82, S. 55-66.

Lösel, F., Köferl, P., Weber, F. (1987): Meta-Evaluation der Sozialtherapie, qualitative und quantitative Analysen zur Behandlungsforschung in sozialtherapeutischen Anstalten des Justizvollzugs. Stuttgart u. a.

Lüders, C., Reichertz, J. (1986): Wissenschaftliche Praxis ist, wenn alles funktioniert und keiner weiß warum. Bemerkungen zur Entwicklung qualitativer Sozialforschung. Sozialwissenschaftliche Literaturrundschau 12, S. 90-102.

Mayer, H. O. (2009): Interview und schriftliche Befragung. Entwicklung, Durchführung und Auswertung. 5. Aufl., München u. a.

Mayring, P. (1995): Qualitative Inhaltsanalyse. In: Flick, U., Kardorff, E. v., Keupp, H., Rosenstiel, L. v., Wolff, S. (Hrsg.): Handbuch Qualitative Sozialforschung. Grundlagen, Konzepte, Methoden und Anwendungen. Weinheim, S. 209-213.

Mayring, P. (2001): Kombination und Integration qualitativer und quantitativer Analyse. Forum Qualitative Sozialforschung. Internetpublikation: http://www.qualitative-research.net/fqs-texte/1-01/1-01mayring-d.htm.

Martinson, R. (1974): What works?: questions and answers about prison reform. The Public Interest 35, S. 22-54.

Meier, B.-D. (2007): Kriminologie. 3. Aufl., München.

Meier, B-.D. (2009): Strafrechtliche Sanktionen. 3. Aufl., Berlin u. a.

Meuser, M., Löschper, G. (2002): Einleitung: Qualitative Forschung in der Kriminologie. Forum Qualitative Sozialforschung. Internetpublikation: http://www.qualitative-research.net/fqs-texte/1-02/1-02hrsg-d.htm .

Meuser, M., Nagel, U. (1991): ExpertInneninterviews – vielfach erprobt, wenig bedacht. Ein Beitrag zur qualitativen Methodendiskussion. In: Garz, D., Kraimer, K. (Hrsg.): Qualitativ-empirische Sozialforschung. Konzepte, Methoden, Analysen. Opladen, S. 441-471.

Meyer, A. (2001): Qualitative Forschung in der Kriminologie: die Hallenser Biographiestudie zur Jugendgewalt. Frankfurt a. M.

Moritz, K. (2001): Kriminalprävention als kommunale Aufgabe des eigenen Wirkungskreises. Hamburg.

Müller, T. (2004): Kommunale Präventionsgremien in Niedersachsen. Grundlagen, Rahmenbedingungen und Struktur für erfolgreiche Netzwerkarbeit. Internetpublikation:
http://www.kriminalpraevention.niedersachsen.de/20050606_2.pdf.

Müller, O. (1995): Der Abschied von der konkreten Gefahr als polizeiliche Eingriffsbefugnis. Strafverteidiger 15, S. 602.

Newiger, G. (1995): Modellversuch „Sicherheitspartner“ in Brandenburg: Hilfssheriff im „Bürgerdesign“? Bürgerrechte und Polizei/CILIP 51 (2/1995), S. 43-54.

Newman, O. (1973): Defensible space. Crime prevention through urban design. New York.

Northoff, R. (1997): Handbuch der Kriminalprävention: Fortsetzungswerk in Loseblattform mit der 6. Nachlieferung. Baden-Baden.

Northoff, R., Stroht, A. (1996): Kriminalprävention. Eine kleine quantitative und qualitative Analyse zum Datenbestand und zur politischen Verantwortlichkeit. Kriminalistik 50, S. 581-588.

Obergfell-Fuchs, J. (2001): Ansätze und Strategien Kommunaler Kriminalprävention. Freiburg.

Obergfell-Fuchs, J. (2005): Wirkung und Effizienz kommunaler Kriminalprävention. In: *Bannenberg, B.*, Coester, M., Marks, E. (Hrsg): Kommunale Kriminalprävention. Ausgewählte Beiträge des 9. Deutschen Präventionstages. Mönchengladbach, S. 51-64.

Opp, K. D. (1968): Zur Erklärung delinquenten Verhaltens von Kindern und Jugendlichen. München.

Ostendorf, H. (1996): Von der Repression zur Prävention – rechtliche, kriminologische und gesellschaftliche Aspekte eines Paradigmenwechsels. In: Trenczek, T., Pfeiffer, H. (Hrsg.): Kommunale Kriminalprävention. Paradigmenwechsel und Wiederentdeckung alter Weisheit. Bonn, S. 32-40.

Ostendorf, H. (1999): Rechtliche Grundlagen und kriminalpolitische Aspekte der Kriminalprävention in Deutschland. In: Festschrift für Gerald Grünwald zum siebzigsten Geburtstag. Baden-Baden, S. 419-431.

Ostendorf, H. (2001): Chancen und Risiken von Kriminalprävention. Zeitschrift für Rechtspolitik 34, S. 151-154.

Ostendorf, H. (2004): Effizienz von Kriminalprävention. Erfahrungen im Ostseeraum. Lübeck.

Papendorf, K., Neth, A. (1996): Praxiserfahrungen bei der Erstellung einer Kriminologischen Regionalanalyse und der Initiierung eines „Kriminalpräventiven Rates“ – das Beispiel Lübeck. In: Trenczek, T., Pfeiffer, H. (Hrsg.): Kommunale Kriminalprävention. Paradigmenwechsel und Wiederentdeckung alter Weisheit. Bonn, S. 104-116

Pitschas, R. (1993): Innere Sicherheit und internationale Verbrechensbekämpfung als Verantwortung des demokratischen Verfassungsstaates. Juristenzeitung 48, S. 857-866.

Pitschas, R. (2001): Kriminalprävention und „Neues Polizeirecht“ : zum Strukturwandel des Verwaltungsrechts in der Risikogesellschaft. Vorträge und Berichte in der Speyerer Werkstatt zur Inneren Sicherheit über „Kriminalprävention in staatlicher und zivilgesellschaftlicher Verantwortungspartnerschaft“ an der Deutschen Hochschule für Verwaltungswissenschaften Speyer. Berlin.

Pitschas, R. (2004): Auf dem Weg in einen „Neuen Rechtsstaat“ – zur künftigen Architektur der inneren Sicherheit in Deutschland und Österreich. Vorträge und Berichte im deutsch-österreichischen Werkstattgespräch zur inneren Sicherheit an der Deutschen Hochschule für Verwaltungswissenschaften Speyer im Oktober 2002. Berlin.

Plate, M, Schwinges, U., Weiss, R. (1985): Strukturen der Kriminalität in Solingen. Eine Untersuchung zu Zusammenhängen zwischen baulichen und sozialen Merkmalen und dem Kriminalitätsaufkommen. Wiesbaden.

Pleiger, D. (2003): Verbesserung der Kooperation und Kommunikation von Kriminalpräventiven Räten in Mecklenburg-Vorpommern. Das Beispiel Rostock. In: Arbeitsstelle Kinder- und Jugendkriminalitätsprävention (Hrsg.): Evaluierte Kriminalprävention in der Kinder und Jugendhilfe. Erfahrungen und Ergebnisse aus fünf Modellregionen. München, S. 99-132.

Pleiger, D., El Zaher, R., Friedrich, J. (2002): Weiterentwicklung der Prävention delinquenten Verhaltens von Kindern und Jugendlichen in Mecklenburg-Vorpommern. Abschlussbericht. Hamburg.

Pothmann, J. (2008): Vergessen in der Bildungsdebatte. Dimensionen des Personalabbaus in der Kinder- und Jugendarbeit. Kommentierte Daten der Kinder- und Jugendhilfe. Informationsdienst der Dortmunder Arbeitsstelle Kinder- und Jugendhilfestatistik. Jubiläumsheft zum Jugendhilfetag 2008.

Heft Nr. 1+2, S. 5-6, Internetpublikation: http://www.dji.de/dasdji/home/forschung0806_1_komdat.pdf.

Pütter, N., Diedrichs, O. (1997): Polizei und Gemeinde. Präventionsräte als Chance? Bürgerrechte und Polizei/CILIP 57 (2/1997). Internetpublikation: http://www.cilip.de/ausgabe/57/gemeinde.htm.

Rat für Kriminalitätsverhütung des Landes Schleswig-Holstein, Landespräventionsrat Niedersachsen, Landesrat für Kriminalitäts-vorbeugung Mecklenburg-Vorpommern (ohne Datum): 10 Gute Gründe Warum und Wie kommunale Präventionsräte eingerichtet werden sollten. Internetpublikation: http://www.schleswigholstein.de/IM/DE/Service/Broschueren/Broschueren Krimi/10__gute__gruende,templateId=raw,property=publicationFile.pdf.

Riedel, C. (2003): Situationsbezogene Kriminalprävention. Kriminalitätsreduzierung oder Deliktsverlagerung? Frankfurt a. M.

Ringstorff, H. (2004): 10 Jahre Landesrat für Kriminalitätsvorbeugung – ein wichtiger Beitrag für mehr Sicherheit in Mecklenburg-Vorpommern. In: *Landesrat für Kriminalitätsvorbeugung* (Hrsg.): Fazit, Dank und gute Wünsche. Ein Rückblick auf die Festveranstaltung zum 10. Jahrestag des Landesrates für Kriminalitätsvorbeugung Mecklenburg-Vorpommern. Rostock.

Roggan, F. (2000): Auf legalem Weg in einen Polizeistaat. Entwicklung des Rechts der Inneren Sicherheit. Bonn.

Rolinski, K. (1980): Wohnhausarchitektur und Kriminalität. Wiesbaden.

Rössner, D. (2005): Wirkungsforschung: Konsequenzen für die Kommunale Kriminalprävention. In: *Bannenberg, B.*, Coester, M., Marks, E. (Hrsg): Kommunale Kriminalprävention. Ausgewählte Beiträge des 9. Deutschen Präventionstages. Mönchengladbach, S. 41-50.

Rössner, D., Bannenberg, B., u. a. (2002): Düsseldorfer Gutachten. Empirisch gesicherte Erkenntnisse über kriminalpräventive Wirkungen. Internetpublikation: http://www.duesseldorf.de/download/dg.pdf.

Roxin, C. (1994): Strafrecht. Allgemeiner Teil. Band 1. Grundlagen. Der Aufbau der Verbrechenslehre. 2. Aufl., München.

Roxin, C. (2006): Strafrecht. Allgemeiner Teil, Band 1. Grundlagen. Der Aufbau der Verbrechenslehre. 4. Aufl., München.

Rüther, W. (2005): Kommunale Kriminalitätsanalyse. Auswertung offizieller Kriminalitätsdaten und einer Bürgerbefragung zum Sicherheitsgefühl in der Kommune. Kassel, Internetpublikation: http://www.upress.uni-kassel.de/online/frei/978-3-89958-135-5.volltext.frei.pdf.

Sachverständigenkommission für Kriminalprävention der Hessischen Landesregierung (2005): Leitfaden zur praxisorientierten Erfolgskontrolle. Wiesbaden.

Saldner, M. v. (1995): Qualitative versus quantitative Forschung. In: König, E., Zedler, P. (Hrsg.): Bilanz qualitativer Forschung. Band I. Grundlagen qualitativer Forschung. Weinheim, S. 331-371.

Sampson, R. J., Groves, W. B. (1989): Community Structure and Crime: Testing Social-Disorganisation Theory. American Journal of Sociology 94, S. 774-802.

Schäfer, H. (1980): Präventionskriminalistik. Kriminalistik 34, S. 127-131.

Schaffarzik, B. (1996): Das Gebot der Gleichberechtigung im Spannungsfeld staatlicher Organisationsgewalt und kommunaler Organisationshoheit. Die öffentliche Verwaltung 49, S. 152-160.

Sherman, L. W., u. a. (1997): Preventing Crime: What Works, What Doesn't, What's Promising. A report to the United States' Congress. Washington, Internetpublikation: http://www.ncjrs.gov/works/.

Schmidt-Jortzig, E. (1995): Anmerkung zur BVerfGE 91, 228. Juristenzeitung 50, S. 568-569.

Schnapper-Arndt, G. (1883): Fünf Dorfgemeinden auf dem hohen Taunus- eine sozialstatistische Untersuchung über Kleinbauerntum, Hausindustrie und Volksleben. Leipzig.

Schneider, H., Stock, J. (1995): Kriminalprävention vor Ort. Möglichkeiten und Grenzen einer von Bürgern getragenen regionalen Kriminalprävention unter besonderer Würdigung der Rolle der Polizei. Holzkirchen/Obb.

Schneider, H. J. (1996): Bedrohung durch Kriminalität. Neue Erkenntnisse der Viktimologie und der Vergleichenden Kriminologie. Juristische Ausbildung 18, S. 574-587.

Schneiders, M., Frank, K. (2006): Kommunale Kriminalprävention. Bausteine zur kommunalen Sicherheitsvorsorge. Saarbrücken.

Scholz, W. D., Wolter, A. (1982): Standardisierte Befragung oder qualitative Interviews? Oldenburg.

Schütz, A. (1974): Der sinnhafte Aufbau der sozialen Welt. Eine Einleitung in die verstehende Soziologie. Frankfurt a. M.

Schütz, H.-J. (1999): Kommunalrecht. In: Manssen, G., Schütz, H.-J. (Hrsg.): Staats- und Verfassungsrecht für Mecklenburg-Vorpommern. Baden-Baden, S. 319-442.

Schwind, H.-D., Ahlborn, W., Weiß, R. (1978): Empirische Kriminalgeographie. Bestandsaufnahme und Weiterführung am Beispiel von Bochum („Kriminalitätsatlas Bochum"). Wiesbaden.

Schwind, H.-D., Breckhauer, F., Steinhilper, G. (1980): Präventive Kriminalpolitik. Beiträge zur ressortübergreifenden Kriminalprävention aus Forschung, Praxis und Politik. Heidelberg.

Schwind, H.-D. (2009): Kriminologie. Eine praxisorientierte Einführung mit Beispielen. 19. Aufl., Heidelberg.

Seipel, C., Rieker, P. (2003): Integrative Sozialforschung. Konzepte und Methoden der qualitativen und quantitativen empirischen Sozialforschung. Weinheim u. a.

Shaw, C. R. (1966): The Jack-Roller. A delinquent boy's own story. Chicago.

Shaw, C. R., McKay, H. D. (1969): Juvenile delinquency and urban areas. A study of rates of delinquency in relation to differential characteristics of local communities in American cities. Chicago.

Steffen, W. (1998): Neue Entwicklungen in Bayern. In: Kerner, H.-J., Jehle J.-M., Marks, E. (Hrsg.): Entwicklungen der Kriminalprävention in Deutschland. Allgemeine Trends und bereichsspezifische Perspektiven. Mönchengladbach, S. 247-258.

Steffen, W. (2003): Kommunale Kriminalprävention in Deutschland – Gremien, Themen und Entwicklungstendenzen. Internetpublikation: http://www.kriminalpraevention.niedersachsen.de/Landespraeventionsrat//Module/Publikationen/Dokumente/Gremien-Themen-undEntwicklungstendenzen_F59. pdf.

Steffen, W. (2004): Gremien Kommunaler Kriminalprävention. Bestandsaufnahme und Perspektive. In: Kerner, H.-J., Marks, E. (Hrsg.): Internetdokumentation Deutscher Präventionstag: http://www.praeventionstag.de/content/9_praev/doku/steffen/index_9_steffen.html, sowie in: Bannenberg, B., Coester, M., Marks, E. (Hrsg.): Kommunale Kriminalprävention. Ausgewählte Beiträge des 9. Deutschen Präventionstages. Mönchengladbach, S. 155-167.

Steffen, W. (2006): Kriminalprävention in Deutschland: Eine Erfolgsgeschichte? In: Feltes, F., Pfeiffer, C., Steinhilper, G. (Hrsg.): Kriminalpolitik und ihre wissenschaftlichen Grundlagen. Festschrift für Hans-Dieter Schwind zum 70. Geburtstag. Heidelberg, S. 1141-1154.

Stephan, E. (1976): Die Stuttgarter Opferbefragung. Eine kiminologisch-viktimologische Analyse zur Erforschung des Dunkelfeldes unter besonderer Berücksichtigung der Einstellung der Bevölkerung zur Kriminalität. Heidelberg.

Sydow, F. (1977): Verbrechensbekämpfung nach neuem Recht. Kritik am Musterentwurf eines einheitlichen Polizeigesetzes. Zeitschrift für Rechtspolitik 10, S. 119-125.

Taylor, R. B. (1997): Social Order and Disorder of Street Blocks and Neighborhoods: Ecology, Microecology, and the Systemic Model of Social Disorganisation. Journal of Research in Crime and Delinquency 34, S. 113-155.

Trascher, F. (1963): The Gang. A Study of 1.313 Gangs in Chicago. Chicago.

Trenczek, T., Pfeiffer, H. (1996) (Hrsg.): Kommunale Kriminalprävention. Paradigmenwechsel und Wiederentdeckung alter Weisheit. Bonn.

Trotha, T. v. (1995): Ordnungsformen der Gewalt oder Aussichten auf das Ende des staatlichen Gewaltmonopols. In: Nedelmann, B. (Hrsg.): Politische Institutionen im Wandel. Heinrich Popitz zum 70. Geburtstag. Opladen, S. 129-166.

van den Brink, H. (2005): Kommunale Kriminalprävention – Mehr Sicherheit in der Stadt? Frankfurt a. M.

van den Brink, H. (2005a): Kooperationsbeziehungen in kommunalen Präventionsgremien – von der qualitativen Sozialforschung vernachlässigt? Forum Qualitative Sozialforschung, Internetpublikation: http://www.qualitative-research.net/fqs-texte/3-05/ 05-3-20-d_q.htm.

Volkmann, H.-R. (2002): Wann ist ein Projekt ein kriminalpräventives Projekt? Neue Kriminalpolitik 14, S. 14-19.

Volkmann, H.-R. (2005): Wirkungsevaluation und primäre Kriminalprävention. Keine praktisch unmögliche Beziehung. Forum Kriminalprävention 5, Heft 4, S. 22-25.

Walter, M. (2003): Neue Präventionsbewegung und Probleme der Privatisierung. Neue Kriminalpolitik 15, S. 128- 132.

Walter, M. (2004): Kriminalpräventive Projekte. Bewährungshilfe 52, S. 115-129.

Walter, M. (2005): Kriminalpolitik im Wandel. Von der institutionalisierten Tatvergeltung zu einer gesamtgesellschaftlichen Kriminalprävention? Goltdammers Archiv für Strafrecht 152, S. 489-501.

Weber, M. (1980): Wirtschaft und Gesellschaft. Grundrisse der verstehenden Soziologie. 5. Aufl., Tübingen.

Weigend, T. (1982): „Neoklassizismus" – ein transatlantisches Missverständnis. Zeitschrift für die gesamte Strafrechtswissenschaft 94, S. 801-814.

Wurtzbacher, J. (2004): Sicherheit durch Gemeinschaft? Bürgerschaftliches Engagement für öffentliche Sicherheit. Opladen.

Ziegler, H. (2001): Drei Mann in einem Boot. Warum sich die soziale mit der sicheren Stadt und beide mit dem ‚aktivierenden' Staat so gut verstehen. Widersprüche – Zeitschrift für sozialistische Politik im Bildungs-, Gesundheits- und Sozialbereich 21, Heft 82, S. 25-37.

Zierke, J. (2001): Neue Kooperationsformen auf Landesebene am Beispiel des Landesrates für Kriminalprävention in Schleswig-Holstein. In: Stober, R., Pitschias, R. (Hrsg.): Vergesellschaftung polizeilicher Sicherheitsvorsorge und gewerbliche Kriminalprävention. Köln, S. 127-143.

11. Verzeichnis der Tabellen und Graphiken

12. Fragebogen Kommunale Präventionsräte in M-V

Nr. 1 Seit wann sind Sie KoordinatorIn des Präventionsrates?

seit (Monat/Jahr)

Nr. 2 Auf welcher regionalen Ebene ist der Präventionsrat angesiedelt?

Landkreis
Kreisfreie Stadt
Gemeinde
Stadtteil
sonstige **nämlich**

Nr. 3 Sind Sie als KoordinatorIn derzeit hauptamtlich tätig oder sind Sie für eine bestimmte Stundenzahl von Ihrer sonstigen Tätigkeit freigestellt?

hauptamtlich	**mit**		**Wochenstunden**
freigestellt	**mit**		**Wochenstunden**
ehrenamtlich	**mit**		**Wochenstunden**
andere Konstellation	**nämlich**		
	mit		**Wochenstunden**

Nr. 3a Wenn Sie **nicht** hauptamtlich beschäftigt sind, welche Tätigkeit üben Sie noch aus?

Nr. 4 Welchen beruflichen Ausbildungsabschluss haben Sie? (Mehrfachnennungen möglich)

Nr. 5 Welche der folgenden Arbeitsmittel stehen Ihnen für Ihre Tätigkeit als KoordinatorIn zur Verfügung?

Telefon
Anrufbeantworter
PC
Drucker
Scanner
Internetzugang
E-mailadresse
Homepage
sonstige **nämlich**

Nr. 6 Wann wurde der Präventionsrat in Ihrer/m Stadt/Landkreis/Gemeinde/Stadtteil gegründet?

im Jahr ______

Nr. 7 Gab es ein Ereignis, welches die Gründung des Präventionsrates auslöste oder begünstigte?

ja ☐ **nein** ☐ **weiß nicht** ☐

Nr. 7a Wenn ja, welches? (Stichpunkte)

______

______

______

Nr. 8 Aus welchen Bereichen kommen die Mitglieder des Präventionsrates derzeit? Wie schätzen Sie die Zusammenarbeit mit dem jeweiligen Bereich ein?

	Bereich	**Einschätzung** eher gut	normal	eher schlecht
☐	**BürgermeisterIn/Landratsamt**	☐	☐	☐
☐	**Jugendamt**	☐	☐	☐
☐	**Ordnungsamt**	☐	☐	☐
☐	**Schulamt**	☐	☐	☐
☐	**Polizei**	☐	☐	☐
☐	**Staatsanwaltschaft**	☐	☐	☐
☐	**Kirche**	☐	☐	☐
Bitte weitere ergänzen	______	☐	☐	☐
	______	☐	☐	☐
	______	☐	☐	☐
	______	☐	☐	☐
	______	☐	☐	☐
	______	☐	☐	☐
	______	☐	☐	☐
	______	☐	☐	☐
	______	☐	☐	☐
	______	☐	☐	☐

Nr. 9 Fehlt Ihrer Einschätzung nach das Engagement oder Unterstützung aus einem bestimmten Bereich?

☐ **nein, wir sind gut aufgestellt** ☐ **ja, nämlich:** ______

______

______

______

Nr. 10 Aus welchem Bereich kommt das Mitglied, das derzeit den Vorsitz in Ihrem Präventionsrat hat. Welche Funktion hat dieses Mitglied innerhalb seines Bereiches?

Nr. 11 Haben sich aus dem Präventionsrat heraus Arbeitsgruppen oder andere „Tochtergremien" gebildet?

nein **ja, und zwar**

Nr. 12 Wie häufig tagt der Präventionsrat im Jahr?

ca. **mal im Jahr, in regelmäßigen Abständen**
ca. **mal im Jahr, bei Bedarf**
ca. **mal im Jahr, in regelmäßigen Abständen und bei Bedarf**
(noch) gar nicht/nicht mehr

Nr. 13 Werden die Sitzungen des Präventionsrates protokolliert?

ja **teils-teils** **nein**

Nr. 14 Haben Sie oder andere Mitglieder des Präventionsrates in der Vergangenheit an die Präventionsarbeit betreffenden Fortbildungen oder Tagungen teilgenommen?

Fortbildung	**ja**	**nein**
Tagungen	**ja**	**nein**

Nr. 15 Haben Sie oder andere Mitglieder in der Vergangenheit in Bürgerschaft/ Kreistag/ Gemeindevertretung oder ähnlichen Gremien über die Arbeit des Präventionsrates berichtet?

nein **ja, im/in**

Nr. 16 Wie gestalten sich die Aufgabenfelder des Präventionsrates und wie verteilen sich nach grober Schätzung die %-Anteile dieser Aufgabenfelder?

Aufgabenfelder	**Anteil in %**
Projekte in eigener Trägerschaft initiieren/planen/durchführen	( )
Projekte anderer Träger unterstützen	( )
Organisation von Arbeitsgruppen	( )
Vernetzung anderer Präventionsaktivitäten	( )
	( )
	( )
	( )
	( )
	( )
	( )
	( )
	( )

Bitte weitere ergänzen

Nr. 17 Was sind Ihrer Einschätzung nach die zentralen Problemfelder in Ihrer/m Stadt/ Landkreis/Gemeinde/Stadtteil? Bitte setzen Sie das nach Ihrer Einschätzung größte Problem auf Rangplatz 1., das zweitgrößte auf Rangplatz 2. usw.

1.
2.
3.
4.

Nr. 18 Wie werden Problemfelder in Ihrer/m Stadt/ Landkreis/Gemeinde/Stadtteil aufgedeckt?

	häufig	**selten**	**nie**
Bewertung der polizeilichen Kriminalstatistik			
Umfragen unter Bürgern			
Begehren betroffener Bürger			
Gespräche mit Präventionsratmitgliedern			
kriminologische Regionalanalyse			
Anfragen politischer Gremien (Ortteilvertretung, Gemeindevertretung, Parteien, o. a.)			

Bitte weitere ergänzen

Nr. 19 Die Projekte die Ihr Präventionsrat durchführt oder unterstützt sind in folgenden Bereichen angesiedelt: (Mehrfachnennung möglich)

haben (noch) kein Projekt
Kinder/Jugend
Frauen/geschlechtsspezifische Prävention
Senioren
Migranten
Straffällige
Suchtprävention
Opferschutz/Opferhilfe
polizeiliche Prävention
Diebstahldelinquenz
Sachbeschädigung (Graffiti/Vandalismus)
Gewalt
Sexualdelikte
politisch motivierte Prävention
Wohnumfeldgestaltung
Soziale Kompetenz (Anti-Aggressions-Training etc.)
Schule
Sport
Medien
sonstiges **und zwar**

Nr. 20 Wie viele Projekte haben Sie im Jahr 2004 und in diesem Jahr durchgeführt und unterstützt? (inklusive den gerade laufenden Projekten)

durchgeführt **unterstützt**

Nr. 21 Was war das letzte größere Projekt das durch Sie/den Präventionsrat initiiert, geplant und durchgeführt wurde? (inklusive den gerade laufenden Projekten) (Stichpunkte)

Nr. 22 Treffen folgende Aussagen auf dieses Projekt zu?

	ja	nein
Das Ziel des Projekts wurde vor Projektbeginn definiert.		
Bei Projektplanung wurden Theorien (kriminologische, soziologische, o. a.) zugrunde gelegt.		
Das Projekt wurde/wird dokumentiert.		
Die Erreichung des Projektziels wurde/wird überprüft.		
Das Projekt wurde/wird fremdevaluiert.		

Nr. 23 Aus welchen Mitteln wurde dieses Projekt finanziert? (Stichpunkte)

Nr. 24 Aus welchen Mitteln wurden die Präventionsprojekte, die Sie im Jahr 2004 und in diesem Jahr durchgeführt und unterstützt haben, finanziert und wie verteilen sich nach grober Schätzung die %-Anteile der Finanzierung?

Finanzierung	**Anteile in %**
Mittel der Landkreises/kreisfreien Stadt	( )
Mittel des Landesrates für Kriminalitätsvorbeugung	( )
andere Mittel des Landes	( )
Mittel des Bundes	( )
Mittel privater Geldgeber	( )
	( )
	( )
	( )
	( )
	( )
	( )

Bitte weitere ergänzen

Nr. 25 Wie hat sich das Interesse an der Kommunalen Kriminalprävention bei den Entscheidungsträgern in Ihrer/m Stadt/Landkreis/Gemeinde/Stadtteil/o. a. entwickelt?

größer geworden **gleich geblieben** **hat abgenommen**

Nr. 26 Wie bewerten Sie die Unterstützung und den Rückhalt die Ihre Arbeit und die des Präventionsrates bei den Entscheidungsträgern in Ihrer/m Stadt/Landkreis/Gemeinde/Stadtteil/o. a. erfährt?

gut **zufrieden stellend** **wenig** **keine**

Nr. 28 Angaben zur Person

weiblich **männlich** **Alter**

Vielen Dank. Sie haben uns mit Ihren Antworten sehr geholfen.

13. Interviewleitfaden

Entstehung und Verlauf

Der Präventionsrat wurde 1997 gegründet. Sie sind seit 1999 Koordinator. Wie kam es zur Gründung des Präventionsrates und wer hat sich für die Gründung eingesetzt?

Wie wurden Sie Koordinatorin/Koordinator des Präventionsrates? Wer war zuvor Koordinatorin/Koordinator und wie lange?

Können Sie mir kurz Ihren beruflichen Werdegang schildern?

Wann und wie sind sie zum ersten Mal mit dem Thema „Kommunale Kriminalitätsprävention" in Berührung gekommen? Gab es ein prägendes Ereignis im persönlichen oder professionellen Bereich, welches für ihre Tätigkeit relevant ist?

Zusammensetzung

Vorsitz/weiteren Präventionsratsmitglieder

- Engagement
- arbeitet kontinuierlich
- schon lange dabei

Haben die Mitglieder des Präventionsrates die Möglichkeit der Einflussnahme auf Entscheidungsprozesse in ihrer Organisation/ Behörde/Institution? Nutzen die Mitglieder diese?

Arbeitsweise

Könnten Sie bitte eine typische Sitzung des Präventionsrates beschreiben. Also wer lädt ein, wer moderiert, wer schreibt Protokoll, Beschlüsse, werden Gäste eingeladen? Tagesordnung, Ergebnisprotokoll, Ordnung, Satzung?
Können sie sich vorstellen, dass das Arbeiten mit Protokollen und Tagesordnungen die Arbeit des Gremiums verbessern könnte?

Fortbildung/Tagungen

Verfügen sie oder der Vorsitzende des Präventionsrates über einen eigenen Haushaltstitel oder stehen Ihnen sonst irgendwelche finanziellen Ressourcen zur verfügen?

Wie machen sie den Präventionsrat und seine Arbeit für die Öffentlichkeit sichtbar?

Arbeitsgruppen

Die Arbeitsgruppen, die Sie im Fragebogen nennen, sind also thematisch und/oder zeitlich begrenzt?

Sind Sie in einer oder mehreren Arbeitsgruppen vertreten? Wie werden Sie als Koordinator/in von der Arbeit der Arbeitsgruppen unterrichtet?

Wie wird der Präventionsrat über die Arbeit der Arbeitgruppen unterrichtet? Wie findet der Informationsaustausch statt?

Wie würden Sie die Zusammenarbeit mit den anderen lokalen/kommunalen Präventionsräten beschreiben? Wünschen Sie sich eine stärkere Vernetzung zu anderen Präventionsräten des Landes?

Finden Treffen mit den anderen Präventionsraten der Stadt statt? Wie oft? Gemeinsame Projekte?

Im Fragebogen geben Sie an, dass Sie über die Arbeit des Präventionsrates im Ortsbeirat berichtet haben. Gab es einen besonderen Anlass oder berichten Sie dort regelmäßig.

Sie beschreiben den „Rückhalt“, den sie von Entscheidungsträgern/den oberen Verwaltungsbehörden in ihrer Stadt erhalten, als zufriedenstellend bzw. wenig? Woran lesen sie das ab? Wie wird das deutlich?

<u>Inhaltliches</u>

Wo liegt ihrer Meinung nach der inhaltliche Schwerpunkt des Präventionsrates? Kriminalitätsart, Zielgruppe (Primär-, Sekundär-, Tertiärprävention).

Können sie mir das letzte größere Präventionsprojekt beschreiben? (Entdeckung des Problemfeldes, Projektentwicklung, -umsetzung, -dokumentation). Wurden die Projekte fremd- oder selbstevaluiert?

Gab es eine Regionalanalyse zu Kriminalitätsschwerpunkten?

Würden sie es für sinnvoll erachten, wenn der Präventionsrat demokratisch legitimiert wäre, also beispielsweise wie der Gemeinderat gewählt würde?

Ist es aus Ihrer Sicht notwendig, die Verbindlichkeit der Beschlüsse und Empfehlungen des Präventionsrates zu erhöhen? Wie könnte dies gelingen?

Wäre es sinnvoll, wenn es so etwas wie einen Präventionsbeauftragten gäbe, der mit eigenen Rechten und Pflichten ausgestattet ist, ähnlich einer Gleichstellungs- oder Datenschutzbeauftragten?

Wie sähe ein idealer Präventionsrat aus? Was fehlt für eine gute Arbeit? Welche Hindernisse gibt es? (Fortbildung, Selbstevaluation)

Ideale Gremienstruktur im Landkreis/Kreisgebietsreform?

Welches Fazit ziehen Sie, wenn Sie auf die letzten Jahre der Arbeit des Präventionsrates zurückschauen? Welche Erfolge – welche Probleme?

14. Geschäftsordnung des Landesrates für Kriminalitätsvorbeugung (LfK) Mecklenburg-Vorpommern

1. Präambel

Die objektive Sicherheitslage und das subjektive Sicherheitsempfinden sind wesentliche Bestandteile der Lebensqualität der Menschen. Sie sind zugleich bedeutende wirtschaftliche und touristische Standortfaktoren. Gerade in Mecklenburg-Vorpommern gehört die Bekämpfung von Kriminalität, insbesondere der Jugend-, Gewalt- und Massenkriminalität, zu den wichtigsten staatlichen und gesellschaftlichen Herausforderungen.
Neben einer konsequenten Strafverfolgung nimmt die Vorbeugung von Straftaten, die Bekämpfung ihrer sozialen Ursachen und der sie begünstigenden Bedingungen dabei einen besonderen Stellenwert ein.
Der Kampf gegen Kriminalität kann langfristig nur dann erfolgreich sein, wenn er bereits in ihrem Entstehungsstadium beginnt. Das jedoch kann nicht allein Aufgabe von Polizei und Justiz sein. Es ist eine gesamtgesellschaftliche Aufgabe.
Die Koordinierung staatlicher, gesellschaftlicher und möglichst vieler privater Initiativen ist eine der Grundvoraussetzungen für eine erfolgreiche Kriminalprävention. Das setzt politische Unterstützung, staatliche Hilfe, die Bereitschaft zu gesellschaftlichem Engagement sowie schlanke und effiziente Organisationsformen auf Landes- und Kommunalebene voraus.
Die Tätigkeit des Landesrates für Kriminalitätsvorbeugung (LfK) sowie der kommunalen Präventionsräte soll hierfür die erforderlichen inhaltlichen und strukturellen Voraussetzungen schaffen und zugleich im Sinne eines dualen Systems die gesetzlich vorgeschriebene polizeiliche Kriminalprävention nutzen und ergänzen.

2. Ziele und Aufgaben

Der Landesrat für Kriminalitätsvorbeugung (LfK) verfolgt das Ziel, die gesamtgesellschaftliche Kriminalprävention auf Landes- und Kommunalebene weiterzuentwickeln und damit einen wirksamen Beitrag zur vorbeugenden Kriminalitätsbekämpfung, insbesondere auf dem Gebiet der Jugend-, Gewalt- und Massenkriminalität, sowie zum Opferschutz in Mecklenburg-Vorpommern zu leisten.
Dazu stellt er sich die Aufgabe, die personellen, institutionellen und materiellen Möglichkeiten möglichst vieler staatlicher, gesellschaftlicher und privater Organisationen und Einrichtungen sowie das Engagement zahlreicher Bürger zu koordinieren und auf Landes- und Kommunalebene miteinander zu verknüpfen.

Im Einzelnen bedeutet dies:

- den Sachverstand und die Initiativen breitester staatlicher, gesellschaftlicher und privater Kräfte auf dem Gebiet der Kriminalitäts-vorbeugung zu bündeln,
- Vorschläge und Empfehlungen für Entscheidungen der Landesregierung zu erarbeiten,
- die kriminalpräventive Tätigkeit staatlicher und nichtstaatlicher Einrichtungen und Institutionen zu koordinieren,
- den Aufbau eines umfassenden Systems kommunaler Präventionsräte und deren Tätigkeit zu unterstützen,
- die Kommunikation und den Erfahrungsaustausch zwischen den kommunalen Präventionsräten weiterzuentwickeln,
- kommunale Präventionsprojekte zu fördern sowie
- die länderübergreifende Zusammenarbeit und die internationalen Kontakte auf dem Gebiet der gesamtgesellschaftlichen Kriminalprävention auszubauen.

3. Mitgliedschaft

Der Landesrat für Kriminalitätsvorbeugung (LfK) ist der freiwillige Zusammenschluss all jener staatlichen und nichtstaatlichen Behörden, Einrichtungen, Organisationen, Verbände, und Vereine, die sich in Mecklenburg-Vorpommern aufgrund fachlicher Zuständigkeit bzw. gesellschaftlicher oder privater Initiative auf Landesebene auf dem Gebiet der Kriminalprävention engagieren.
Die Mitgliedschaft im LfK begründet sich durch die freiwillige Mitarbeit in mindestens einem seiner Organe und durch die Anerkennung dieser Geschäftsordnung.
Gesonderte Verfahren zur Aufnahme als Mitglied bzw. zur Beendigung der Mitgliedschaft bestehen nicht.

4. Organisation

Organe (Gremien) des Landesrates für Kriminalitätsvorbeugung sind

- die Mitgliederversammlung,
- der Vorsitzende,
- der Vorstand,
- die Arbeitsgruppen,
- die Geschäftsstelle und
- der Beirat.

Die Tätigkeit in den Gremien des Landesrates ist (mit Ausnahme jener Mitglieder, die von Amts wegen oder in Ausübung ihrer hauptamtlichen Tätigkeit mitarbeiten) grundsätzlich ehrenamtlich.
Ehrenamtliche Mitglieder können im Rahmen der zur Verfügung stehenden Haushaltsmittel für ihre Aufwendungen im Zusammenhang mit ihrer Tätigkeit in einem der Gremien des Landesrates eine Entschädigung (Reisekostenvergütung und Tagegeld) nach den für Landesbeamte geltenden Vorschriften erhalten.

4.1 Die Mitgliederversammlung

Die Mitgliederversammlung des Landesrates für Kriminalitätsvorbeugung ist das höchste Organ im Bereich der gesamtgesellschaftlichen Kriminalprävention in Mecklenburg-Vorpommern. Sie besteht aus der Gesamtheit der Mitglieder des Landesrates und tritt auf Einladung des Vorsitzenden des Landesrates mindestens einmal jährlich zu einer Plenarsitzung zusammen.
Die Mitgliederversammlung berät Grundsatzfragen der gesamtgesellschaftlichen Kriminalprävention, nimmt Berichte des Vorstandes und der Arbeitsgruppen entgegen und beschließt die Geschäftsordnung.
Änderungen der Geschäftsordnung bedürfen der 2/3-Mehrheit, alle anderen Beschlüsse der einfachen Mehrheit aller anwesenden Mitglieder.
Beschlussfähigkeit besteht, wenn mehr als die Hälfte der eingeladenen Mitglieder des Landesrates anwesend sind.

4.2 Der Vorsitzende

Vorsitzender des Landesrates für Kriminalitätsvorbeugung ist von Amts wegen der Innenminister des Landes Mecklenburg-Vorpommern, sein Vertreter der Staatssekretär im Innenministerium.
Der Vorsitzende beruft die Plenarsitzungen ein und vertritt den Landesrat nach außen.

4.3 Der Vorstand

Der Vorstand des Landesrates für Kriminalitätsvorbeugung besteht aus 17 Mitgliedern.
Dem Vorstand gehören

- der Staatssekretär im Innenministerium (Stellv. Vorsitzender des Landesrates),
- der Leiter der Geschäftsstelle,
- der Leiter der Polizeiabteilung im Innenministerium,
- der Leiter der Abteilung Justizvollzug, Soziale Dienste im Justizministerium,

- der Leiter der Abteilung Allgemeinbildende Schulen im Bildungsministerium sowie
- der Leiter der Abteilung Jugend und Sport im Sozialministerium

von Amts wegen an.

Die weiteren elf Vorstandsmitglieder werden von der Mitgliederversammlung gewählt. Sie sollten ein möglichst breites Spektrum der gesamtgesellschaftlichen Kriminalprävention in Mecklenburg-Vorpommern repräsentieren. Gewählt ist, wer die meisten der abgegebenen Stimmen auf sich vereint.
Der Vorstand tagt grundsätzlich einmal im Quartal zu den laufenden Geschäften des Landesrates und fasst entsprechende Beschlüsse. Er beruft die Arbeitsgruppen des Landesrates, erteilt die Arbeitsaufträge und nimmt die Berichte der Geschäftsstelle und der Arbeitsgruppen entgegen.
Beschlüsse des Vorstandes werden mit einfacher Mehrheit der anwesenden Vorstandsmitglieder gefasst. Beschlussfähigkeit besteht, wenn mehr als die Hälfte der Vorstandsmitglieder anwesend sind.
Der Vorstand ist der Mitgliederversammlung rechenschaftspflichtig.

4.4 Die Arbeitsgruppen

Zur Umsetzung zeitlich befristeter und auf konkrete Einzelthemen ausgerichteter Arbeitsaufträge werden durch den Vorstand Arbeitsgruppen eingesetzt.
Die Arbeitsgruppen bestehen in der Regel aus max. acht Mitgliedern und bestimmen aus ihrer Mitte einen Vorsitzenden. Zur Mitarbeit können darüber hinaus auch Nicht-Mitglieder des Landesrates mit besonderer fachlicher Kompetenz hinzugezogen werden.
Die Arbeitsgruppen regeln ihre Arbeitsorganisation nach eigenem Ermessen mit Unterstützung und in Abstimmung mit der Geschäftsstelle.
Die Arbeitsgruppen berichten dem Vorstand nach einer festgelegten Frist und der Mitgliederversammlung einmal jährlich über ihre Arbeitsergebnisse und geben dem Landesrat bzw. den kommunalen Präventionsräten Empfehlungen für deren weitere Arbeit.

4.5 Die Geschäftsstelle

Der Geschäftsstelle des Landesrates für Kriminalitätsvorbeugung, die unter Leitung eines Geschäftsführers als eigenständige Organisationseinheit in der Polizeiabteilung des Innenministeriums eingerichtet ist, obliegt die Bearbeitung der laufenden Geschäfte des Landesrates. Sie hat insbesondere die Aufgabe, die Vorstands- und Plenarsitzungen vor- und nachzubereiten sowie zu dokumentieren, die Arbeit der Arbeitsgruppen und der kommunalen Präventionsräte zu unterstützen, die Haushaltstitel des Landesrates zu bewirtschaften, die finanzielle

Förderung kommunaler Präventionsprojekte zu bearbeiten, die Kommunikation zwischen den kommunalen Präventionsräten und die Presse- und Öffentlichkeitsarbeit des Landesrates zu koordinieren und den Landesrat auf Arbeitsebene in länderübergreifenden Gremien zu vertreten.
Die Geschäftsstelle ist dem Vorstand rechenschaftspflichtig.

4.6 Der Beirat

Der Beirat besteht aus fünf Mitgliedern und wird durch den Vorsitzenden des Landesrates berufen.
Aufgabe des Beirates ist die Beratung der Geschäftsstelle bei der Bewilligung von Fördermitteln für kommunale Präventionsprojekte.
Der Beirat tagt anlassbezogen auf Einladung des Geschäftsführers.

Beschlossen im Rahmen der Plenarsitzung des LfK am 2. Juni 1999.

15. Richtlinie zur Förderung von Projekten der Kriminalitätsvorbeugung

Verwaltungsvorschrift des Innenministeriums vom 4. Dezember 2006 – II 440 LfK 200.32.01.1.5

Im Einvernehmen mit dem Finanzministerium und nach Abhörung des Landesrechnungshofs erlässt das Innenministerium folgende Verwaltungs-vorschrift:

1. Zuwendungszweck und Rechtsgrundlage

Das Land Mecklenburg-Vorpommern gewährt nach Maßgabe dieser Verwaltungsvorschrift, des § 44 der Landeshaushaltsordnung Mecklenburg-Vorpommern und der Verwaltungsvorschriften zu § 44 der Landeshaushaltsordnung Mecklenburg-Vorpommern Zuwendungen zur Förderung von Projekten der Kriminalitätsvorbeugung.

Ein Anspruch des Antragstellers auf Gewährung einer Zuwendung besteht nicht. Vielmehr entscheidet die Bewilligungsbehörde aufgrund ihres pflichtgemäßen Ermessens im Rahmen der verfügbaren Haushaltsmittel.

2. Gegenstand der Förderung

Für eine Förderung kommen Präventionsprojekte in Frage, die unmittelbar oder mittelbar zur Verhinderung von Kriminalität beitragen.
Priorität haben dabei Projekte, die sich als Erfordernis aus aktuellen Kriminalitätslagebildern und kriminal-geographischen Entwicklungen ableiten, dazu beitragen, kriminalpräventive Tendenzen zu erkennen und Ansätze für Präventionsstrategien zu entwickeln, zur Umsetzung der durch die Arbeitsgruppen des Landesrates für Kriminalitätsvorbeugung erarbeiteten Handlungsempfehlungen beitragen, der Vernetzung von Projekten oder Aktivitäten mit dem Ziel dienen, Initiativen, Finanzen und Personal sinnvoll und ressourcenschonend zu bündeln, unmittelbar durch die Kommunalen Präventionsräte vor Ort geplant und umgesetzt werden oder im Rahmen einer Evaluation ausgewählter Projekte eine Erfolgskontrolle der Präventionsarbeit ermöglichen.

3. Zuwendungsempfänger

Zuwendungsempfänger sind:

- kommunale Präventionsräte oder
- freie Träger, Institutionen oder Einzelpersonen die im Sinne der Kriminalitätsvorbeugung tätig sind.

4. Zuwendungsvoraussetzungen

4.1 Der Zuwendungsempfänger muss seinen Sitz und Wirkungskreis in Mecklenburg-Vorpommern haben.

4.2 Antragsteller, die Zuwendungen für denselben Zweck bei anderen Stellen, sowohl des Landes als auch von juristischen Personen des öffentlichen Rechts erhalten, werden nicht berücksichtigt.

4.3 Bei Präventionsprojekten im Bereich der Kinder- und Jugendarbeit ist ein fachspezifischer Nachweis über die Qualifikation des Betreuers zu erbringen.

4.4 Für Projekte zur Thematik „Sport statt Gewalt" ist die Qualifikation der Projektbetreuer (Trainer, Übungsleiter) durch eine Lizenz des Deutschen Olympischen Sportbundes oder eine Lehrbefähigung für den Sportunterricht nachzuweisen. Darüber hinaus ist für diese Projekte in der Projektbeschreibung auszuführen, inwieweit Kinder und Jugendliche einbezogen werden, die

- sich bei Sport- oder anderen Vereinen ausgegrenzt sehen oder aus sozialen Gründen die Mitgliedsbeiträge nicht aufbringen können,
- in Gebieten mit hoher Straftatenkonzentration (Brennpunkten) wohnen oder sich vorrangig dort aufhalten,
- Opfer von Gewalt geworden oder anderweitig von Gewalt betroffen sind, bereits straffällig geworden oder gegenüber der Polizei oder anderen Behörden oder Institutionen auffällig geworden sind.

Weiterhin ist anzugeben, wie umgesetzt werden soll, dass die Kinder und Jugendlichen Sport aus eigenem Antrieb weiter betreiben, wie langfristig die Maßnahmen angelegt sind, wie regelmäßig sie stattfinden und ob auch nach Beendigung des Projektes die Möglichkeit besteht, die Maßnahmen weiterzuführen.

5. Art, Umfang und Höhe der Zuwendungen

5.1 Zuwendungsart, Finanzierungsform

Die Zuwendung wird im Rahmen der Projektförderung als nicht rückzahlbarer Zuschuss bewilligt.

5.2 Finanzierungsart

5.2.1 Die Zuwendung wird im Zuge der Anteilfinanzierung in Höhe von maximal 80 Prozent der zuwendungsfähigen Gesamtausgaben gewährt. Dabei soll die beantragte Förderung den Betrag von 1.000 Euro grundsätzlich nicht unterschreiten.

5.2.2 Im begründeten Einzelfall entscheidet die Bewilligungsbehörde über eine Anhebung des in Nummer 5.2.1 festgelegten Fördersatzes. Dabei soll die Zuwendung 90 Prozent der zuwendungsfähigen Gesamtausgaben nicht übersteigen.

5.3 Zuwendungsfähige Ausgaben

5.3.1 Personalausgaben

- Aufwendungen für ehrenamtlich Tätige bis zu einer Höhe von fünf Euro je Stunde,
- Vergütungen für nebenberuflich Tätige

Die Förderung von Personalstellen ist ausgeschlossen.

5.3.2 Sachausgaben

- Verbrauchsmaterial,
- Post- und Fernmeldegebühren,
- Geschäftsbedarf,
- Geräte und Ausrüstungsgegenstände bis 410 Euro,
- Miet- und Bewirtschaftungskosten,
- Vergabe von Aufträgen, Honorare,

Richtwert für Referentenhonorare sind 150 Euro je Tag, in Ausnahmefällen 250 Euro je Tag; für sonstige Honorarleistungen im Bereich der Sozialarbeit maximal 25 Euro je Stunde,

- Eintrittsgelder,
- Reisekosten nach dem Landesreisekostengesetz,
- Preise für maximal zehn Prozent der zuwendungsfähigen Gesamtausgaben,
- Verpflegung für maximal fünf Euro pro Tag und Teilnehmer (keine Genussmittel)
- spezielle Fortbildungen (keine Supervision),
- Gebühren (Gema, Teilnahmegebühren)
- Öffentlichkeitsarbeit (Streumaterial für maximal zehn Prozent der zuwendungsfähigen Gesamtausgaben)

5.3.3 Geräteinvestitionen ab 410 Euro im Einzelfall

5.3.4 Von der Förderung ausgeschlossen sind:

- Grunderwerb und
- Vorhaben, die das Land zur Leistung von Ausgaben nach Ablauf der Förderfrist in künftigen Haushaltsjahren verpflichten, ohne dass der Haushaltsplan dazu ermächtigt (Folgeausgaben).

6. Verfahren

6.1 Antragsverfahren

6.1.1 Anträge sind bis zum 28. Februar jeden Jahres schriftlich an den

Landesrat für Kriminalitätsvorbeugung
- Geschäftsstelle -
Innenministerium Mecklenburg-Vorpommern
Alexandrinenstraße 1
19048 Schwerin

zu stellen.
Im begründeten Einzelfall kann die Bewilligungsbehörde auch über Anträge, die zu einem späteren Zeitpunkt eingereicht werden, entscheiden.

6.1.2 Dem Antrag auf Gewährung einer Zuwendung (Vordruck gemäß Anlage 1) sind folgende Unterlagen beizufügen:

a) Projektbeschreibung
b) detaillierter Finanzierungsplan (Vordruck gemäß Anlage 2)
c) Stellungnahme des kommunalen Präventionsrates auf Ebene der Landkreise oder der kreisfreien Stadt
d) gegebenenfalls Vereinsregisterauszug, Satzung und ein Nachweis der Anerkennung der Gemeinnützigkeit
e) gegebenenfalls ein fachspezifischer Nachweis über die Qualifikation des Projektbetreuers.

Die Anlagen 1 und 2 sind Bestandteile dieser Verwaltungsvorschrift.

6.2 Bewilligungsverfahren

Über die Bewilligung von Zuwendungen entscheidet der Landesrat für Kriminalitätsvorbeugung durch seinen Geschäftsführer im Zusammenwirken mit dem Beirat nach Maßgabe dieser Richtlinie.

6.3 Verwendungsnachweisverfahren

Die einfachen Verwendungsnachweise, die aus einem zahlenmäßigen Nachweis (in dem die einzelnen Einnahmen und Ausgaben in zeitlicher Reihenfolge und voneinander getrennt entsprechend der Gliederung des Finanzierungsplanes auszuweisen sind) und dem Sachbericht bestehen, sind durch die Zuwendungsempfänger bis spätestens sechs Monate nach Beendigung der Maßnahme der Geschäftsstelle des Landesrates für Kriminalitätsvorbeugung vorzulegen, soweit im Zuwendungsbescheid kein anderer Zeitpunkt festgelegt wurde.

6.4 Zu beachtende Vorschriften

Für die Bewilligung, Auszahlung und Abrechnung der Zuwendung sowie für den Nachweis und die Prüfung der Verwendung, die gegebenenfalls erforderliche Aufhebung des Zuwendungsbescheides und die Rückforderung der gewährten Zuwendung gelten die Verwaltungsvorschriften zu § 44 der Landeshaushaltsordnung Mecklenburg-Vorpommern, soweit nicht in dieser Verwaltungsvorschrift Abweichungen zugelassen worden sind, und das Landesverwaltungsverfahrensgesetz.

7. In-Kraft-Treten, Außer Kraft-Treten

Diese Verwaltungsvorschrift tritt am 1. Januar 2007 in Kraft. Gleichzeitig treten die Richtlinie zur Förderung von Präventionsprojekten vom 6. August 1999 (AmtsBl. M-V S. 763) und die Richtlinie zur Förderung des Präventionsprojektes „Sport statt Gewalt“ vom 23. Januar 1996 (AmtsBl. M-V S. 193) außer Kraft.

16. Verzeichnis der bisher veröffentlichten Ausgaben der Zeitschrift „impulse“ das Landesrates für Kriminalitätsvorbeugung M-V

- **Ausgabe 01/1999:** Nomen est omen – Neue Publikation des Landesrates für Kriminalitätsvorbeugung, Neue Akzente – Konzeption zur Weiterentwicklung der gesamtgesellschaftlichen Kriminalprävention in Mecklenburg-Vorpommern,

- **Ausgabe 02/1999:** Jubiläum – Landesrat für Kriminalitätsvorbeugung wird fünf Jahre alt, Meilenstein – Plenarsitzung des Landesrates beschloss grundsätzliche Veränderungen, außerdem: Geschäftsordnung des Landesrates,

- **Ausgabe 03/1999:** Marktplatz von Ideen – „impulse“ stellt erstmals kommunale Präventionsprojekte vor, Neue Förderrichtlinie – Vergabe der Fördermittel wird zielgerichteter, transparenter und gerechter,

- **Ausgabe 04/1999:** So machen wir's – Präventionsideen aus Rostock, Stralsund und Zarnewanz (Landkreis Bad Doberan),

- **Ausgabe 01/2000:** So machen wir's – „Bunt statt braun“ Ein Präventionsprojekt gegen Rechtsextremismus und Fremdenfeindlichkeit und weitere Präventionsideen aus Rostock, Schwerin und Wolgast; außerdem: Der 5. Deutsche Präventionstag in Hoyerswerda,

- **Ausgabe 02/2000:** So machen wir's – Präventionsprojekte der Uni Greifswald, des isp sowie der Gemeinde Bad Kleinen, Zusätzliche Fördermöglichkeiten zur Unterstützung von Präventionsprojekten in M-V,

- **Sonderausgabe April 2000:** „Ladendiebstahl wirksam vorbeugen“ – Ein Aktionskonzept für den Einzelhandel und die kommunale Präventionsarbeit in Mecklenburg-Vorpommern, Empfehlungen der Arbeitsgruppe Massenkriminalität des Landesrates für Kriminalitätsvorbeugung,

- **Sonderausgabe Mai 2000:** „Kritisch integrieren“ – Zum Umgang mit rechtsextremistischen Jugendgruppen und zu Möglichkeiten der präventiven Arbeit in der Kommune, Empfehlungen der Arbeitsgruppe Extremismus des Landesrates für Kriminalitätsvorbeugung,

- **Sonderausgabe Juni 2000:** „Chancen, Probleme und Visionen“ – Zur Organisation kommunaler Kriminalprävention sowie zu Möglichkeiten der Einbeziehung engagierter Bürger in die Präventionsarbeit vor Ort,

Empfehlungen der Arbeitsgruppe Kommunale Prävention des Landesrates für Kriminalitätsvorbeugung,

- **Ausgabe 1/2001:** So machen wir's: Zwischenbilanz des Vereins zur Förderung der Kriminalprävention Stralsund e.V., Massenkriminalität als Aufgabenschwerpunkt für kommunale Präventionsarbeit, Jugendpräventionspreis der Polizei, Dokumentation: Beschluss der Innenministerkonferenz zur Gründung des Deutschen Forums für Kriminalprävention, außerdem: LfK ist im Internet, XENOS – ein Förderprogramm der Bundesregierung, Landespräventionstag M-V in Vorbereitung, AG Gewalt gegen Frauen gegründet, Fachtagung Sicherheit an Urlaubsorten,

- **Sonderausgabe Juni 2001:** „Schule" – Möglichkeiten der Prävention und Empfehlungen von Handlungskonzepten, erarbeitet von der Arbeitsgruppe Jugendkriminalität des Landesrates für Kriminalitätsvorbeugung

- **Ausgabe 1/2002:** Rückblick auf den 1. Landespräventionstag Mecklenburg-Vorpommern: Partner und Projekte zusammengeführt, Sollen Journalisten in die Präventionsräte? So machen wir's: Videoüberwachung an Schulen aber kein Big Brother (ein Projekt von LKA und Provinzial-Versicherung), Habt den Mut Euch zu engagieren (Auszeichnung „Schule ohne Rassismus – Schule mit Courage")

- **Sonderausgabe Juli 2002:** „... und rede darüber!" – Ein Ratgeber für die Medien- und Öffentlichkeitsarbeit in der Kriminalprävention, erarbeitet von der AG Kommunale Prävention des Landesrates für Kriminalitätsvorbeugung,

- **Sonderausgabe August 2002:** „Bleib sauber!" – Empfehlungen zur Vorbeugung und Eindämmung von illegalen Graffiti, erarbeitet von der AG Massenkriminalität des Landesrates für Kriminalitätsvorbeugung,

- **Februar 2003:** „Konflikte gewaltfrei lösen" – Mediation an Schulen in Mecklenburg-Vorpommern, Anregungen – Analysen – Empfehlungen, erarbeitet von der Arbeitsgruppe Jugendkriminalität des Landesrates für Kriminalitätsvorbeugung,

- **April 2003:** „Häusliche Gewalt" – Handlungsempfehlungen für die kommunale Präventionsarbeit in Mecklenburg-Vorpommern, erarbeitet von der Arbeitsgruppe Gewalt gegen Frauen des Landesrates für Kriminalitätsvorbeugung,

- **November 2003:** „So geht's“ – Schlaglichter und Empfehlungen aus der Präventionsarbeit für Demokratie und Toleranz in Mecklenburg-Vorpommern, erarbeitet von der Arbeitsgruppe Extremismus des Landesrates für Kriminalitätsvorbeugung,

- **November 2004:** „Fazit, Dank und gute Wünsche“ – Rückblick auf die Festveranstaltung zum 10. Jahrestag des Landesrates für Kriminalitätsvorbeugung Mecklenburg-Vorpommern (beinhaltet u. a. die Festreden von Ministerpräsident Dr. Harald Ringstorff und Prof. Dr. Rudolf Egg (Vorstandsvorsitzender des DFK), die Liste der mit der Ehrenurkunde des LfK Ausgezeichneten sowie eine Zeitreise in die 10-jährige Geschichte des LfK,

- **10 Gute Gründe:** Argumente, Hinweise und Empfehlungen der Landespräventionsräte Mecklenburg-Vorpommerns, Niedersachsens und Schleswig-Holsteins, WARUM und WIE kommunale Präventionsräte eingerichtet werden sollten,

- **März 2005:** „Am Rande der Wahrnehmung“ – Kinder als Opfer häuslicher Gewalt – Handlungsempfehlungen für die kommunale Präventionsarbeit in Mecklenburg-Vorpommern,

- **April 2005:** „Aus der Mitte der Gesellschaft“ – Handlungsansätze für die kommunale Präventionsarbeit gegen Rechtsextremismus in Mecklenburg-Vorpommern,

- **Mai 2005:** „Sicherer Herbst“ – Hinweise und Erfahrungen zum Umgang mit dem Thema Senioren und Kriminalität,

- **November 2005:** „Was Hänschen nicht lernt ...“ – Ideen und Möglichkeiten für die Präventionsarbeit mit Kindern im Vor- und Grundschulalter,

- **Juli 2007:** „Gegen Gewalt und Rassismus im Amateurfußball“ – 100 Hinweise und Empfehlungen für die Präventionsarbeit,

- **Dezember 2007:** „Blickpunkt Häusliche Pflege“ – Hinweise und Empfehlungen zur Gewaltvorbeugung in der familiären Pflege.

Reihenübersicht

Schriften zum Strafvollzug, Jugendstrafrecht und zur Kriminologie

Hrsg. von Prof. Dr. Frieder Dünkel,
Lehrstuhl für Kriminologie an der Ernst-Moritz-Arndt-Universität Greifswald

Bisher erschienen:

Band 1
Dünkel, Frieder: Empirische Forschung im Strafvollzug. Bestandsaufnahme und Perspektiven.
Bonn 1996. ISBN 978-3-927066-96-0. 10,00 €

Band 2
Dünkel, Frieder; van Kalmthout, Anton; Schüler-Springorum, Horst (Hrsg.): Entwicklungstendenzen und Reformstrategien im Jugendstrafrecht im europäischen Vergleich.
Mönchengladbach 1997. ISBN 978-3-930982-20-2. 35,50 €

Band 3
Gescher, Norbert: Boot Camp-Programme in den USA. Ein Fallbeispiel zum Formenwandel in der amerikanischen Kriminalpolitik. Mönchengladbach 1998. ISBN 978-3-930982-30-1. 25,00 €

Band 4
Steffens, Rainer: Wiedergutmachung und Täter-Opfer-Ausgleich im Jugend- und Erwachsenenstrafrecht in den neuen Bundesländern. Mönchengladbach 1999. ISBN 978-3-930982-34-9. 32,50 €

Band 5
Koeppel, Thordis: Kontrolle des Strafvollzuges. Individueller Rechtsschutz und generelle Aufsicht.
Ein Rechtsvergleich. Mönchengladbach 1999. ISBN 978-3-930982-35-6. 23,00 €

Band 6
Dünkel, Frieder; Geng, Bernd (Hrsg.): Rechtsextremismus und Fremdenfeindlichkeit. Bestandsaufnahme und Interventionsstrategien. Mönchengladbach 1999. ISBN 978-3-930982-49-3. 23,00 €

Band 7
Tiffer-Sotomayor, Carlos: Jugendstrafrecht in Lateinamerika unter besonderer Berücksichtigung von Costa Rica. Mönchengladbach 2000. ISBN 978-3-930982-36-3. 35,50 €

Band 8
Skepenat, Marcus: Jugendliche und Heranwachsende als Tatverdächtige und Opfer von Gewalt.
Eine vergleichende Analyse jugendlicher Gewaltkriminalität in Mecklenburg-Vorpommern anhand der Polizeilichen Kriminalstatistik unter besonderer Berücksichtigung tatsituativer Aspekte.
Mönchengladbach 2000. ISBN 978-3-930982-56-1. 25,00 €

Band 9
Pergataia, Anna: Jugendstrafrecht in Russland und den baltischen Staaten.
Mönchengladbach 2001. ISBN 978-3-930982-50-1. 24,50 €

Band 10
Kröplin, Mathias: Die Sanktionspraxis im Jugendstrafrecht in Deutschland im Jahr 1997.
Ein Bundesländervergleich. Mönchengladbach 2002. ISBN 978-3-930982-74-5. 27,00 €

Band 11
Morgenstern, Christine: Internationale Mindeststandards für ambulante Strafen und Maßnahmen.
Mönchengladbach 2002. ISBN 978-3-930982-76-9. 32,00 €

Band 12
Kunkat, Angela: Junge Mehrfachauffällige und Mehrfachtäter in Mecklenburg-Vorpommern.
Eine empirische Analyse. Mönchengladbach 2002. ISBN 978-3-930982-79-0. 39,50 €

Band 13
Schwerin-Witkowski, Kathleen: Entwicklung der ambulanten Maßnahmen nach dem JGG in Mecklenburg-Vorpommern. Mönchengladbach 2003. ISBN 978-3-930982-75-2. 20,00 €

Band 14
Dünkel, Frieder; Geng, Bernd (Hrsg.): Jugendgewalt und Kriminalprävention. Empirische Befunde zu Gewalterfahrungen von Jugendlichen in Greifswald und Usedom/Vorpommern und ihre Auswirkungen für die Kriminalprävention. Mönchengladbach 2003. ISBN 978-3-930982-95-0. 20,00 €

Band 15
Dünkel, Frieder; Drenkhahn, Kirstin (Hrsg.): Youth violence: new patterns and local responses – Experiences in East and West. Conference of the International Association for Research into Juvenile Criminology. Violence juvénile: nouvelles formes et stratégies locales – Expériences à l'Est et à l'Ouest. Conférence de l'Association Internationale pour la Recherche en Criminologie Juvénile. Mönchengladbach 2003. ISBN 978-3-930982-81-3. 43,00 €

Band 16
Kunz, Christoph: Auswirkungen von Freiheitsentzug in einer Zeit des Umbruchs. Zugleich eine Bestandsaufnahme des Männererwachsenenvollzugs in Mecklenburg-Vorpommern und in der JVA Brandenburg/Havel in den ersten Jahren nach der Wiedervereinigung. Mönchengladbach 2003. ISBN 978-3-930982-89-9. 43,00 €

Band 17
Glitsch, Edzard: Alkoholkonsum und Straßenverkehrsdelinquenz. Eine Anwendung der Theorie des geplanten Verhaltens auf das Problem des Fahrens unter Alkohol unter besonderer Berücksichtigung des Einflusses von verminderter Selbstkontrolle. Mönchengladbach 2003. ISBN 978-3-930982-97-4. 29,00 €

Band 18
Stump, Brigitte: „Adult time for adult crime" – Jugendliche zwischen Jugend- und Erwachsenenstrafrecht. Eine rechtshistorische und rechtsvergleichende Untersuchung zur Sanktionierung junger Straftäter. Mönchengladbach 2003. ISBN 978-3-930982-98-1. 32,00 €

Band 19
Wenzel, Frank: Die Anrechnung vorläufiger Freiheitsentziehungen auf strafrechtliche Rechtsfolgen. Mönchengladbach 2004. ISBN 978-3-930982-99-8. 39,00 €

Band 20
Fleck, Volker: Neue Verwaltungssteuerung und gesetzliche Regelung des Jugendstrafvollzuges. Mönchengladbach 2004. ISBN 978-3-936999-00-6. 32,00 €

Band 21
Ludwig, Heike; Kräupl, Günther: Viktimisierung, Sanktionen und Strafverfolgung. Jenaer Kriminalitätsbefragung über ein Jahrzehnt gesellschaftlicher Transformation. Mönchengladbach 2005. ISBN 978-3-936999-08-2. 28,00 €

Band 22
Fritsche, Mareike: Vollzugslockerungen und bedingte Entlassung im deutschen und französischen Strafvollzug. Mönchengladbach 2005. ISBN 978-3-936999-11-2. 34,00 €

Band 23
Dünkel, Frieder; Scheel, Jens: Vermeidung von Ersatzfreiheitsstrafen durch gemeinnützige Arbeit: das Projekt „Ausweg" in Mecklenburg-Vorpommern. Mönchengladbach 2006. ISBN 978-3-936999-10-5. 23,00 €

Band 24
Sakalauskas, Gintautas: Strafvollzug in Litauen. Kriminalpolitische Hintergründe, rechtliche Regelungen, Reformen, Praxis und Perspektiven. Mönchengladbach 2006.
ISBN 978-3-936999-19-8. 39,00 €

Band 25
Drenkhahn, Kirstin: Sozialtherapeutischer Strafvollzug in Deutschland. Mönchengladbach 2007.
ISBN 978-3-936999-18-1. 32,00 €

Band 26
Pruin, Ineke Regina: Die Heranwachsendenregelung im deutschen Jugendstrafrecht. Jugendkriminologische, entwicklungspsychologische, jugendsoziologische und rechtsvergleichende Aspekte. Mönchengladbach 2007. ISBN 978-3-936999-31-0. 32,00 €

Band 27
Lang, Sabine: Die Entwicklung des Jugendstrafvollzugs in Mecklenburg-Vorpommern in den 90er Jahren. Eine Dokumentation der Aufbausituation des Jugendstrafvollzugs sowie eine Rückfallanalyse nach Entlassung aus dem Jugendstrafvollzug. Mönchengladbach 2007. ISBN 978-3-936999-34-1. 30,00 €

Band 28
Zolondek, Juliane: Lebens- und Haftbedingungen im deutschen und europäischen Frauenstrafvollzug. Mönchengladbach 2007. ISBN 978-3-936999-36-5. 34,00 €

Band 29
Dünkel, Frieder; Gebauer, Dirk; Geng, Bernd; Kestermann, Claudia: Mare-Balticum-Youth-Survey – Gewalterfahrungen von Jugendlichen im Ostseeraum. Mönchengladbach 2007.
ISBN 978-3-936999-38-9. 30,00 €

Band 30
Kowalzyck, Markus: Untersuchungshaft, Untersuchungshaftvermeidung und geschlossene Unterbringung bei Jugendlichen und Heranwachsenden in Mecklenburg-Vorpommern. Mönchengladbach 2008.
ISBN 978-3-936999-41-9. 34,00 €

Band 31
Dünkel, Frieder; Gebauer, Dirk; Geng, Bernd: Jugendgewalt und Möglichkeiten der Prävention. Gewalterfahrungen, Risikofaktoren und gesellschaftliche Orientierungen von Jugendlichen in der Hansestadt Greifswald und auf der Insel Usedom. Ergebnisse einer Langzeitstudie 1998 bis 2006. Mönchengladbach 2008. ISBN 978-3-936999-48-8. 44,00 €

Band 32
Rieckhof, Susanne: Strafvollzug in Russland. Vom GULag zum rechtsstaatlichen Resozialisierungsvollzug? Mönchengladbach 2008. ISBN 978-3-936999-55-6. 36,00 €

Band 33
Dünkel, Frieder; Drenkhahn, Kirstin; Morgenstern, Christine (Hrsg.): Humanisierung des Strafvollzugs – Konzepte und Praxismodelle. Mönchengladbach 2008.
ISBN 978-3-936999-59-4. 29,00 €

Band 34
Hillebrand, Johannes: Organisation und Ausgestaltung der Gefangenenarbeit in Deutschland. Mönchengladbach 2009.
ISBN 978-3-936999-58-7. 29,00 €

Band 35
Hannuschka, Elke: Kommunale Kriminalprävention in Mecklenburg-Vorpommern. Eine empirische Untersuchung der Präventionsgremien. Mönchengladbach 2009.
ISBN 978-3-936999-68-6. 29,00 €